Deutschbuch

Texte, Themen und Strukturen

10

Arbeitsheft

Neue Ausgabe

Arbeitstechniken
Texte schreiben
Grammatik
Rechtschreibung
Texte erschließen
Lernstand testen

Herausgegeben von
Cordula Grunow und Bernd Schurf

Erarbeitet von
Jan Diehm, Christel Ellerich,
Heike Goertz, Cordula Grunow,
Angela Mielke, Vera Potthast
und Andrea Wagener

Cornelsen

Inhaltsverzeichnis

☆ Aufgaben mit erhöhtem Schwierigkeitsgrad.

Du kannst dieses Arbeitsheft auch bei der **Freiarbeit** verwenden. Mit dem **Lösungsheft** kannst du deine Lernergebnisse selbst überprüfen.

Klausurtraining

ARBEITSTECHNIK

Wenn du eine Klassenarbeit oder eine zentrale Klausur bzw. Prüfung am Ende der Klasse 10 schreibst, solltest du in fünf Schritten vorgehen:

1. Lies die ▷Aufgabe gründlich und überlege gut, was gefordert ist. ▷ diese Seite
2. Entwickle ein ▷erstes Textverständnis bzw. Ideen (Stoffsammlung). ▷ S. 5
3. Erstelle einen ▷Schreibplan. ▷ S. 6
4. Schreibe deine Klassenarbeit. Bleibe ruhig und teile dir die Zeit ein. ▷ S. 7
5. Überarbeite deinen Text mit der ▷Textlupe. ▷ S. 8

Tipps zur Vorbereitung der Klassenarbeit findest du in der hinteren Umschlagklappe.

Die Aufgabenstellung verstehen

1 *Für Klassenarbeiten sind verschiedene Aufgabentypen vorgegeben. Informiere dich bei deiner Lehrerin oder deinem Lehrer über den Aufgabentyp, der in der nächsten Klassenarbeit gefordert sein wird. Notiere.*

2 *Ordne der folgenden Übersicht über die Aufgabenarten die angebotenen Textarten passend zu, indem du die Ziffer/Ziffern einträgst.*

1 Interpretation einer Kurzgeschichte
2 Redeanalyse mit Stellungnahme
3 Bericht für Schülerzeitung
4 Textfortsetzung schreiben
5 Gedichtinterpretation
6 Begründete Textüberarbeitung
7 Sachtext und Diagramm in Beziehung setzen
8 Innerer Monolog aus veränderter Perspektive
9 Zeitungskommentar
10 Leserbrief

Mögliche Aufgabenarten	Erläuterungen	Geforderte Textarten
Einen informativen Text verfassen	Verfasse einen informativen Text und begründe dein Vorgehen sowie die sprachlichen Mittel.	☐ ☐
Eine Argumentation zu einem Sachverhalt schreiben	Nimm argumentierend Stellung zu einem bestimmten Sachverhalt.	☐ ☐
Einen Sachtext/medialen Text analysieren, einen literarischen Text analysieren/interpretieren	Untersuche bei einem Sachtext genau alle Aspekte (Aufbau, Argumentation, Sprache). Untersuche einen literarischen Text und deute/interpretiere deine Untersuchungsergebnisse.	☐ ☐
Mehreren Texten Informationen entnehmen, die Informationen vergleichen, deuten und bewerten	Angeleitet durch Fragen wertest du Sachtexte, Diagramme und Tabellen aus und setzt die gewonnenen Informationen in Beziehung zueinander.	☐ ☐
Einen Text nach vorgegebenen Aspekten sprachlich analysieren sowie überarbeiten und vorgenommene Textänderungen begründen	Du musst einen fehlerhaften Text nach vorgegebenen Aspekten (z. B.: Aufbau, Wortwahl, Stil, Rechtschreibung, Zeichensetzung) überarbeiten und zusätzlich deine Überarbeitungsschwerpunkte begründen.	☐ ☐
Produktionsorientiert (gestaltend) zu Texten schreiben (mit Reflexionsaufgabe)	Hier musst du kreativ schreiben, z. B.: einen vorgegebenen Text fortsetzen, unter veränderter Perspektive schreiben o. Ä. Anschließend begründest du z. B. Inhalt, Aufbau und Stil in deinem Text.	☐ ☐

ARBEITSTECHNIK

Operatoren prüfen
Mit jedem Aufgabentyp verbinden sich bestimmte Operatoren. Sie geben an, was zu tun ist, und werden in der Aufgabenstellung durch Verben ausgedrückt, z. B.: „beschreibe", „deute", „untersuche".
Operatoren können wiederum in Teiloperatoren, also untergeordnete Arbeitsaufgaben, zerlegt werden. Unterstreiche in jeder Aufgabenstellung die Operatoren und kläre, was genau von dir erwartet wird.

3 *a) Markiere in der folgenden Übersicht die Teiloperatoren: Was genau sollst du tun?*
b) Trage ein: Wo ist der Operator ***erörtern*** *gefordert, wo geht es darum, zu* ***analysieren?***

______________	______________	______________
von literarischen Texten (Gedichte, Kurzgeschichten, Romanauszüge etc.)	von Sachtexten (Reden, Zeitungsartikel, Diagramme etc.)	von Problemen oder im Anschluss an eine Textvorlage
Du sollst ...	Du sollst ...	Du sollst ...
☐ die Struktur/den Aufbau des Textes beschreiben und die zentralen Inhalte/den Kerngedanken erfassen und wiedergeben. ☐ Deutungsvorstellungen entwickeln, formulieren und in größere Zusammenhänge einordnen können. ☐ den Text auf gattungsspezifische Merkmale hin untersuchen und die Wirkungsweise der Gestaltungsmittel darstellen. ☐ Textaussagen bewerten und mit geeigneten Zitaten begründen.	☐ die Struktur/den Aufbau des Textes/den Argumentationsgang beschreiben und die zentralen Gedanken erfassen und wiedergeben. ☐ Informationen aus den Texten zusammenfassen und vergleichen und bewerten. ☐ formale Gestaltungsmittel untersuchen und ihre Wirkungsweise an Beispielen darstellen. ☐ Textaussagen bewerten und mit Hilfe von geeigneten Zitaten begründen.	☐ den Argumentationsgang einer Vorlage zusammenfassen. ☐ Argumente bzw. Beispiele sammeln, nennen und Thesen entwickeln. ☐ Argumente prüfen, dich mit ihnen auseinandersetzen und sie bewerten. ☐ Argumente in Beziehung setzen und zu einer Argumentationskette verknüpfen. ☐ einen Argumentationsgang entwerfen und verfassen. ☐ zu einem Text, Sachverhalt kritisch Stellung nehmen.

4 *Ordne den Operatoren die passende Erklärung zu. Ziehe Linien.*

Operator	Definition
A (kritisch) Stellung nehmen	**1** Zu einer Problemstellung oder These eine Argumentation entwickeln, die zu einem begründeten und nachvollziehbaren Ergebnis führt.
B deuten	**2** Inhalte, Zusammenhänge in eigenen Worten sachlich und fachsprachlich richtig darstellen.
C wiedergeben	**3** Die Einschätzung einer Problemstellung, eines Sachverhalts auf der Grundlage fachlicher Kenntnis und Einsicht nach kritischer Prüfung und Abwägung formulieren.
D beurteilen	**4** Hinsichtlich der Textvorlage zu einem selbstständigen, sachlich begründeten Urteil gelangen.
E erläutern	**5** Ergebnisse der Textuntersuchung zusammenhängend erklären (interpretieren).
F sich auseinandersetzen	**6** Textaussagen, Sachverhalte auf der Basis von Kenntnissen und Einsichten differenziert darstellen und durch zusätzliche Informationen und Beispiele veranschaulichen.

ARBEITSTECHNIK

Ein erstes Textverständnis entwickeln
Schon die erste Lektüre eines Textes hinterlässt bestimmte Eindrücke. Man hat eine Vorstellung von den Figuren und ihren Beziehungen, von Konflikten und ihren Ursachen. Die ersten Vorstellungen sind oft vage. Es ist aber wichtig, sie sich bewusst zu machen – notiere am besten Stichworte.

Aufgabenbeispiel:
Analysiere/interpretiere den Text „Das vergebliche Suchen" von Martin Buber.
1. Untersuche den Text im Hinblick auf Inhalt, Form, Figur/en, Erzählstrategien und sprachliche Mittel. Verknüpfe dabei deine Beobachtungen mit deinem Wissen über die Textsorte.
2. Nimm Stellung: Welche Bedeutung hat der Text für heutige Leserinnen und Leser?

Martin Buber

Das vergebliche Suchen (1927)

Rabbi Chanoch erzählte: „Es gab einmal einen Toren, den man den Golem nannte, so töricht war er. Am Morgen beim Aufstehen fiel es ihm immer so schwer, seine Kleider zusammenzusuchen, dass er am Abend, daran denkend, oft Scheu trug, schlafen zu gehen. Eines Abends fasste er sich schließlich ein Herz, nahm Zettel und Stift zur Hand und verzeichnete beim Auskleiden, wo er jedes Stück hinlegte. Am Morgen zog er wohlgemut den Zettel hervor und las: ‚Die Mütze' – hier war sie, er setzte sie auf. ‚Die Hosen', da lagen sie, er fuhr hinein, und so fort, bis er alles anhatte. ‚Ja, aber, wo bin ich denn?', fragte er sich nun ganz bang. ‚Wo bin ich geblieben?' Umsonst suchte und suchte er, er konnte sich nicht finden." – „So geht es uns", sagte der Rabbi.

5 *Bestimme die Textart. Kreuze an.*

Es handelt sich um

☐ eine Kurzgeschichte. ☐ eine Parodie. ☐ eine Parabel. ☐ eine Satire.

6 *Notiere in Stichworten, worum es in diesem Text geht. Schreibe in dein Heft.*

ARBEITSTECHNIK

Ideen entwickeln/Stoff sammeln
- ☐ Erfrage Ort (wo?), Zeit (wann?) und Figuren (wer?) sowie den Aufbau bzw. die Handlung (was geschieht?) der Geschichte.
- ☐ Untersuche, wie ▷die Erzählerin/der Erzähler (Erzählperspektive, Erzählform, Erzählverhalten) angelegt ist. ▷S. 66
- ☐ Berücksichtige den Titel des Textes, untersuche auch die ▷sprachliche Gestaltung. ▷S. 69

HINWEIS: Du kannst z. B. mit einer Mind-Map oder mit einem Cluster arbeiten.

7 *a) Welche Untersuchungsaspekte beinhalten die Teilaufgaben des Aufgabenbeispiels?*
b) Ergänze die folgende Mind-Map für die Ideensammlung.

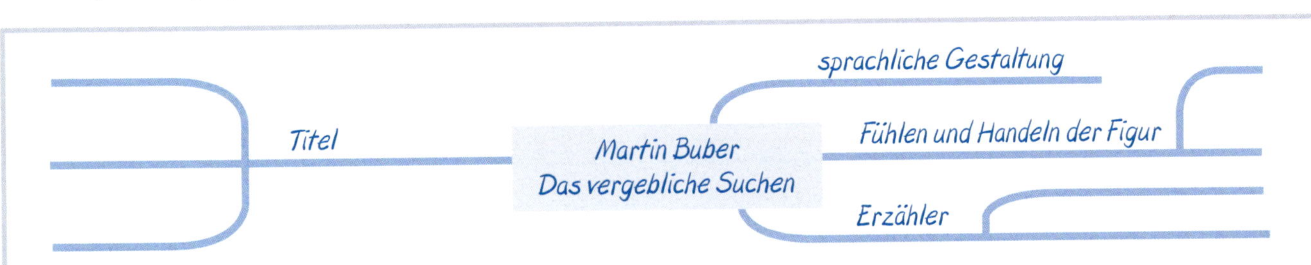

ARBEITSTECHNIK

Einen Schreibplan erstellen

Die ▷Aufgabenarten erfordern für den Schreibplan unterschiedliche Herangehensweisen. ▷S. 3
Während für eine Erörterung Argumente zu ordnen und sinnvoll zu verknüpfen sind, folgen andere Klassenarbeiten anderen Gliederungsanforderungen.
Eine **schriftliche Analyse/Interpretation** umfasst

- **Einleitung** – Titel, Autor/in, Textsorte/-art, Thema des Textes und erster Vorschlag zur Deutung;
- **Hauptteil** – kurze Inhaltsangabe, Textbeschreibung (Aufbau, Struktur), Detailanalyse (Handlung, Figuren, Problem, sprachliche Gestaltung, Erzählstrategie, Wissen zur Textsorte), ggf. deutungsrelevantes Kontextwissen (z. B.: zu Autor, Werk, Zeitgeschichte);
- **Schluss** – zusammenfassende Deutung in Form einer eigenen Schlussfolgerung oder Stellungnahme.

8 *Mache dir Gedanken über den Aufbau deiner Textanalyse/-interpretation.*
a) Ein Flussdiagramm kann dir helfen, den Stoff zu gliedern. Notiere in den Textfeldern, welche Gliederungsaspekte inhaltlich zu bearbeiten sind.
b) Trage in die Kästchen rechts daneben ein, welche Teilaufgabe des Aufgabenbeispiels auf S. 5 bearbeitet wird.

Einleitung Titel, Autor/in, Textsorte/-art, Thema des Textes
erster Vorschlag zur Deutung ______

↓

Hauptteil ______ ☐
______
______
______
______
______

↓

Schluss ______ ☐

9 *Werte deine Arbeitsergebnisse aus Aufgabe 8 aus. Gib an, für welchen Teil der Bearbeitung (welche Teilaufgabe) du während der Klassenarbeit den größten Zeitraum einplanen musst. Begründe.*

______
______
______
______
______

ARBEITSTECHNIK

Zeitmanagement

Behalte bei einer Klassenarbeit die Zeit im Auge!
Wenn du an einer Stelle nicht recht weiterkommst, so versuche, mit einem anderen Aspekt fortzufahren. Widme dich dem Problem erst dann wieder, wenn die anderen Teile der Arbeit fertig sind.
Kalkuliere den Zeitaufwand so, dass du auf jeden Fall noch Zeit zum ▷Überarbeiten deiner Arbeit hast. ▷S. 8

10 *a) Bringe folgende Arbeitsschritte in eine sinnvolle Reihenfolge. Füge Zusammengehörendes zusammen und schreibe einen Arbeitsplan in fünf Schritten auf.*
b) Nimm eine Zeiteinschätzung vor und ergänze in der rechten Spalte: Wie viel Zeit sollte man etwa bei einer 90-minütigen Klassenarbeit für die verschiedenen Arbeitsschritte aufwenden?

gegebenenfalls im Wörterbuch nachschlagen

den Text zu den einzelnen Aufgaben ausformulieren

dabei auf gedankliche Gliederung (Schreibplan!) achten

Aufgabenstellung genau lesen und verstehen, was verlangt wird

kurze Notizen zu jeder Aufgabe auf einem Extrablatt entwerfen

den eigenen Text noch einmal sorgfältig überarbeiten und auf Fehler und Unstimmigkeiten achten

vor der Analyse den Text zweimal lesen, beim zweiten Mal Wichtiges markieren und Randnotizen machen

Arbeitsschritte	einzuplanende Zeit
Schritt 1: ______	______
______	______
Schritt 2: ______	______
______	______
Schritt 3: ______	______
______	______
Schritt 4: ______	______
______	______
______	______
Schritt 5: ______	______
______	______

ARBEITSTECHNIK

Texte überarbeiten mit der Textlupe
Aus Fehlern kann man lernen: Schau dir bereits geschriebene Klassenarbeiten noch einmal an. Lege eine Textlupe an, in dem du festhältst, welche Fehler dir bei den Klassenarbeiten (oder auch bei den Hausaufgaben) wie oft unterlaufen.
Die Auswertung dieser Liste zeigt dir, wo deine persönlichen Fehlerschwerpunkte liegen. Diese ganz persönlichen Fehler bestimmen die **Textlupe,** mit der du arbeitest.
Präge dir diese Fehlerschwerpunkte ein und prüfe deine Klassenarbeit am Schluss gezielt darauf hin.

11 *Verwende die folgende Textlupe, um eine persönliche Checkliste für die nächsten Klassenarbeiten aufzustellen.*
a) Prüfe deine beiden letzten Klassenarbeiten im Fach Deutsch und kreuze die Fragen an, die du mit „nein" beantwortet hast.
b) Werte die Liste aus und markiere die Fehlerschwerpunkte, auf die du bei der Überarbeitung der nächsten Deutscharbeit gezielt achten wirst.

Meine persönliche Textlupe zur Textüberarbeitung

	Überprüfen	Klassenarbeit vom ______	Klassenarbeit vom ______
Inhalt · Inhalt · Inhalt · Inhalt	**Vollständigkeit:**		
	Sind alle Aufgabenteile bearbeitet?	☐	☐
	Sind alle Ideen vom Konzeptpapier umgesetzt?	☐	☐
	Sachliche Richtigkeit:		
	Sind die genannten Fakten richtig?	☐	☐
	Sind Zitate korrekt wiedergegeben?	☐	☐
	Gedankliche Struktur:		
	Sind Aufbau und Gliederung schlüssig?	☐	☐
	Sind sinnvolle Absätze eingefügt?	☐	☐
	Wiederholt sich etwas? Ist der gleiche Gedanke mehrfach formuliert?	☐	☐
	Sind Satzverknüpfungen sinnvoll?	☐	☐
Darstellungsleistung · Darstellungsleistung	**Ausdruck und Satzbau:**		
	Sind die Formulierungen angemessen und korrekt? (keine Umgangssprache, richtige Fachwörter)	☐	☐
	Umstellprobe: Sollten Wörter, Satzglieder, Sätze oder Textabschnitte umgestellt werden?	☐	☐
	Erweiterungsprobe: Wurden anschauliche Adjektive oder Attribute verwendet?	☐	☐
	Ersatzprobe: Wären Wörter oder Satzglieder durch treffendere zu ersetzen?	☐	☐
	Weglassprobe: Könnten Wörter oder Satzteile gestrichen werden?	☐	☐
	Müssen Bandwurmsätze gekürzt oder unterteilt werden?	☐	☐
	Grammatik:		
	Stimmt das Tempus?	☐	☐
	Ist die indirekte Rede im Konjunktiv formuliert?	☐	☐
	Rechtschreibung:		
	z. B. dass/das beachtet?	☐	☐
	z. B. Nominalisierungen von Adjektiven/Partizipien/Verben richtig?	☐	☐
	z. B. Fremdwörter korrekt geschrieben?	☐	☐
	Zeichensetzung:		
	z. B. Kommas in Satzgefügen gesetzt?	☐	☐
	z. B. eingeschobene Nebensätze abgeschlossen?	☐	☐
	z. B. Satzschlusszeichen alle vorhanden?	☐	☐
Form	Steht der Name auf allen Blättern?	☐	☐
	Sind die Seiten durchnummeriert?	☐	☐

Lineare (steigernde) Erörterung

Die lineare Erörterung vertritt oder verwirft eine These. Die gewählte Position wird beibehalten, Gegenargumente werden nicht genannt.

Aufbau einer linearen Erörterung:

- Die **Einleitung** soll Interesse wecken, das Problem bzw. das Thema vorstellen und die Position (die **These**) des Autors, der Autorin nahebringen. Dazu kann man
  - von einem konkreten Fall ausgehen (eigene Erfahrung, Zeitungsmeldung),
  - die allgemeine Bedeutung des Problems aufzeigen oder
  - das Problem in einen aktuellen Zusammenhang stellen.

  In der Einleitung werden ggf. auch Begriffe geklärt, die zum Verständnis nötig sind.
- Der **Hauptteil** bringt die **Argumente,** die die These stützen (überprüfbare Fakten, eigene Beobachtungen und Erfahrungen, Expertenwissen, allgemein anerkannte Grundsätze oder Normen). Wichtig ist eine klare Gliederung, das stärkste Argument steht am Schluss. Jedes **Argument** muss durch einen **Beleg** untermauert sein, z. B. durch ein **Beispiel** oder ein **Zitat.**
- Der **Schluss** soll den Gedankengang abrunden. Hier kann man
  - eine Aufforderung oder einen persönlichen Wunsch nennen oder
  - einen Ausblick auf verwandte Themen oder zukünftige Entwicklungen geben.

In der nächsten Ausgabe der Schülerzeitung wird das Thema „Sollte man auf Mobbing in der Schule reagieren?" im Mittelpunkt stehen. Die Redaktion möchte das Gespräch darüber anregen, ob eine Klasse sich bei einem Fall von Mobbing besser an Lehrkräfte wendet. Man will jeweils einen kurzen Artikel dafür bzw. dagegen drucken. Antonia hat die folgende Stellungnahme verfasst.

1 *a) Gliedere Antonias Text in Einleitung, Hauptteil und Schluss.*
b) Benenne stichwortartig, wie sie Einleitung und Schluss ihrer Stellungnahme aufbaut.
c) Markiere ihre These rot, die Argumente grün und die Belege zu ihren Argumenten blau.
d) Fasse die Argumente und Belege in der Randspalte stichwortartig zusammen.

Antonias Meinung:

„Mobbing in der Schule" ist ein Thema, das seit einiger Zeit viel Beachtung findet. Bevor ich an diese Schule kam, bin ich an meiner alten Schule selbst gemobbt worden, ich weiß also, wovon ich rede! Aus eigener Erfahrung halte ich nichts davon, wenn Lehrer sich in Mobbing-Probleme von Schülern einmischen, und zwar aus folgenden Gründen: Erstens ist die Reichweite der Lehrkräfte begrenzt. Schon auf dem Schulhof in der Pause haben sie keinen Überblick mehr, und sobald du das Schulgelände verlassen hast, können sie dir erst recht nicht mehr helfen.

Außerdem machen sie die Sache oft nur noch schlimmer. Nachdem meine Klassenlehrerin mein Mobbing-Problem damals in der Klassenratsstunde zum Thema gemacht hatte, wurde es für mich erst richtig unerträglich, weil ich bei meinen Feinden jetzt auch noch als Verräterin galt und weil alle anderen aus der Klasse, die teilweise gar nichts davon mitbekommen hatten, mich nur noch bemitleideten und mich somit noch mehr zur Außenseiterin machten.

Und schließlich ist es auch schwierig, den Lehrern zu erklären, worin das Problem eigentlich genau besteht. Die Lehrer müssten sich intensiv mit der Sache beschäftigen, um überhaupt zu verstehen, was da genau abläuft, und so viel Zeit und Interesse haben sie in der Regel nicht. Meine schon erwähnte Klassenlehrerin zum Beispiel hat die Sache dann nach der einen Stunde auch nicht weiterverfolgt.

Deshalb mein Rat: Haltet die Lehrkräfte aus der Angelegenheit raus und sucht euch lieber starke Verbündete unter euren Mitschülern!

2 *Beurteile die Qualität von Antonias Stellungnahme mit Hilfe der folgenden Kriterien. Kreuze an.*

		ja	nein
1	Zu jedem Argument gibt es einen stützenden Beleg.	☐	☐
2	Die Verfasserin kann sich auf die Aussagen von Experten berufen.	☐	☐
3	Die Verfasserin kann sich auf die Erfahrungen vieler Menschen berufen.	☐	☐
4	Es ist schwierig, Gegenbelege oder Gegenbeispiele zu finden		
	... beim ersten Argument.	☐	☐
	... beim zweiten Argument.	☐	☐
	... beim dritten Argument.	☐	☐
5	Die Argumente stehen in steigernder Reihenfolge, das stärkste am Schluss.	☐	☐

3 *Vertritt nun selbst die Gegenposition in einem vergleichbar langen Text (ca. 250–300 Wörter). Schreibe in dein Heft.*
a) Gehe in deiner Einleitung darauf ein, was „Mobbing" überhaupt bedeutet.
b) Werte für deine Argumentation den nachfolgenden Text aus. Zitiere richtig. ▷ S. 28–31, S. 57
c) Schließe deine Erörterung mit einem Appell an Schülerinnen und Schüler sowie die Lehrkräfte.

In einer fünften Klasse der Anna-Freud-Schule in Köln hat die Lehrerin Mobbing zum Thema gemacht. Die Schülerinnen und Schüler hatten einem Neuling die kalte Schulter gezeigt. Die Klasse nahm an einer Anti-Mobbing-Aktion des Kinderhilfswerks und des Internetprojekts „Seitenstark" teil. Sie drehte einen Film über Klaus, einen dicken, oft gehänselten Jungen. Mit dem Film gewannen die Jugendlichen nicht nur einen Preis, sondern neue Einsichten. „Sie sagen jetzt: Wir haben Mist gebaut, als wir den Neuen gemobbt haben", berichtet die Lehrerin. Anna Meyer hat auf ihre Lehrer gesetzt. Als Anna nach ihrem Schulwechsel in die Außenseiterrolle geriet, wagte sie es, ihren neuen Lehrer anzusprechen. Er reagierte besonnen und hilft nun, Annas Position in der Klasse zu stärken. Die Mitschüler sollen neue Seiten an ihr kennen lernen: Die Lehrer schaffen es, sie zu überreden, im Musikunterricht vorzusingen. Anna ist eine sehr gute Sängerin. „Das hat die anderen wohl beeindruckt", sagt sie.

„Wissen", Magazin der Süddeutschen Zeitung, Heft 4/2008, S. 53

Teste dich! – Lineare (steigernde) Erörterung

1 *Beurteile die sprachliche Qualität von Antonias Text auf S. 9–10 mit Hilfe folgender Aussagen. Kreuze an.*

		trifft zu	trifft nicht zu
1	Der Satzbau ist auf Grund der Satzlänge teilweise unübersichtlich.	☐	☐
2	Die Gliederung der Argumentation wird sprachlich verdeutlicht.	☐	☐
3	Der Text ist unpersönlich und dadurch wenig interessant geschrieben.	☐	☐
4	Die Ausdrucksweise ist unsachlich und umgangssprachlich.	☐	☐
5	Die Sätze sind sprachlich so miteinander verknüpft, dass ein schlüssiger Textzusammenhang besteht.	☐	☐

2 *a) Bringe die Sätze aus einer Erörterung in eine sinnvolle Reihenfolge, indem du sie nummerierst.*
b) Begründe deine Gliederung, indem du aus den angebotenen Beschreibungen passend auswählst.

Schlusssatz mit Appell | *Autoritätsargument* | *Einleitung über Aufzeigen eines Problems* | *Zitat als These* | *Wertargument* | *Schlusssatz mit Ausblick auf zukünftige Entwicklung* | *Beispiel als Beleg* | *Einleitung über aktuellen Anlass* | *eigene Meinung und These*

☐ Einer meiner Mitschüler hat eine Lese-Rechtschreib-Schwäche. Deswegen ist er andauernd gehänselt worden. Dadurch hat er sich überhaupt nicht mehr auf den Unterricht konzentrieren können und ist in allen Fächern schlecht geworden.

____

☐ Meiner Meinung nach erhöhen schlechte Noten das Risiko, gemobbt zu werden.

____

☐ Soziologen an der Universität Eichstätt haben gezeigt, dass Schülerinnen und Schüler mit schlechten Noten eher belästigt werden als jene mit sehr guten Leistungen.

____

☐ Mobbing und Notendruck können einen besonders teuflischen Kreislauf bilden: Deshalb ist es wichtig, Leistungsschwächere nicht nur beim Lernen, sondern auch in ihrer Stellung innerhalb der Klasse besonders zu unterstützen.

____

☐ Beim Thema „Mobbing in der Schule" stellt sich unter anderem die Frage, ob es ganz bestimmte Schülertypen sind, die zu Mobbing-Opfern werden.

____

Werte deine Ergebnisse aus, indem du deine Antworten mit dem Lösungsheft abgleichst. Für jede richtige Antwort bekommst du einen Punkt.

☺ ***15–12 Punkte*** *Gut gemacht!*	☺ ***11–8 Punkte*** *Gar nicht schlecht. Schau dir aber noch einmal gründlich den Merkkasten auf Seite 9 an.*	☹ ***7–0 Punkte*** *Arbeite die Seiten 9 bis 10 noch einmal sorgfältig durch.*

Dialektische (Pro-und-Kontra-)Erörterung

!

In der dialektischen Erörterung werden die Gründe, die **für** (pro) eine These sprechen, und die Gründe, die **gegen** (kontra) die Position sprechen, gegeneinander abgewogen. So wird eine **eigene Meinung** herausgearbeitet. Durch **schlüssiges Argumentieren** (Faktenargumente, Wertargumente, Autoritätsargumente mit Belegen und Beispielen) wird das Urteil überzeugend begründet. Für die dialektische Form der Erörterung gilt grundsätzlich der gleiche **Aufbau** wie für die lineare Erörterung: **Einleitung – Hauptteil – Schluss.**

Der **Hauptteil** enthält den Argumentationsgang, es gibt für die Gliederung zwei Prinzipien:

- **Sanduhr-Prinzip:** Erst werden die Argumente der Gegenposition in fallender, dann die der eigenen Position in steigernder Reihenfolge genannt.

- **Ping-Pong-Prinzip:** Argument und Gegenargument folgen unmittelbar aufeinander. Auch hier sollte die Argumentation mit dem ausschlaggebenden Argument für die eigene Position schließen.

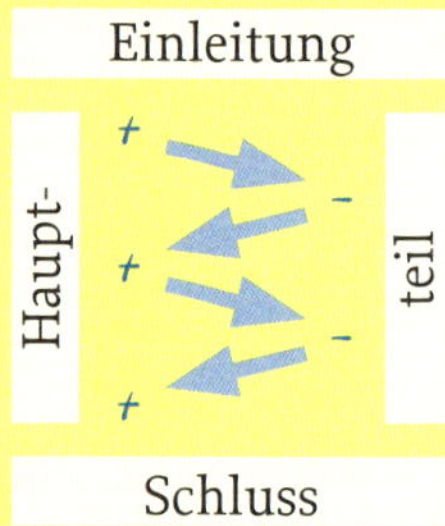

Erörtere: Ist „Hausarrest“ eine angemessene elterliche Strafe, wenn Jugendliche über die Stränge schlagen?

1 *Lege für die Stoffsammlung im Heft eine Mind-Map an.*
Trage mit ihrer Hilfe Argumente und Beispiele zum gegebenen Thema zusammen.

2 *Der folgende Text ist der **Hauptteil** einer dialektischen Erörterung zum genannten Thema.*
a) Markiere im Text
- *alle Argumente, die **für** Hausarrest sprechen, blau und*
- *alle Argumente, die **gegen** Hausarrest sprechen, rot.*

b) Unterstreiche alle Formulierungen, die eine Gewichtung der Argumente ausdrücken.

Hausarrest

Zweifel am Sinn von „Hausarrest“ als Strafe sind auf Grund der meist überreichen Ausstattung von Kinder- und Jugendzimmern mit Spiel- und Unterhaltungsmöglichkeiten berechtigt. Nicht außer Acht gelassen werden sollte darüber hinaus die potenzielle Gefahr, dass der oder die Eingesperrte seiner oder ihrer Wut über die Strafe gewalttätig Ausdruck verleiht. Und wollte man ein wenig theatralisch werden, könnte man den Eltern zuletzt glatt Freiheitsberaubung vorwerfen, also den Verstoß gegen ein verbrieftes Menschenrecht.

Will man auf einer solchen juristischen Ebene argumentieren, kann man freilich entgegenhalten, dass Eltern ihren Kindern gegenüber durchaus erzieherische Rechte haben. Unter dieser Perspektive erscheint es sehr viel besser, wenn Eltern durch diese harmlose Form von „Freiheitsberaubung" spürbare Grenzen setzen, als dass sie z. B. körperliche Gewalt anwenden oder sich gar nicht um ihre Kinder kümmern. Noch schwerer wiegt, dass Eltern gerade durch eine solche Maßnahme ihrer Verantwortung und Aufsichtspflicht nachkommen, wenn sie durch ein Ausgehverbot verhindern, dass ihr Kind an einer gefährlichen Unternehmung, beispielsweise einer Drogenparty, teilnimmt. Am wichtigsten und ausschlaggebend aber sind die psychologischen Effekte, die eine solche Maßnahme als Strafe für ein falsches Verhalten haben sollte: Nichts mit seinen Freunden unternehmen zu dürfen, führt auch im Freundeskreis zu einem gewissen sozialen Druck, den der Jugendliche das nächste Mal sicher lieber vermeiden wird. Und in der Zeit, die der Jugendliche zu Hause in seinem Zimmer verbringen muss, sollte er dazu angehalten werden, über sein Fehlverhalten nachzudenken und am besten auch ein ausführlicheres Gespräch mit seinen Eltern darüber führen. Denn so kann für die Zukunft wirklich eine Verbesserung erreicht und ein weiterer Hausarrest überflüssig gemacht werden.

3 *Beantworte auf Grund deiner Ergebnisse aus Aufgabe 2 folgende Fragen.*
a) Sind die Pro- und Kontra-Argumente angeordnet nach dem

☐ Sanduhr-Prinzip oder nach dem ☐ Ping-Pong-Prinzip?

b) Ist der Verfasser des Textes

☐ gegen Hausarrest oder ☐ für Hausarrest?

4 *a) Stelle nun die Argumentation so um, dass sie dem im Text* ***nicht*** *angewendeten Prinzip folgt. Notiere dazu in Stichworten die Argumente aus dem Text oder eigene Pro- und Kontra-Argumente. Lege im Heft eine Grafik an, die das hier geforderte Prinzip abbildet, und ordne die Argumente ausformuliert zu.*
b) Vervollständige die Grafik durch Pfeile, die die Abfolge der Argumente verdeutlichen. Notiere an jedem Pfeil stichwortartig eine Überleitungsmöglichkeit zum nächsten Argument. Achte auf Textkohärenz.

TIPP

Textkohärenz herstellen
Achte darauf, dass aufeinanderfolgende Argumente sprachlich so verbunden werden, dass ein logischer Satzzusammenhang entsteht.
Konjunktionen bzw. **Adverbien** sind Bausteine, die mit für die Kohärenz eines Textes sorgen:

- additiv: „außerdem", „ferner", „darüber hinaus", schließlich"
- adversativ: „während", „wohingegen", „anstatt zu"
- final: „damit" (oder Infinitivsatz mit „um zu")
- kausal: „weil", „da", „denn"
- konditional: „wenn", „falls", „gesetzt den Fall, dass ...", „sofern"
- konsekutiv: „sodass", „also", „folglich"
- konzessiv: „obwohl", obgleich", „wenn auch"

Ordne die Argumente so an, dass du mit dem **stärksten Argument für deine Meinung** schließt.

5 *Stütze die folgenden Argumente aus dem Text, indem du sie mit Beispielen erläuterst und belegst. Bemühe dich um einen flüssigen sprachlichen Anschluss an die vorgegebenen Sätze (Textkohärenz).*

Zweifel am Sinn von „Hausarrest" als Strafe sind auf Grund der meist überreichen Ausstattung von Kinder- und Jugendzimmern mit Spiel- und Unterhaltungsmöglichkeiten berechtigt. (Z. 1–5)

Beleg/Beispiel: ______________________________

____

Nicht außer Acht gelassen werden sollte darüber hinaus die potenzielle Gefahr, dass der oder die Eingesperrte seiner oder ihrer Wut über die Strafe gewalttätig Ausdruck verleiht. (Z. 5–9)

Beleg/Beispiel: ______________________________

____

Nichts mit seinen Freunden unternehmen zu dürfen, führt auch im Freundeskreis zu einem gewissen sozialen Druck, den der Jugendliche das nächste Mal sicher lieber vermeiden wird. (Z. 23 f.)

Beleg/Beispiel: ______________________________

____

6 *Wähle eine der beiden angebotenen Möglichkeiten aus, um selbst eine Einleitung zu dem Erörterungsthema „Hausarrest?" zu schreiben. Achte auf eine sprachlich flüssige Überleitung zum Hauptteil der Erörterung.*

Möglichkeit 1: Fallbeispiel
Nutze als Einleitung ein von dir konstruiertes Beispiel, in dem ein Jugendlicher zur Strafe für ein Fehlverhalten „Hausarrest" bekommt.

Möglichkeit 2: Definition
Was versteht man überhaupt unter „Hausarrest"? Kläre in der Einleitung diesen zentralen Begriff.

____

____

____

7 *Formuliere einen Schlussteil für die Erörterung: Nenne Einschränkungen und Bedingungen, unter denen Hausarrest als eine sinnvolle und akzeptable Maßnahme erscheint.*
Um Textkohärenz herzustellen, kannst du eine der angebotenen Wendungen auswählen.

Hausarrest ist dann sinnvoll, wenn ... | *Nicht in allen Fällen ...* | *Zusammenfassend ...* | *Alles in allem ...* | *Letztendlich ...* | *Nur unter der Bedingung, dass ...*

____

____

____

Teste dich! – Dialektische (Pro-und-Kontra-)Erörterung

1 *a) Welche Aussagen treffen zu, welche nicht? Kreuze an.*

	trifft zu	trifft nicht zu
1 Das Ping-Pong-Prinzip ist besonders dann für eine Erörterung geeignet, wenn es schwerfällt, sich für die Pro- oder die Kontra-Seite zu entscheiden.	☐	☐
2 Das Sanduhr-Prinzip ermöglicht es, jedes Argument sofort durch ein Gegenargument zu entkräften.	☐	☐
3 Am Ende einer dialektischen Erörterung muss man sich auf jeden Fall immer eindeutig für die eine und gegen die andere Position entscheiden.	☐	☐
4 Für die Entfaltung eines Argumentes kann man auch auf die Folgen eines Verhaltens oder einer Entscheidung hinweisen.	☐	☐
5 Bei der Pro-und-Kontra-Erörterung sollte man nur die Argumente für die eigene Position mit Belegen und Beispielen stützen.	☐	☐

b) Verbessere die falschen Aussagen.

____

____

____

2 *a) Welche Art von Aussage ist gegeben? Trage die Nummern der folgenden acht Sätze ein.*

Behauptung: ________ Werturteil: ________ Beispiel: ________ Empfehlung: ________

b) Verbinde die folgenden Sätze jeweils zu einem sinnvollen (kohärenten) Satzgefüge.

1a Hausarrest ist eine verbreitete Erziehungsmaßnahme. **1b** Ihr erzieherischer Nutzen ist fraglich.

____

2a Die Eltern glauben, dass Hans in seinem Zimmer zur Besinnung kommt. **2b** Hans vergnügt sich mit einem Videospiel.

____

3a Heutzutage ist manches Kind ein „Stubenhocker". **3b** Hausarrest fördert den Mangel an sozialen Kontakten und Bewegung.

____

4a Das Ausgehverbot sollte mit einem konkreten Arbeitsauftrag verbunden werden. **4b** Das ist sinnvoll.

____

Werte deine Ergebnisse aus, indem du deine Antworten mit dem Lösungsheft abgleichst. Für jede richtige Antwort bekommst du einen Punkt.

☺ ***20–16 Punkte*** *Gut gemacht!*	☺ ***15–11 Punkte*** *Gar nicht schlecht. Schau dir die Merkkästen der Seiten 12 bis 13 noch einmal an.*	☹ ***10–0 Punkte*** *Arbeite die Seiten 12 bis 14 noch einmal sorgfältig durch.*

Erörterung im Anschluss an eine Textvorlage

ARBEITSTECHNIK

Aufbau einer textgebundenen Erörterung (Schreibplan):

1. Einleitung
- im Einleitungssatz Autor/in, Titel des Textes und Thema nennen,
- gegebenenfalls aktuellen Bezug oder grundsätzliche Wichtigkeit des Themas herausstellen.

2. Hauptteil

a) Analyse des Textes:
- den Text knapp zusammenfassen (Tempus: Präsens),
- dabei zentrale Problemstellung deutlich machen,
- die Argumentationsstruktur (evtl. besonders auffällige sprachliche Mittel) des Textes analysieren.

b) Kritische Erörterung der Argumente im Text:
- zu den Hauptargumenten des Textes Stellung nehmen und den eigenen Standpunkt verdeutlichen, dabei teilweise oder völlige Zustimmung oder Widerspruch begründet darlegen,
- eigene Beispiele und Erläuterungen für oder wider die Argumente formulieren.

3. Schluss
- die wichtigsten Argumente und die eigene Position zusammenfassen,
- auf das Thema bezogene Aufforderung oder persönlichen Wunsch formulieren,
- auf verwandte Themen verweisen oder zukünftige Entwicklungen aufzeigen.

Den Text verstehen

1 *a) Lies den Text auf S. 17 genau.*
b) Notiere in ein oder zwei kurzen Sätzen deine spontane Meinung zu den Aussagen des Textes.

2 *a) Um welches Thema geht es im Text? Wähle die passende Beschreibung aus und kreuze an:*

- ☐ 1 Das Thema des Textes ist die helle Seite der Macht.
- ☐ 2 Im Text geht es um die Erziehungsfehler der 68er und deren Folgen.
- ☐ 3 Der Text plädiert für ein neues Machtbewusstsein von Eltern zum Wohle ihrer Kinder.

b) Erläutere kurz, warum die beiden anderen Beschreibungen nicht gelungen sind.

Hauptteil a): Analyse des Textes (Struktur)

3 *Gliedere den Text in Abschnitte und fasse ihn in wenigen Sätzen zusammen. Du kannst dazu die folgenden Satzanfänge verwenden. Schreibe in dein Heft.*

Der Artikel beginnt mit …

Im letzten Abschnitt des Textauszugs bezieht sie sich …

Die Autorin verweist zunächst zurück auf …

In Abgrenzung dazu führt sie anschließend aus …

Die helle Seite der Macht

Elternschaft ist keine demokratische Angelegenheit

von Ruth Hofmann

„Aber warum darf ich denn nicht auf die Party?!", flehte meine damals 16-jährige Freundin ihre amerikanische Gastmutter an. Deren Antwort ist mir bis heute im Gedächtnis geblieben: „Because I'm the boss. But I love you."

So etwas hatten wir zu Hause nie erlebt: Die Gastmutter übte unverblümt Macht aus und bekundete gleichzeitig ihre Liebe. Obwohl sie weder Gründe angab noch Kompromisse anbot, wirkte sie dabei kein bisschen autoritär.

Die dunkle Seite der Macht ist jedem ein Begriff – von der hellen Seite ist dagegen wenig zu hören. Die pädagogischen Kämpfer und Kämpferinnen, die als 68er Geschichte gemacht haben, traten gegen die damals gängige autoritäre Praxis von Macht an, aber entwickelten kein positives Bild von der Erziehungsmacht der Erwachsenen. Schließlich war deren Macht allzu häufig dazu missbraucht worden, Kindern den Mund zu verbieten und ihnen anzutrainieren, dass sie ihn gar nicht erst öffneten und für sich behielten, wie es ihnen ging. Das sollte nie wieder passieren.

Kinder sollten auch etwas zu sagen haben und mitbestimmen dürfen. Sie sollten als Partner ernst und wichtig genommen werden. Eine ganz neue Kultur der Auseinandersetzung und Diskussion hielt Einzug in Familien und Kommunen. In vielerlei Hinsicht war das eine riesige Errungenschaft. Kinder von heute trauen sich viel mehr, sie selbst zu sein, und haben ein ganz anderes Selbstbewusstsein im Äußern ihrer Wünsche. Etwas Entscheidendes geriet allerdings aus dem Blick: dass Eltern auch dort, wo sie Mitbestimmung gewähren und Freiräume der Eigenverantwortung schaffen, die Entscheidungsgewalt über das Maß und die Grenzen dieser Freiräume behalten.

Elternschaft ist keine demokratische Angelegenheit. Eltern haben, ob sie es wollen oder nicht, absolute Macht über ihre Kinder. Vor allem in den ersten Lebensjahren sind Kinder ihren Eltern hilflos ausgeliefert. Wer diese Struktur der Erwachsenen-Kind-Beziehung nicht klar sieht und meint, dass an die Stelle des erzieherischen Machtworts demokratische Aushandlungsprozesse getreten sind, der erliegt einer gefährlichen Illusion.

Wo Eltern ihren Machtanspruch und damit die Führungsrolle aufgeben, da wird Kindern zu viel Verantwor-

tung aufgebürdet, oder aber das Chaos bricht aus. Dabei spielt es keine Rolle, ob die Eltern dies aus Angst vor Machtmissbrauch tun oder ob sie Kinder schlicht aus Bequemlichkeit sich selbst überlassen. Eltern müssen sich ihrer Macht bewusst sein, um verantwortungsvoll mit ihr umgehen zu können.

Darauf aufmerksam gemacht zu haben, halte ich für ein großes Verdienst von Bernhard Bueb. In seiner Streitschrift „Lob der Disziplin" macht er den Partnerschaftsgedanken und den ausgeprägten Willen zu Verhandlung und Diskussion im Kinderzimmer mitverantwortlich für die gegenwärtige Erziehungskrise und Orientierungslosigkeit von Kindern und Jugendlichen. Bueb ermuntert Eltern, ihrer Führungsrolle gerecht zu werden, sich ohne schlechtes Gewissen ihrer Macht zu bedienen, nicht über jede Entscheidung zu verhandeln und Entscheidungen auch nicht immer zu begründen.

So habe er beispielsweise, als seine 16-jährige Tochter zu seiner Verärgerung im Wohnzimmer fernsah, den Apparat einfach ausgeschaltet, anstatt mit ihr zu reden. Ihm war es in dem Moment so wichtig, dass nicht ferngesehen wurde, dass er seine Wohnzimmerhoheit als Vater geltend machte. Buebs Ermutigung, eine persönliche Grenze durchzusetzen und zu riskieren, dass man das Unverständnis und den Groll des geliebten Kindes auf sich zieht, scheint mir ein wertvoller und absolut zeitgemäßer Impuls für Eltern und Erzieher.

(Publik-Forum 12/2007, S. 32 f.)

4 *Analysiere den Text:*
a) Notiere Stichworte und Textbelege zu den folgenden Begriffen.

Thesen: ____________________

____

Abgrenzung zu einer Gegenposition: ______________________________

____

Faktenargument: ______________________________

____

Genauere Erläuterungen zum Faktenargument (Ursachen, Folgen; ggf. Belege): ______________________________

____

Autoritätsargument: ______________________________

____

Beispiele und ihre Funktion: ______________________________

____

Appelle, Forderungen: ______________________________

b) Formuliere die Ergebnisse aus Aufgabe 4 a), Seite 17, zu einer Textanalyse aus. Schreibe in dein Heft.

Hauptteil b): Erörterung der Argumente im Text (Inhalt)

5 *Setze dich kritisch mit der Argumentation des Textes auseinander: Die folgenden Fragen können dir dabei helfen. Notiere deine Antworten stichpunktartig in einer Tabelle, die du im Heft nach dem nachfolgenden Muster anlegst.*

A *Welche Erfahrungen hast du mit Diskussionen, „demokratischen Aushandlungsprozessen" und Machtausübung zwischen Eltern und Kindern gemacht?*
B *Wie lässt sich die elterliche Macht begründen?*
C *Welche Aussagekraft haben die Beispiele?*
D *Welches Gewicht hat die Berufung auf Bernhard Bueb?*
E *Welche Rolle spielt das Alter der Kinder in der Argumentation der Autorin?*
F *Welchen Standpunkt vertrittst du?*

Zustimmung zu Textaussagen	Eingeschränkte, teilweise Zustimmung	Widerspruch zu Textaussagen
...	...	...

6 *Erörtere die Argumentation des Artikels in einem geschlossenen Text. Schreibe in dein Heft.*

Einleitung und Schluss

7 *a) Gibt es für das Thema einen aktuellen Bezug, ist es von grundsätzlicher Wichtigkeit? Suche entsprechende Aussagen im Text und ergänze diese um deine eigene Einschätzung.*
b) Verfasse mit Hilfe der Ergebnisse aus Aufgabe 2 (▷ S. 16) eine vollständige Einleitung. Schreibe in dein Heft.

8 *Wähle einen der folgenden Satzanfänge und formuliere im Heft einen Schluss.*
- ☐ „Elternschaft ist keine demokratische Angelegenheit", mit dieser Behauptung ...
- ☐ Mit ihrem Artikel gibt Ruth Hofmann wichtige Anregungen ...

Teste dich! – Textgebundene Erörterung

1 *Kreuze an, welche Aussagen auf den Text auf S. 17 zutreffen.*

		trifft zu	trifft nicht zu
1	Eine zentrale These des Textes wird bereits im Untertitel herausgestellt.	☐	☐
2	Durch das einleitende Beispiel wird der positive Effekt von ausgeübter Erziehungsmacht überzeugend belegt.	☐	☐
3	Die Autorin beruft sich auf Bernhard Bueb, weil dieser eine allgemein anerkannte Autorität darstellt.	☐	☐
4	Ruth Hofmann hält es für gefährlich, wenn Kindern ein zu großer Entscheidungsspielraum eingeräumt wird.	☐	☐
5	Für die Autorin stehen Elternliebe und Elternmacht nicht in einem Widerspruch.	☐	☐

2 *Erläutere in einem Satz, was die Autorin mit der „hellen Seite der Macht" meint.*

______

______

3 *a) Nenne zwei Möglichkeiten, wie du deine Zustimmung zur Argumentation eines Textes ausführen kannst, z. B.: auf andere Person, anderen Text verweisen, die/der auch so argumentiert.*

1 ______

2 ______

b) Nenne drei Möglichkeiten, wie du die Argumentation eines Textes kritisieren kannst.

1 ______

2 ______

3 ______

4 *Welche Erläuterung gehört zu welchem Begriff? Verbinde durch Linien.*

1 Die These wird gestützt, indem man sich auf allgemein anerkannte Normen und Werte wie Menschenwürde, Freiheitsrechte u. a. beruft.	Faktenargument
2 Die These wird durch logische Verknüpfung mit einer unstrittigen, überprüfbaren Tatsachenaussage gestützt.	Autoritätsargument
3 Die These wird dadurch untermauert, dass die Autorin/der Autor sich auf eine weithin akzeptierte Person oder Institution beruft, die eine ähnliche oder identische Meinung geäußert hat.	Wertargument

Werte deine Ergebnisse aus, indem du deine Antworten mit dem Lösungsheft abgleichst. Für jede richtige Antwort bekommst du einen Punkt.

☺ ***15–12 Punkte*** *Gut gemacht!*	***11–8 Punkte*** *Gar nicht schlecht. Schau dir aber noch einmal gründlich den Merkkasten auf Seite 16 an.*	☹ ***7–0 Punkte*** *Arbeite die Seiten 16 bis 18 noch einmal sorgfältig durch.*

Über Sachverhalte informieren

!

Einen Hintergrundbericht verfassen
Beim **Berichten** vermittelt man Informationen sachlich und genau, sodass ein anderer einen guten Einblick in das Thema erhält. Der Schreibstil hängt v. a. vom Zweck und vom Adressaten ab (z. B. eher sachlich knapp oder etwas aufgelockerter).
Ein Hintergrundbericht kann **referierende** (Bestandsaufnahme), **analytische** (Begründung der Zusammenhänge) und auch **prognostische Elemente** (Zukunftsentwicklung) enthalten.
Er hat sowohl **beschreibende als auch berichtende Funktion.**
Tempus ist das Präteritum in berichtenden, das Präsens in beschreibenden Teilen und in jenen Teilen, die auf die Zukunft verweisen. Der Hintergrundbericht kann zwischen der vertiefenden Darstellung bestimmter Zusammenhänge und der Beschreibung aktueller Ereignisse wechseln (vergleichbar mit einer Reportage).

Die Schülervertretung möchte der nächsten Schulkonferenz das Projekt „EULE" vorstellen, das mit großem Erfolg am Friedrich-Ebert-Gymnasium in Bonn durchgeführt wird. Du hast die Aufgabe übernommen, der Schulkonferenz dieses Projekt in einem Hintergrundbericht vorzustellen.

1 *a) Lies die Materialien 1 bis 4, die über das Projekt informieren. Weiterführende Informationen findest du auf der Homepage der Schule: www.feg-bonn.de.*
b) Ordne den Materialien die angegebenen Textsorten zu und notiere sie.

Zitate aus Interviews | Zeitungsbericht | Information über Kursangebot | persönlicher Erfahrungsbericht

c) Lies erneut, markiere wichtige Informationen und schreibe an den Rand Stichworte: z. B.: Projektziel, …

Material 1 (Textsorte: ____________________)

Wenn die Alten von den Jungen lernen
Beim „Eule"-Projekt des Friedrich-Ebert-Gymnasiums unterrichten Schüler Senioren

Von Christoph Meurer
Bonn. Von der Weisheit der Alten sollen die Jungen lernen, heißt es im Volksmund. Dass es auch andersherum geht, beweisen seit nunmehr zwei Jahren die Schülerinnen und Schüler des Friedrich-Ebert-Gymnasiums (FEG). Im Mai 2006 startete dort auf Initiative der Bürgerstiftung Bonn das Projekt „EULE – Schüler unterrichten Senioren". Eule steht hier für Erleben, Unterrichten, Lernen und Experimentieren. Seinen Ursprung habe das Projekt, so Jürgen Reske von der Bürgerstiftung, im ostwestfälischen Rietberg, wo es seit 1998 läuft. Dabei geht es nicht nur um reine Wissensvermittlung, sondern auch um den Austausch zwischen Jung und Alt. Ziel ist laut Reske, Vorurteile abzubauen und das Verständnis füreinander zu wecken.
Am FEG unterrichten rund 25 Schülerinnen und Schüler bis zu 50 Senioren. Angeboten werden Englisch, Spanisch, Französisch sowie Theaterkurse, Konzentrationsübungen und, besonders beliebt, Einführungen in den Umgang mit Computer und Handy.

Bonner General Anzeiger, 23. 06. 2008

Material 2 (Textsorte: ____________________)

Linda Julkunen, Jgst. 12 (auf der Homepage der Schule):
Auch ich habe mich für das Projekt angemeldet. Vorgesehen war ein Konversationskurs im Fach Englisch. Anfangs war ich mir etwas unsicher, ob ich an dem Projekt teilnehmen sollte, da ich nicht wusste, was mich erwartete und welche Vorbereitungen ich treffen müsste. Es überraschte mich, dass so wenig Interesse an dem Englischkurs bestand und sich nur eine Person angemeldet hatte. Ich beschloss jedoch, die Herausforderung anzunehmen und sie als Chance zu sehen, meine Fähigkeiten auszutesten, schließ-

lich bekommt man nicht jeden Tag das Angebot, in die „Lehrerrolle" zu schlüpfen. Meine „Schülerin", Frau Maria van den Abeelen, war als Entwicklungshelferin in zahlreichen afrikanischen Ländern tätig gewesen und hat sehr viele interessante Geschichten aus ihrem Leben erzählt. Wir haben uns von Anfang an sehr gut verstanden. Die erste Stunde haben wir mit Plaudern und der Planung der bevorstehenden Unterrichtsstunden verbracht. Da wir nur zu zweit waren, hatten wir natürlich vielfältige Möglichkeiten. Die Unterrichtsinhalte wurden flexibel gehandhabt und abgesprochen. Wünsche sowie Kritik wurden offen geäußert. In den Stunden haben wir Kurzgeschichten besprochen, unter anderem auch solche, die ich schon im Englischunterricht behandelt hatte. Es folgten Fabeln, Gedichte, Dialoge und zahlreiche Übungen zum Wortschatz und zur Grammatik. Das Gestalten der Unterrichtsstunden machte mir sehr viel Spaß und nebenbei verbesserte es mein Englisch und schuf die Grundlagen für ein gutes Abitur. Neben dem Vorteil, seine Kompetenzen im Fach Englisch verbessern zu können, bietet der Kurs außerdem die Möglichkeit, sich selbst zu erproben. Das Selbstbewusstsein entwickelt sich weiter, man wird mutiger und experimentierfreudiger. Eine wichtige Rolle spielt meiner Meinung nach auch der Spaß, den man dabei hat. Die Seniorinnen und Senioren sind freundlich und höflich und berichten gern über Erfahrungen und Erlebnisse aus ihrem eigenen Leben. Zum Informationsaustausch und gemeinsamen Beisammensein dient die Kaffeepause von 14.45 bis 15.15 Uhr. Mir persönlich hat der Kurs sehr viel gebracht, und ich würde mich freuen, wenn diese Zusammenarbeit weiterbestehen könnte. Deshalb hoffe ich, dass sich möglichst viele Schülerinnen und Schüler der kommenden Jahrgangsstufe 11 anmelden, damit das Projekt erfolgreich weitergeführt werden kann. Versteht es als Chance, nicht als Belastung!

Material 3 (Textsorte: ______________________________)

SCHÜLER: „Beim Unterrichten lerne ich, Dinge zu erklären, die für mich total selbstverständlich sind. Manchmal ist das ein bisschen mühsam, aber es macht auch Spaß. Die Senioren sind gut gelaunt und das überträgt sich dann auf uns."

SENIOR: „Wenn man über die 60 hinaus ist, fällt einem der Einstieg in die Arbeit mit dem Computer nicht leicht. Wenn man aber ein Problem hat, ist von den Schülern immer jemand da. Die sind mit Begeisterung dabei."

SCHULLEITERIN: „Den Senioren möchten wir die Möglichkeit geben, ihr Alter aktiv zu gestalten, Kontakte zur Jugend zu knüpfen und sich – nicht zuletzt – neue Wissensgebiete zu erschließen. Für unsere Schülerinnen und Schüler bietet EULE die Möglichkeit, intensiver mit der älteren Generation ins Gespräch zu kommen und andere Sichtweisen kennen zu lernen. Zudem erwerben sie Teamfähigkeit, Selbstbewusstsein, Organisation. Die lassen sich im Unterrichtsalltag niemals so vermitteln."

LEHRERIN: „Das Besondere ist, dass es für die Senioren keine Verpflichtung gibt. Jeder kann mit seinen persönlichen Fragen kommen, wann er möchte. Die Motivation, etwas Neues zu lernen, ist sehr hoch. Darüber hinaus ist die Teilnahme an den Kursen für alle Beteiligten kostenlos. Mitmachen können alle Interessierten. Es gibt kein Mindest- oder Höchstalter."

LEHRER: „Die ersten Seniorenschüler kamen vor allem aus dem Kreis der Schulgemeinde des FEG, es waren vornehmlich Großmütter und Großväter. Das hat sich geändert. Alle Interessierten aus der Region Bonn sind herzlich eingeladen, an einem der Kurse teilzunehmen. Sie können in jeden Kurs jederzeit einsteigen."

SCHÜLERIN: „Zunächst waren wir 16 Schülerinnen und Schüler. Anfangs kamen rund 20 Seniorinnen und Senioren. Inzwischen hat sich die Anzahl auf beiden Seiten erhöht und das Kursangebot erweitert."

STIFTUNGSGESCHÄFTSFÜHRER: „Über den Unterricht findet ein lebendiger Austausch zwischen den Generationen statt, bei dem jeder lernt. Es wäre schön, wenn sich über den Unterricht hinaus andere gemeinsame Aktivitäten, wie zum Beispiel Ausflüge oder Feste, entwickeln würden."

Material 4 (Textsorte: ______________________________)

KURSANGEBOT

Mit dem Computer und/oder Handy umgehen
Auch Senioren können mit Handy und Computer umgehen: Welchen Nutzen bringen diese Geräte? Haben Sie spezielle Probleme? Wir helfen bei der Lösung!

Spanischunterricht
Machen Sie mehr aus Ihrem Urlaub, sprechen Sie in Alltagssituationen Spanisch: z. B.: beim Einkaufen, im Restaurant, beim Smalltalk mit Einheimischen … Wir gehen gern auf Ihre Wünsche ein!

Kunst
Haben Sie Interesse am Expressionismus? Möchten Sie vielleicht auch selbst aktiv werden, Ihr eigenes Kunstwerk anfertigen? Wir freuen uns auf Ihre Teilnahme!

Konversationskurse in Englisch oder Französisch
Haben Sie Lust, sich wieder einmal in einer Fremdsprache zu unterhalten und dabei Ihre Sprachkenntnisse aufzufrischen? Dann sind Sie bei uns richtig! Wir sprechen gern über aktuelle Themen und sind gespannt auf Ihre Interessen.

Bewegung – Taekwondo
Auch für bisher Unsportliche! Trainieren Sie Konzentration und Geschicklichkeit auf vielfältige Weise. Ein Schwarzgürtel ersten Grades und ein erfahrener Trainer warten auf Sie!

Schauspiel für Laien
Möchten Sie selbst einmal auf der Bühne stehen? Wir studieren Sketche und/oder ein kleines Stück in deutscher und/oder englischer Sprache mit Ihnen ein.

2 *a) Untersuche die Verwendung des Tempus in Material 1.*
b) Fülle die Lücken im folgenden Text.

Im Wesentlichen ist der Text im ______________ geschrieben, da es sich um eine ______________ handelt. Lediglich in einem kurzen ______________ Abschnitt wird das ______________ verwendet.

3 *Ergänze die folgende Übersicht: Überlege, für wen und zu welchem Zweck du den Hintergrundbericht schreiben wirst.*

Textsorte/Publikationsforum:	Hintergrundbericht zur Vorlage durch die Schülervertretung bei der Schulkonferenz
Adressaten/Zielgruppe:	Schulleitung.
Zweck des Textes:	
angemessener Schreibstil:	

ARBEITSTECHNIK

Schreibplan für einen Hintergrundbericht

Die **Einleitung** soll die Leserschaft motivieren, den Beitrag zu lesen. Es kann z. B. ein konkreter Anlass, die aktuelle Situation oder ein interessantes Zitat genannt werden.
Der **Hauptteil** enthält die wichtigen Einzelheiten in sinnvoller Reihenfolge:
- Vom Überblick zu den Einzelheiten oder umgekehrt?
- Vom Besonderen zum Generellen oder umgekehrt? Z. B.: „Besonderes Angebot: Computerkurs", „Übergreifender Vorteil: Schüler als Lehrer"
- Ziele und konkrete Maßnahmen, z. B.: „Ziel des Projektes ist es …"
- Ist-Zustand und zukünftige Entwicklungen (Soll-Zustand), z. B.: „Ende 2007 haben etwa 60 Senioren das Projekt in Anspruch genommen, man hofft, dass im nächsten Schuljahr …"

Am **Schluss** wird
- die Gesamtaussage zusammengefasst, z. B.: „Es lässt sich zusammenfassend festhalten …",
- ein Ausblick gegeben, z. B.: „Wir streben … an", oder
- eine weiterführende Frage gestellt, z. B.: „Wird die Schule ein ideales ‚Mehrgenerationenhaus'?"

ARBEITSTECHNIK

Sinnvoll gliedern und verknüpfen

- Um **Informationen übersichtlich** anzuordnen, kann man sie z. B. durchnummerieren.
- **Zwischenüberschriften** dienen der Übersichtlichkeit für den Verfasser und der Leserlenkung.
- Schlussfolgernde Formulierungen helfen, die einzelnen Abschnitte sinnvoll und leserfreundlich miteinander zu **verknüpfen:** „Daraus lässt sich schließen ...“, „Diese Erfahrungen zeigen, dass ...“, „Wenn man dies anstrebt, dann ...“ Achte auch auf Konjunktionen, die einen sinnvollen Zusammenhang herstellen, z. B.: „weil“, „indem“, „denn“ u. a. m.

4 *Dein Hintergrundbericht sollte mindestens folgende Gliederungsaspekte aufweisen:*

Ausblick | Kursangebot | motivierender Einstieg | Ist-/Soll-Zustand | Öffentlichkeitsarbeit (z. B. Zeitungsartikel, Homepage ...) | von der Idee zur Durchführung

Ergänze diese Gliederungspunkte um weitere mögliche Aspekte und ordne sie numerisch.
Schreibe ins Heft: 1. ...; 2. ...; ...

5 *a) Setze die beiden Einleitungen fort.*

„Können Sie mit Handy und Computer umgehen? Möchten Sie sich gern unterhalten und dabei Ihre Sprachkenntnisse auffrischen? Wollen Sie Ihre Konzentration und Geschicklichkeit trainieren?“ Mit diesen Fragen spricht das EULE-Projekt Seniorinnen und Senioren an und ...

___

___

„Herzlichen Glückwunsch! Sie haben die Prüfung bestanden und dürfen nun den Schwarzgürtel ersten Grades tragen“, sagt Timon (18 Jahre, Jgst. 12) und schüttelt dem 62-jährigen Gunther K. die Hand. Dieser strahlt und bedankt sich für die gute Vorbereitung. Das ist keine Situation aus einer Taekwondo-Schule, sondern ...

___

___

b) Schreibe selbst eine Einleitung in dein Heft.

6 *Unterscheide zwischen berichtenden, beschreibenden oder zukunftsweisenden Aussagen. Streiche die jeweils falsche Tempuswahl durch.*

Das Angebot ist/war breit gefächert, es reicht/reichte von ... bis ...

So ist/war/wird für jeden etwas dabei sein.

Die Erfahrungen zeigen/zeigten, dass sich der Kreis der interessierten Senioren erweitert/erweiterte/erweitern wird. Zunächst sind/waren es nur Großeltern, dann kommen/kamen auch andere Senioren dazu.

7 *Arbeite im Heft den Hauptteil des Hintergrundberichts aus.*
Verwende dafür deine Notizen in der Randspalte (s. Aufgabe 1, S. 20) sowie deine Gliederung (s. Aufgabe 4).

8 *a) Formuliere einen Schlussteil, in dem du Erwartungen, Hoffnungen, Chancen und Herausforderungen benennst.*
b) Gib deinem Hintergrundbericht eine passende Überschrift.

Teste dich! – Rund um den Hintergrundbericht

1 *Kreuze bei den Ausschnitten eines Hintergrundberichtes zu dem Projekt „Lesen verbindet Generationen" an, ob es sich um Einleitung, Hauptteil oder Schluss handelt.* ☐

	Einleitung	Hauptteil	Schluss
1 Besonderes Ziel des Projektes ist es, dass Lesepatinnen und -paten aus einer Generation interessierte Menschen aus einer anderen Generation zu Lesungen und Gesprächen einladen.	☐	☐	☐
2 „Lesen verbindet Generationen" – unter diesem Motto steht ein auf drei Jahre angelegtes Mehrgenerationenprojekt des nordrhein-westfälischen Generationenministeriums und der Stiftung Lesen.	☐	☐	☐
3 Zeitlose „Klassiker" der Kinderliteratur, die schon Generationen von Kindern in ihren Bann gezogen haben, wie „Die kleine Hexe", sind ebenso enthalten wie aktuelle Neuerscheinungen und Titel, die vor allem der älteren Generation ein Begriff sein dürften. Diese ausgewogene Mischung bietet viele Ansatzpunkte für einen Mehrgenerationen-Dialog und soll auch als Anstoß verstanden werden, sich selbst auf die Suche nach weiteren Büchern zu machen.	☐	☐	☐
4 Alte und junge Menschen sollen sich hierbei in ihren Unterschieden und Übereinstimmungen von Erfahrungen, Einstellungen und Werten besser kennen lernen.	☐	☐	☐
5 Die Handreichung „Lesespaß für alle" enthält zahlreiche Buchempfehlungen, die helfen, Ideen für einen literarischen und thematischen „Aufhänger" für Lesung und Gespräch zwischen den Generationen zu entwickeln.	☐	☐	☐
6 Bücher können somit eine Brückenfunktion einnehmen, wenn es darum gehen soll, dass Menschen generationenübergreifend ins Gespräch kommen und sich über geteilte oder abweichende Einstellungen, Werte und Erfahrungen austauschen. So wird durch gegenseitiges Verstehen die Voraussetzung für ein gutes Zusammenleben geschaffen.	☐	☐	☐

2 *Ordne die folgenden Zitate A bis C einem der Textbausteine 1 bis 6 zu. Trage die passende Nummer ein.* ☐

A „Wir brauchen den Dialog der Generationen auf allen Ebenen. Bücher liefern zur Festigung der Beziehungen zwischen den Generationen einen wertvollen Beitrag", betont Armin Laschet, Minister für Generationen, Familie, Frauen und Integration des Landes Nordrhein-Westfalen. ☐

B Die 71-Jährige Lesepatin Else Johnen meint: „In meiner Jugend hat mich besonders der Roman von Thomas Mann ‚Buddenbrooks' fasziniert. Daraus würde ich den Jugendlichen in der Schule gern vorlesen und dann von meiner Jugend erzählen, denn ich hatte mit meinen Eltern auch Konflikte und die Erziehung war ja doch viel strenger, als sie es heute ist." ☐

C „In unserer Schulbibliothek las neulich ein Lesepate vor, der schon fast 80 Jahre alt war", berichtete Elisa. „Es war toll. Besonders das Gespräch nach der Lesung war anregend und berührend zugleich. Wir wollen diesen Austausch unbedingt fortsetzen, denn wir möchten noch mehr von ihm erfahren und diese Generation besser verstehen." ☐

Werte deine Ergebnisse aus, indem du deine Antworten mit dem Lösungsheft abgleichst. Für jede richtige Antwort bekommst du einen Punkt. ☐

☺ ***9–7 Punkte*** *Gut gemacht!*	☺ ***6–5 Punkte*** *Gar nicht schlecht. Schau dir aber noch einmal gründlich den Merkkasten auf Seite 20 an.*	☹ ***4–0 Punkte*** *Arbeite die Seiten 20 bis 23 noch einmal sorgfältig durch.*

Der Konjunktiv

!

Reale und irreale Bedingungsgefüge
Man unterscheidet in der Sprache verschiedene Aussageweisen des Verbs, die Modi (Sg. **Modus**). Sie ermöglichen es, eine Aussage einzufärben, sie z. B. als Tatsache, Wunsch, Annahme oder Aufforderung kenntlich zu machen. Im Indikativ (Wirklichkeitsform) drückt man aus, dass etwas wirklich geschieht oder eine Aussage uneingeschränkt gültig ist.

- In Bedingungsgefügen, deren Bedingung eintritt oder eintreten kann, wird der Indikativ verwendet, z. B.: „*Wenn ich Geld habe,* (dann) kann ich mir etwas kaufen." Es handelt sich hier um ein **reales Bedingungsgefüge.** Ein Konditionalsatz, der eine Bedingung angibt, wird eingeleitet mit den Konjunktionen „wenn", „falls", „sofern".
- Ein Konditionalgefüge mit Bedingungen, deren Erfüllung sehr unwahrscheinlich ist, nennt man **irreales Bedingungsgefüge.** Es wird mit dem **Konjunktiv II** ausgedrückt, der im Hauptsatz und im Gliedsatz gebraucht wird, z. B.: „Wenn du reich *wärest, müsstest* du nie mehr arbeiten." „*Wäre* ich ein Engel, *erlaubte* ich das alles nicht!" (Konditionalsatz ohne Konjunktion mit finitem Verb am Anfang)
- Außerdem lässt sich mit dem Konjunktiv II Folgendes ausdrücken:
  1. Ein **erfüllbarer Wunsch:** „Ich *wollte,* morgen *hätte* ich frei."
  2. Ein **unerfüllbarer Wunsch:** „*Wärest* du doch ein Popstar!"
  3. Eine **höfliche Aufforderung:** „*Könntest* du bitte den Tisch decken?"
  4. Ein **Zweifel:** „Ach, *hätte* ich nicht mit ihm sprechen sollen?"

1 *a) Markiere in diesem Familiengespräch reale Bedingungsgefüge gelb.*
b) Markiere irreale Bedingungsgefüge grün.
c) Markiere einen erfüllbaren oder unerfüllbaren Wunsch, eine höfliche Aufforderung oder einen Zweifel blau. Notiere am Rand die Ziffer aus dem Merkkasten, die angibt, worum es sich handelt.

Ein gemütliches Abendessen

Vater zur Mutter: „Wenn du halbtags arbeitetest und mittags den Haushalt besorgtest, könnten wir uns endlich ein neues Auto kaufen. Wenn man mich mit dieser alten Schrottkiste sieht, ist mir das peinlich! Verdiente ich kein besseres Auto?"
Mutter zum Vater: „Bei den Spritpreisen solltest du lieber mit deinem neuen Fahrrad fahren. Würdest du dich endlich mal durchsetzen, hättest du längst deine Beförderung, und ich brauchte nicht ewig im Supermarkt Sonderangebote einzukaufen."
Tochter zu den Eltern: „Fändet ihr es nicht auch besser, wenn ich ein bisschen schicker angezogen in die Schule gehen könnte, statt in den Klamotten vom letzten Jahr herumzulaufen? Ich wollte, ihr würdet mir mein Taschengeld erhöhen."
Sohn zu allen: „Die hat doch gerade mehr bekommen, jetzt wäre es an der Zeit, mir meinen Führerschein zu bezahlen."
Vater und Mutter zu den Kindern: „Unzufrieden seid ihr? Wir haben alles, was wir brauchen. Ihr solltet mal einen Monat lang bittere Armut erleben, damit ihr wieder sähet, was ihr jetzt habt, und es zu schätzen wüsstet. Würdet ihr jetzt bitte schweigen und endlich essen?"

TIPP

Der Konjunktiv II wird vom Indikativ Präteritum abgeleitet (oft mit Umlaut, d. h. Wechsel von **a, o, u** zu **ä, ö, ü**). Häufig wird ein e eingefügt, z. B.:
„ich rief" → „ich riefe", „ihr fandet" → „ihr fändet", „er kam" → „er käme".

2 *Setze das Gespräch aus Aufgabe 1 fort und verwende dabei Konjunktiv-II-Formen. Schreibe ins Heft.*

Hans Joachim Schädlich

Die Sache mit B. (1992)

Hans Joachim Schädlich, geboren 1935, lebte in der Deutschen Demokratischen Republik (DDR). Er kritisierte in seinen Werken das politische System und wurde mit einem Veröffentlichungsverbot belegt. 1977 wurde Schädlichs Ausreiseantrag bewilligt, er siedelte mit seiner Familie nach West-Berlin über (rechts u. a. ein Foto seiner ersten Dichterlesung im Westen). In den 1990er-Jahren erfuhr der Autor aus den nach der Wende im Jahr 1989 zugänglich gemachten Unterlagen des Geheimdienstes (Stasi), dass sein älterer Bruder ihn bespitzelt und verraten hatte. Er verarbeitete dies in einem Prosatext.

Die Sache mit B. kann ich nicht vollständig erzählen, denn ich war nicht die ganze Zeit dabei.

Ich kann die Sache mit B. unvollständig erzählen. Ja, wenn es einen Beobachter gegeben hätte, der die ganze Zeit dabei gewesen wäre, dann könnte der Beobachter, falls er noch lebt und falls er will und kann, die Sache mit B. vollständig erzählen. Letzten Endes hat es B. gegeben. B. lebt. Ob er sich selber beobachtet hat, weiß ich nicht; ich habe ihn nicht gefragt. Hätte ich ihn gefragt und hätte er „Ja" gesagt, also: „Ja, ich habe mich selber beobachtet", so wüsste ich nicht, ob er sich wirklich selber beobachtet hat. Wüsste ich es, so wüsste ich nicht, ob er die Sache mit B., das heißt die Sache mit sich, erzählen will. Und kann. Vielleicht will er, aber kann nicht. Vielleicht kann er, aber will nicht.

Ich will es. Vielleicht kann ich es, aber bloß unvollständig.

Ich war schon deshalb nicht die ganze Zeit dabei, weil ich jünger bin. Es klafft eine Zeitlücke von vier Jahren, vorerst einmal.

Ich war auch deshalb nicht die ganze Zeit dabei, weil ich zeitweise woanders war. Sogar jahrelang, zusammengerechnet.

3 *a) Markiere im Text oben die Sätze, die im Konjunktiv II stehen.*
b) Beschreibe in zwei bis drei Sätzen die Funktion des Konjunktivs II in diesem Textauszug.

____

____

____

4 *Der Konjunktiv II wird in der höflichen Anrede verwendet. Trage die richtige Form des angegebenen Verbs ein.*

Immer höflich bleiben!

__________ Sie mir erklären, wie ich zum Bahnhof komme? (können)

__________ Sie eine Minute Zeit für mich? (haben)

__________ ich kurz stören? (dürfen)

__________ Sie mir einen Gefallen? (tun)

__________ ich noch mal nachfragen? (dürfen)

__________ es möglich, heute später zu kommen? (sein)

Ersatzformen für den Konjunktiv II
Wenn der Konjunktiv II auch im Textzusammenhang nicht vom Präteritum Indikativ zu unterscheiden ist, verwendet man oft die **Umschreibung mit „würde“.**
Dies ist bei allen regelmäßigen Verben und teilweise auch bei den unregelmäßigen Verben der Fall, z. B.: „Gestern riefen (Präteritum Indikativ) Freunde uns zu, sie riefen (Konjunktiv II) uns abends an.“ – „..., sie würden uns abends anrufen.“
Wird der Konjunktiv II als ungebräuchlich oder unschön empfunden, kann man ebenfalls die Umschreibung mit „würde“ verwenden, z. B.: „sie löge“ → „sie würde lügen“.

5 *Mache deutlich, dass die Sätze nicht im Präteritum Indikativ, sondern im Konjunktiv stehen. Schreibe neu: Verwende die Umschreibung mit „würde“.*

Was wäre bei schlechtem Wetter?

Bei schlechtem Wetter ließen sie ihre Bergwanderung ausfallen. Sie schliefen in der nächsten Hütte, wenn es richtig dunkel ist. Alle schienen beruhigt, falls das Gewitter nachließe.
Ein erfahrener Bergführer glaubte nicht an die Fortsetzung der Wanderung, regnete es weiter. In höheren Lagen schneite es dann.

6 a) *Markiere in den folgenden Sätzen die Konjunktiv-II-Formen. Formuliere den jeweiligen Satz um, indem du die Umschreibung mit „würde“ wählst.*

Er glaubte, dass wir ihn betrögen.

Denk einmal darüber nach, was du gewännest/gewönnest.

Ich böte dir mein Handy für deinen iPod.

b) *Was gefällt dir stilistisch besser? Begründe.*

Formen der Redewiedergabe

!

Indirekte Rede
Bei der indirekten Rede steht die Personalform des Verbs meist im **Konjunktiv I.** Sie macht deutlich, dass eine Aussage nicht von einem selbst stammt. Mit einem einleitenden Hauptsatz wird angegeben, wessen Äußerung wiedergegeben wird. Die Wiedergabe der Äußerung erfolgt dann

- in einem „dass"-Satz im Indikativ oder Konjunktiv I, z. B.:
  „Der Literaturkritiker sagte, dass er noch nie so produktiv gewesen ist (oder: sei) wie heute." ▷ S. 39
- in einem uneingeleiteten Nebensatz im Konjunktiv I, z. B.:
  „Der Literaturkritiker sagte, noch nie sei er so produktiv gewesen wie heute."

Wenn der Konjunktiv I nicht vom Indikativ Präsens zu unterscheiden ist, **wählt man als Ersatzform den Konjunktiv II,** z. B.: „Ich liege richtig" (Indikativ) → „Ich liege richtig" (Konjunktiv I) → „Ich läge richtig" (Konjunktiv II).
Dies ist vor allem in der 1. Person Singular sowie in der 1. und 3. Person Plural der Fall, z. B.:
„Man sagt, ich *läge* mit meiner Vermutung richtig."
Möglich ist auch eine **Umschreibung mit „würde",** z. B.:
„Man sagt, ich *würde* mit meiner Vermutung *richtigliegen*." ▷ S. 27

Karl Kraus (1874–1936) lebte in Wien. Kraus kämpfte, v. a. in der von ihm herausgegebenen Zeitschrift „Die Fackel", aber auch in unzähligen Vorträgen, in überaus geschliffener Sprache und mit scharfem Verstand für die Reinheit der Sprache sowie gegen die Presse und den „Hetzjournalismus". Canetti bewunderte Kraus und besuchte viele seiner Vorträge.

Elias Canetti (1905–1994) lebte zunächst in Österreich, 1938 emigrierte er nach London, später siedelte er nach Zürich über. 1981 erhielt Canetti den Nobelpreis für Literatur. Neben vielfältigen theoretischen und literarischen Werken veröffentlichte Canetti in mehreren Bänden seine Autobiografie. 1980 erschien der Band „Die Fackel im Ohr", in dem seine Lebensgeschichte zwischen 1921 und 1931 erzählt und u. a. über Karl Kraus berichtet wird.

1 *Lies den folgenden Textauszug und löse dann die Aufgabe:*
a) Wie erkennt man die indirekte Redewiedergabe? Unterstreiche den Satz, der auf den/die Urheber der Informationen verweist.
b) Markiere im Text alle Konjunktivformen (Achtung: manchmal sind sie zweiteilig).

Elias Canetti

Über Karl Kraus (Auszug aus: Die Fackel im Ohr, 1980)

Der Name aber, den ich bei den Asriels am häufigsten hörte, war der von Karl Kraus. Das sei der strengste und größte Mann, der heute in Wien lebe. Vor seinen Augen finde niemand Gnade. In seinen Vorlesungen greife er alles an, was schlecht und verdorben sei. Er gebe eine Zeitschrift heraus, die er ganz allein schreibe. Alle Zusendungen seien unerwünscht, von niemandem nehme er einen Beitrag an, auf Briefe gebe er keine Antwort. Jedes Wort, jede Silbe in der „Fackel" sei von ihm selbst. Darin gehe es zu wie vor Gericht. Er selber klage an und er selber richte. Verteidiger gäbe es keinen, das sei überflüssig, er sei so gerecht, dass niemand angeklagt werde, der es nicht verdiene. Er irre sich nie, er könne sich gar nicht irren. Alles, was er vorbringe, stimme haargenau, eine solche Genauigkeit habe es in der Literatur noch nie gegeben. Um jedes Komma kümmere er sich persönlich, und wer einen Druckfehler in der „Fackel" finden wolle, der könne sich wochenlang plagen. Das Klügste sei, man suche gar nicht danach. Er hasse den Krieg, und während des Weltkriegs sei es ihm gelungen, trotz der Zensur vieles in der „Fackel“ zu drucken, das gegen den Krieg war. Er habe Übelstände aufgedeckt, Korruption bekämpft, über die alle anderen den Mund gehalten hätten. Dass er nicht im Gefängnis gelandet sei, sei ein Wunder. Es gebe ein 800 Seiten langes Drama von ihm, „Die letzten Tage der Menschheit“, worin alles vorkomme, was im Krieg passiert sei. Wenn er daraus vorlese, sei man wie erschlagen. Da rühre sich nichts im Saal, man getraue sich kaum zu atmen. Alle Rollen lese er selbst, Schieber und Generale, die Schalek[1] wie die armen Teufel, die die Opfer des Krieges seien, alle höre man von ihm so echt, als stünden die Leute vor einem. Wer ihn gehört habe, der wolle nie mehr ins Theater gehen, das Theater sei langweilig, verglichen mit ihm, er allein sei ein ganzes Theater, aber besser.

1 **Schalek:** Alice Schalek (1874–1956), unter dem Pseudonym Paul Michaely der einzige weibliche Kriegsreporter im Ersten Weltkrieg

2 *Prüfe folgende Sätze: Was wäre grammatisch ebenfalls korrekt? Formuliere um.*

„... er sei so gerecht, dass niemand angeklagt werde, der es nicht verdiene.“ (Z. 12 f.)

____

____

„Dass er nicht im Gefängnis gelandet sei, sei ein Wunder.“ (Z. 24 f.)

____

3 *Canetti hat sich für eine Häufung von Konjunktivformen entschieden. Welche Wirkung hat das auf die Leserin bzw. den Leser?*

____

!

Weitere Formen der Redewiedergabe

- Die **direkte Rede,** z. B.: Der Literaturkritiker Karl Kraus sagte: „Ich und meine Öffentlichkeit verstehen uns sehr gut: Sie hört nicht, was ich sage, und ich sage nicht, was sie hören möchte.“
- Ein **Zitat,** das in den eigenen Satz integriert wird, z. B.: Karl Kraus beschreibt sein Verhältnis zur Öffentlichkeit ironisch als „sehr gut“, wenn er erklärt: „[...] sie hört nicht, was ich sage, und ich sage nicht, was sie hören möchte.“ ▷ S. 57
- Eine **Paraphrase** (Umschreibung), z. B.: Zeitgenossen bestätigten den scharfen Ton des Kritikers Karl Kraus.

4 *Ergänze folgende Sätze.*

Elias Canettis Darstellung von Karl Kraus thematisiert ______________________

____

In Bekanntenkreisen galt Kraus als „der strengste ______________________

____

TIPP

Vergiss bei Zitaten nicht die Zeilenangabe.

5 *Gib selbst Teile des Textes (S. 28–29) wieder, indem du Zitate und Paraphrasen verwendest. Schreibe in dein Heft.*

!

Tempuswahl bei der indirekten Rede
Die Wahl des Tempus in einem Nebensatz mit indirekter Rede ist abhängig davon, ob der Nebensatz in einem Verhältnis der Vorzeitigkeit, der Gleichzeitigkeit oder der Nachzeitigkeit zum Hauptsatz steht. Der Hauptsatz kann dabei in einem beliebigen Tempus stehen, z. B.:
Goethe *sagt/hat gesagt/sagte/hatte gesagt*, → gestern habe er den „Werther“ vollendet. (Vorzeitigkeit)
→ heute speise er im Gasthof „Zum Kronprinzen“. (Gleichzeitigkeit)
→ morgen werde er wieder an die Arbeit gehen. (Nachzeitigkeit)
→ die Zweitfassung werde noch besser werden. (Nachzeitigkeit)

In Goethes Briefroman „Die Leiden des jungen Werthers“ geht es um die leidenschaftliche, aber unglückliche Liebe Werthers zu Lotte, die bereits mit einem anderen Mann, Albert, verlobt ist.

☆ **6** *Ergänze die Sätze, indem du die Konjunktivformen der Verben im richtigen Tempus einsetzt.*

Immer wieder wurde Goethe gefragt, was an seinem „Werther“ wahr ______________ (sein). Das Lesepublikum erkannte so viele Parallelen zu Goethes Leben, dass es glaubte, er ______________ (haben) seine eigene Liebesgeschichte aufgeschrieben. Akribisch recherchierten Wissenschaftler, welche Frau Goethe wohl mit der Figur der Lotte vor Augen ______________ (haben können). Auch fragte man sich, ob Goethe in seinem Leben wohl tatsächlich einmal an Selbstmord ______________ (denken). Denn schließlich, so die Begründung, ______________ (begehen) Werther Selbstmord. Die Auseinandersetzung zwischen Werther und Albert, ob es eine sittliche Berechtigung des Selbstmordes ______________ (geben), ______________ (sein) der Beweis für Goethes großes Interesse an diesem Streitthema. Einem jungen Mann in der Begleitung des Zaren Nikolaus erklärte Goethe im Mai 1821, dass er im „Werther“ nie die Absicht ______________ (haben), den Selbstmord als interessant hinzustellen, vielmehr diesen als ein sittliches Vergehen ______________ (verurteilen). Gegenüber seinem Sekretär Eckermann räumte er ein, es ______________ (müssen) schlimm sein, wenn nicht jeder einmal in seinem Leben eine Phase ______________ (haben), wo ihm der „Werther“ ______________ (erscheinen), als ______________ (sein) er bloß für ihn allein geschrieben. Werther selbst legt Goethe in den Mund, er ______________ (leiden) an der „Krankheit zum Tode“. Goethe hat sich immer gegen den Vorwurf zur Wehr gesetzt, er ______________ (haben) mit der Figur des Werthers den Selbstmord als Lösung propagiert.

7 *Die folgenden Sätze stehen in der indirekten Rede. Streiche die falschen Formen durch.*

Die Lektüre des „Werthers“ berührte die Zeitgenossen, die angaben, sie haben/hätten/würden beim Lesen geweint haben. Einige Rezensenten lehnten negative Urteile mit den Worten ab, die Kritiker haben/hätten/würden kein Herz haben. Manche schrieben Goethe, sie haben/hätten ihn während des Lesens umarmen mögen.

8 *a) Markiere im folgenden Text die Signale für die Redewiedergabe.*
b) Kreuze die Form der Redewiedergabe an:

☐ direkt ☐ indirekt mit Konjunktivformen ☐ Paraphrase ☐ als Zitat

Johann Wolfgang Goethe

Die Leiden des jungen Werthers (Auszug, Erstausgabe 1774)

Am 12. August
Gewiss, Albert ist der beste Mensch unter dem Himmel. Ich habe gestern eine wunderbare Szene mit ihm gehabt. Ich kam zu ihm, um Abschied zu nehmen; denn mich wandelte die Lust an, ins Gebirge zu reiten, von woher ich dir auch jetzt schreibe, und wie ich in der Stube auf und ab gehe, fallen mir seine Pistolen in die Augen. – Borge mir die Pistolen, sagte ich, zu meiner Reise. – Meinetwegen, sagte er, wenn du dir die Mühe nehmen willst, sie zu laden; bei mir hängen sie nur pro forma. – Ich nahm eine herunter, und er fuhr fort: Seit mir meine Vorsicht einen so unartigen Streich gespielt hat, mag ich mit dem Zeug nichts mehr zu tun haben. – Ich war neugierig, die Geschichte zu wissen. – Ich hielt mich, erzählte er, wohl ein Vierteljahr auf dem Lande bei einem Freunde auf, hatte ein paar Terzerolen, ungeladen, und schlief ruhig. Einmal an einem regnerischen Nachmittage, da ich müßig sitze, weiß ich nicht, wie mir einfällt: wir könnten überfallen werden, wir könnten die Terzerolen nötig haben und könnten – du weißt ja, wie das ist. Ich gab sie dem Bedienten, sie zu putzen, und zu laden; und der prahlt mit den Mädchen, will sie erschrecken, und Gott weiß wie, das Gewehr geht los, da der Ladestock noch drinsteckt; und schießt den Ladestock einem Mädchen zur Maus herein an der rechten Hand und zerschlägt ihr den Daumen. Da hatte ich das Lamentieren und die Kur zu bezahlen obendrein, und so seit der Zeit lass' ich alles Gewehr ungeladen. Lieber Schatz, was ist Vorsicht? Die Gefahr lässt sich nicht auslernen! Zwar – Nun weißt du, dass ich den Menschen sehr lieb habe bis auf seine Zwar, denn versteht sich's nicht von selbst, dass jeder allgemeine Satz eine Ausnahme leidet?

9 *Gib das Gespräch zwischen Werther und Albert in der Briefstelle vom 12. August indirekt wieder. Verwende Konjunktivformen.*

Ich sagte, er solle mir die Pistolen zu meiner Reise borgen

Teste dich! – Rund um die Verwendung des Konjunktivs

1 *Kreuze die richtigen Antworten an.*

Der Konjunktiv ist

☐ eine Tempusform des Verbs.
☐ die Befehlsform des Verbs.
☐ eine Aussageweise des Verbs.
☐ die Grundform des Verbs.

2 *Streiche die falschen Formen durch.*

In dem Streitgespräch zwischen Werther und Albert, ob Selbstmord sittlich zu rechtfertigen sei/wäre/sein würde, versucht Werther, seinem Gegenüber durch Beispiele zu erklären, warum Menschen sich entschließen/entschlössen/entschließen würden, das Leben zu beenden. Unter anderem wählt Werther das Beispiel eines jungen Mädchens, das von ihrem Geliebten verlassen worden sei/wäre/ist. Er führt aus, sie sieht/sehe/sähe nicht die weite Welt, die vor ihr liegt/liege/läge, nicht die vielen anderen Menschen, die ihren Verlust ersetzen können/könnten/können würden. Sie fühlte/fühle sich allein/hätte sich allein gefühlt. Sie habe/hätte/hat sich in den Abgrund gestürzt, um ihre Qualen zu beenden. Sie musste sterben/habe sterben müssen/hätte sterben müssen.

3 *a) Markiere im nachfolgenden Brief alle Konjunktivformen.*
b) Notiere am Rand, um welchen Verwendungszusammenhang des Konjunktivs es sich handelt. Wähle dazu zwischen den folgenden Buchstaben:

A Die Äußerung einer anderen Person/Figur wird wiedergegeben.
B Es werden Wünsche, Hoffnungen oder Möglichkeiten geäußert.
C Eine Aussage wird angezweifelt.

Werther schreibt

Wehe dem, der zusehen und sagen könnte: Die Törin! Hätte sie gewartet, hätte sie die Zeit wirken lassen, die Verzweiflung würde sich schon gelegt, es würde sich schon ein anderer, sie zu trösten, vorgefunden haben. – Das ist eben, als wenn einer sagte: Der Tor, stirbt am Fieber! Hätte er gewartet, bis seine Kräfte sich erholt, seine Säfte sich verbessert, der Tumult seines Blutes sich gelegt hätten: alles wäre gut gegangen, und er lebte bis auf den heutigen Tag!
Albert, dem die Vergleichung noch nicht anschaulich war, wandte noch einiges ein und unter andern: ich hätte nur von einem einfältigen Mädchen gesprochen; wie aber ein Mensch von Verstande, der nicht so eingeschränkt sei, der mehr Verhältnisse übersehe, zu entschuldigen sein möchte, könne er nicht begreifen.

4 *Gib die weitere Antwort Werthers in indirekter Rede wieder. Schreibe ins Heft.*

Mein Freund, rief ich aus, der Mensch ist Mensch, und das bisschen Verstand, das einer haben mag, kommt wenig oder nicht in Anschlag, wenn Leidenschaft wütet und die Grenzen der Menschheit einen drängen. Vielmehr – Ein andermal davon, sagte ich, und griff nach meinem Hute.

Werte deine Ergebnisse aus, indem du deine Antworten mit dem Lösungsheft abgleichst. Für jede richtige Antwort bekommst du einen Punkt.

37–29 Punkte *Gut gemacht!*

28–19 Punkte *Gar nicht schlecht. Schau dir die Merkkästen der Seiten 25 bis 30 noch einmal an.*

18–0 Punkte *Arbeite die Seiten 25 bis 31 noch einmal sorgfältig durch.*

Satzglieder kennen: Abwechslungsreich und genau schreiben

ARBEITSTECHNIK

Umstellprobe und Frageprobe
Ein **Satz** setzt sich aus verschiedenen **Satzgliedern** zusammen.

Ob ein einzelnes Wort oder eine Wortgruppe ein Satzglied bildet, ermittelst du mit der **Umstellprobe.** Satzglieder lassen sich umstellen, ohne dass sich der Sinn des Satzes ändert:

„Die Erzählerin | richtet | ihren Blick | auf Alltagsprobleme."
„Auf Alltagsprobleme | richtet | die Erzählerin | ihren Blick."
„Ihren Blick | richtet | die Erzählerin | auf Alltagsprobleme."

Mit der **Frageprobe** lassen sich vom Prädikat ausgehend Satzglieder erfragen, z. B.: „Wer oder was?" = Subjekt (Nominativ), „Wem?" = Dativobjekt; „Wen oder was?" = Akkusativobjekt; „Worauf?", „Worüber?", „Wovon?" usw. = Präpositionalobjekt; „Wann?", „Wo?", „Wie?" usw. = adverbiale Bestimmung (▷ S. 35).

Subjekt	**Prädikat**	**Dativobjekt**	**adverbiale Bestimmung**	**Akkusativobjekt**
Wer oder was?		Wem?	Wann?	Wen oder was?
„Das Internet	*bietet*	*interessierten Schülerinnen und Schülern*	*zu jeder Zeit*	*informative Lektüren."*

Von den Verben „sein", „bleiben", „werden" kann neben dem Subjekt ein weiteres Satzglied im Nominativ abhängen, das **Prädikativ (Gleichsetzungsnominativ),** z. B.:
„Dieses Buch ist ein schönes Geschenk."
„Manches Buch bleibt ein Rätsel."
„Einige Bücher werden staubig."

1 *Merle hat als Hausaufgabe die Kurzgeschichte „Saisonbeginn" von Elisabeth Langgässer analysiert. Sie ist nicht zufrieden mit ihrem Text. Lies, was sie geschrieben hat.*

Die Kurzgeschichte von Elisabeth Langgässer mit dem Titel „Saisonbeginn" ist interessant. Die Kurzgeschichte greift als Thema Antisemitismus auf. Die Kurzgeschichte beschäftigt sich mit der Frage, an welcher Stelle ein Schild mit der Aufschrift „In diesem Kurort sind Juden unerwünscht" platziert werden soll. Letztlich wird es am Ortseingang zur Rechten eines Wegekreuzes aufgestellt. Die Kurzgeschichte verdeutlicht gut, wie „Massenvorstellungen", also Ideologien, das Handeln und Denken einer Gesellschaft beeinflussen.
Die Kurzgeschichte wurde in der Nachkriegszeit verfasst, aber die erzählte Zeit ist vermutlich in den 1930er-Jahren angesiedelt, also während der Zeit des Nationalsozialismus in Deutschland.

a) Arbeite mit der Textlupe: Was ist dir beim Lesen aufgefallen? Schreibe in dein Heft.
b) Unterteile jeden Satz in die einzelnen Satzglieder, indem du einen Strich zwischen ihnen setzt.

TIPP

Wiederholungen lassen sich vermeiden, indem Nomen durch Pronomen ersetzt werden, z. B.:
„Bücher sind sehr beliebt. ~~Bücher~~ *Sie* fordern den Leser heraus."

c) Stelle die Sätze so um, dass die Satzanfänge abwechslungsreicher sind.
Das Satzglied, das am Anfang steht, nimmt eine Spitzenstellung ein.
Überlege, welchen Aspekt du in dieser Position gern betonen möchtest.
Schreibe jeden Satz umgestellt in dein Heft.
Wende die Frageprobe an: Welches Satzglied wiederholt sich im Text stetig?
Ersetze dieses Satzglied durch ein Pronomen.
d) Unterstreiche im Text oben die beiden Prädikative (Gleichsetzungsnominative).

ARBEITSTECHNIK

Erweiterungsprobe und Weglassprobe
Ein allzu knapper Schreibstil wird manchmal schlecht verstanden, z. B.: „Die Rede ist eine Erzählweise.“ **Attribute** tragen zu einem genauen, anschaulichen und abwechslungsreichen **Schreibstil** bei.
Ein Attribut bestimmt ein Bezugswort genauer, es kann davor oder dahinter stehen. Es ist **Teil eines Satzgliedes** und bleibt bei der Umstellprobe mit seinem Bezugswort verbunden, z. B.:
„Die *erlebte* Rede ist eine Erzählweise *der Moderne*.“ – „Eine Erzählweise *der Moderne* ist die *erlebte* Rede.“

Es gibt verschiedene **Formen von Attributen:**
1. Adjektiv oder Partizip: „die *erlebte* Rede“
2. Genitivattribut: „eine Erzählweise *der Moderne*“
3. präpositionales Attribut: „eine Analyse *auf Verdacht*“
4. Apposition (meist in Kommas eingeschlossen): „Elisabeth Langgässer, *die Autorin*, sagt dazu ...“
5. Adverb: „die Schreibweisen *heute*“
6. Pronomen: „*diese* Kurzgeschichte“, „*ihr* Schreibstil“
7. Mengenangabe: „*einige* Aspekte“, „*zwei* Anhaltspunkte“
8. attributiver Relativsatz (mit Kommas eingeschlossen): „die Deutung, *die hier naheliegt*, ist ...“ ▷ S. 40

- Mit der **Erweiterungsprobe** prüfst du, welche Attribute du einfügen kannst, um dich präziser oder abwechslungsreicher auszudrücken.
- Zu viele Attribute können auch ermüden oder von der Satzaussage ablenken. Die **Weglassprobe** wendest du an, indem du Attribute streichst und prüfst, ob dies die Verständlichkeit deines Textes verbessert.

2 *Arbeite mit der Textlupe: Welche Attribute hat Merle in ihrer Analyse verwendet?*
a) Unterteile jeden einzelnen Satz in Satzglieder und unterstreiche die Attribute als Teil eines Satzgliedes.
b) Notiere über dem Attribut, um welche Form es sich handelt. Trage die Ziffer aus der Arbeitstechnik ein.

Der alltäglich klingende Titel „Saisonbeginn“ nimmt einen sinnfälligen Bezug auf den Inhalt des Textes, indem er gleich anfangs einen verständlichen Anlass für die dargestellte Diskussion gibt. Er verweist jedoch nicht auf das eigentliche, tiefer liegende Thema des Textes: Falsch verstandene Gläubigkeit rechtfertigt keine Diskriminierung. Dies wird meine vertiefende Analyse kleinschrittig belegen.

3 *Arbeite mit der Textlupe: Erweitere den folgenden Textauszug um Attribute. Wähle aus dem Angebot sinnvoll aus.*

drei | *zentrale* | *umständliche* | *vermeintliche*

Der Text kann in ______________ Abschnitte geteilt werden. Der erste beschreibt die Landschaft und die ______________________ Idylle des Dorfes. Der zweite Abschnitt ist der ______________________ Teil der Kurzgeschichte, der über das ______________________ Aufstellen des Schildes berichtet.

4 *Arbeite mit der Textlupe: Einige Attribute sind nur ausschmückend, andere dienen der besseren Verständlichkeit. Prüfe mit Hilfe der Weglassprobe, was notwendig ist. Streiche Überflüssiges durch.*

Ein Verständnis der Kurzgeschichte ermöglicht erst der letzte Abschnitt. Er führt die *zustimmende* Reaktion der Dorfbewohner auf das Schild vor Augen und stellt einen *sofort verständlichen* Bezug zu der Inschrift auf dem *benachbarten, christlichen* Wegekreuz dar.

ARBEITSTECHNIK

Ersatzprobe
Auch **adverbiale Bestimmungen** (Umstandsbestimmungen) tragen zu einem genauen und abwechslungsreichen **Schreibstil** bei. Es sind Satzglieder, mit denen man die **Zeit,** den **Ort,** den **Grund** und die **Art und Weise** eines Geschehens genauer bestimmen kann. Man unterscheidet z. B. die folgenden adverbialen Bestimmungen:

Warum?
In welchem Fall?
Wozu?

Wie?
Womit?
Wie viel?

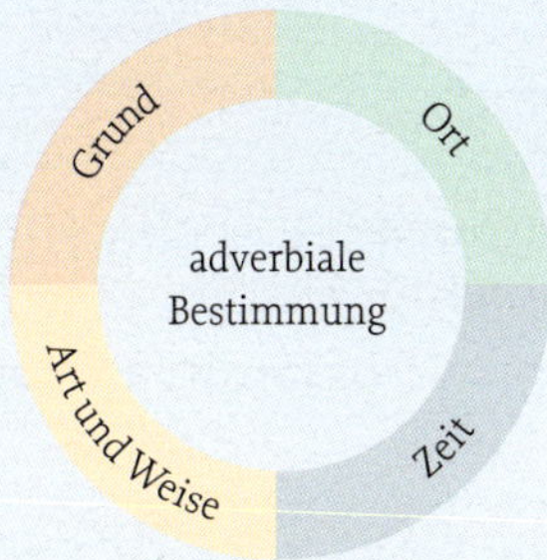

Wo?
Wie weit?
Wohin?
Woher?

Wann?
Bis wann?
Wie lange?
Seit wann?

Die **Ersatzprobe** hilft dir zu prüfen, ob die gewählte adverbiale Bestimmung (oder auch ein Attribut) deine Absicht wirklich genau wiedergibt oder ob ein anderer Ausdruck besser passen würde.

5 *Arbeite mit der Textlupe.*
a) Markiere die adverbialen Bestimmungen in Merles Analyseauszug.

Bei dem Text handelt es sich offensichtlich um eine Kurzgeschichte, weil er mit einem szenischen Einstieg beginnt und ein offenes Ende hat. Außerdem weist er weitere Merkmale dieser Textart auf, z. B. in hohem Maße eine bildliche Sprache.

b) Wende die Ersatzprobe an: Passen andere adverbiale Bestimmungen besser? Probiere die angebotenen Wendungen aus, indem du die Sätze aufschreibst. Schreibe in dein Heft.

zweifellos | sicher | vermutlich | mehrfach
in irritierender Weise | naheliegenderweise | in auffallender Weise

c) Gib an, welche Art der adverbialen Bestimmung Merle verwendet hat.

6 *Merle hat folgenden Vergleich interpretiert: „... mit riesiger Spanne nach beiden Seiten wie eine Mantelmadonna ihren Umhang." Wende die Proben der Seiten 33–35 an, um diesen Textauszug zu überarbeiten. Schreibe den verbesserten Text in dein Heft.*

Die rastlos suchenden Männer des Dorfes wollen das diskriminierende Schild neben einem Wegekreuz unter einer uralten, riesengroßen und markanten Buche errichten. Der Baum wird in diesem Zusammenhang auf überaus überzeugende Weise mit der schützenden Maria, der christlichen Muttergottes, verglichen, er entfaltet seine Äste „mit riesiger Spanne nach beiden Seiten wie eine Mantelmadonna ihren Umhang" (Z. 34 f.). Der Baum wird an dieser Stelle des Textes zugleich personifiziert, er gewährt, man wundert sich nicht, Schutz. Hier ist der gnädige Schutz des Schattens gemeint, der das diskriminierende, antisemitische Schild hätte unlesbar werden lassen.

Satzreihe und Satzgefüge

!

Satzreihe (Parataxe)
Eine Satzreihe besteht aus zwei oder mehreren Hauptsätzen (HS). Die Teilsätze werden in der Regel durch ein **Komma** getrennt, z. B.: „Transportmittel sind unverzichtbar, das erfordert die Just-in-time-Wirtschaft."
——— HS ———, ——— HS ———.

- Werden sie mit den Konjunktionen „denn" und „aber" verbunden, **muss** ein **Komma** stehen. Vor „und" bzw. „oder" **kann** es entfallen, z. B.:
  „Viele fahren gern mit dem Auto, aber Bahnfahren ist umweltfreundlicher."
  ——— HS ———, Konjunktion ——— HS ———.
- Im Hauptsatz steht die **Personalform des Verbs** immer **an zweiter Stelle** nach dem ersten Satzglied.

Satzgefüge (Hypotaxe)
Ein **Satzgefüge** besteht aus mindestens einem Hauptsatz (HS) und einem Nebensatz (NS). Ein Nebensatz kann vor, hinter oder innerhalb eines Hauptsatzes stehen. Er wird in der Regel durch eine Konjunktion (z. B.: „dass", „wenn", „weil", „obwohl") oder ein Relativpronomen (z. B.: „der", „die", „das", „welcher", „welche", „welches") eingeleitet, z. B.:
„Der Frachtverkehr auf der Schiene wäre wünschenswert, weil er die Umwelt schonen würde."
——— HS ———, Konjunktion ——— NS ———.

- Hauptsatz und Nebensatz werden **immer** durch **Komma** voneinander getrennt.
- Die **Personalform des Verbs** steht im Nebensatz **an dessen Ende.**

1 *a) Trage die fehlenden Kommas und, wo nötig, Konjunktionen oder Relativpronomen ein.*
b) Unterstreiche Satzreihen.
c) Markiere Satzgefüge.

VORSICHT FEHLER!

Die Zukunft lässt sich Zeit *von Ralf Butscher*

1998 erschien der letzte Delphi-Report, ein Forschungsbericht des Fraunhofer-Instituts für System- und Innovationsforschung, mit über 1000 Thesen für die Zukunft ________ Experten damals für realistisch hielten. Heute weiß man manches besser viele Erwartungen waren zu optimistisch. Doch einige Trends kamen überraschend.

Morgens in der S-Bahn: Leise vermischt sich Musik mit dem Rattern des Zuges. Ihre Quelle lässt sich schwer ausmachen ________ in dem überfüllten Zug sitzen etliche Schülerinnen und Schüler sowie Pendler mit Kopfhörern. Sie haben kleine elektronische Geräte in der Hand oder in der Hosentasche ________ sie mit den Klängen von Rock, Pop oder Klassik verbinden. Andere Passagiere tippen eifrig Texte in ihr Mobiltelefon ________ sie vertreiben sich die Zeit mit Spielchen auf einer tragbaren Konsole. Vor zehn Jahren hätte sich kaum jemand vorstellen können ________ so der morgendliche Alltag im Jahr 2008 aussehen würde. Selbst die meisten Experten ahnten damals nichts vom forschen Siegeszug der digitalen Medien im MP3-Format ________ sie sahen die enorme Beliebtheit der SMS-Kurznachrichten nicht voraus. Auch der Kultstatus ________ mobile Computerspiele einmal erreichen würden war den Forschern 1998 nicht vorstellbar.

bild der wissenschaft, Heft 10 „Zukunft", 2008, www.wissenschaft.de

2 *Konzentriere dich auf die Satzstruktur: Unterstreiche die Nebensätze. Du musst dazu nicht jedes Wort verstehen.*

aus Paragraf 45, Thema: Explizitlautung

Was zum nativen Wortschatz des Deutschen gehört und also mit der Explizitlautung zu erfassen ist, steht nicht ein für alle Mal fest. Beispielsweise hat das [ʒ] wie in *Garage* einen festen Platz im System der Konsonanten. Das System hätte ohne diesen Laut eine Lücke, [ʒ] ist aber dennoch eindeutig beschränkt auf den Fremdwortschatz (↑ 23). Ähnliche Fragen stellen sich für alle Teile des Lautsystems. So passen Lautkombinationen wie [sl] *(Slum)*, [sn] *(Snob)* oder [pj] *(Computer)* gut zur Struktur des Silbenanfangsrandes (Kombination von Obstruent und Sonorant, ↑ 31), und es ist auch nicht einzusehen, warum [ç] im Silbenanfangsrand *(China, chemisch)* nicht in das System integriert sein soll.

Die Begriffe nativer Wortschatz (Kernsystem) und Explizitlautung werden durch Abgrenzungsschwierigkeiten selbstverständlich nicht in Frage gestellt. Ihr Nutzen zeigt sich ja auch daran, dass man angeben kann, in welcher Hinsicht ein Fremdwort, ein Laut, eine Lautfolge usw. in das System des Deutschen integriert ist und in welcher nicht.

Aus dem DUDEN Band 4: Grammatik (2005)

3 *Setze im folgenden Text die fehlenden Kommas. Achte auch auf die Redebegleitsätze der indirekten Rede.*

Deutschland im Darwin-Jahr: Kaum Evolutionsbiologen

In Deutschland müsse man Evolutionsbiologen wie Stecknadeln im Heuhaufen suchen meint ein Insider. Selbst viele Biologen seien beim Thema Evolution auf einem veralteten Wissensstand klagt ein anderer. Seit 1999 gibt es ein Max-Planck-Institut (MPI) für Evolutionsbiologie in Plön/Schleswig-Holstein.

In evolutionärer Reihenfolge:
Schimpanse, Pekingmensch, Neanderthaler, Chromagnonmensch, heutiger Mensch (Homo sapiens).

Von Judith Rauch

Forscher der ersten Stunde am MPI für Evolutionsbiologie ist Manfred Milinski ein Interessengebiet des umtriebigen Forschers ist die Entwicklung kooperativen Verhaltens unter Egoisten. Hier macht er gern den Sprung vom Versuchstier zum Menschen und arbeitet dabei eng mit Wirtschaftswissenschaftlern zusammen: „Bei den Ökonomen sind evolutionsbiologische Sichtweisen voll akzeptiert wir publizieren sogar zu den gleichen Fragen."

Wer rettet das Klima?

Zurzeit interessiert die Forscher vor allem inwieweit Menschen bereit sind sich finanziell für den Klimaschutz einzusetzen ein Investment das sich für den Einzelnen nicht unmittelbar auszahlt sondern im allgemeinen Interesse liegt. Milinski entwarf dafür diesmal in Zusammenarbeit mit dem Hamburger Meteorologen Professor Jochem Marotzke ein Klimaspiel-Experiment. Dessen Ergebnisse lassen gleichzeitig darauf hoffen und daran zweifeln dass der Menschheit die Bewältigung der Krise gelingen wird: Von zehn Gruppen zu je sechs Studenten erreichten im Experiment nur fünf das Ziel einen Gruppenbeitrag in wirksamer Höhe zur Rettung der Welt zusammenzulegen. Fünf verfehlten es wenn auch zum Teil nur knapp. Immerhin ist dies ein schönes Beispiel dafür dass die Evolutionsbiologie andere Wissenschaftszweige anregen und befruchten kann auch über die benachbarten Lebenswissenschaften hinaus z. B. die Soziologie sowie die Philosophie oder die Psychologie.

bild der wissenschaft plus: „Evolution!", Februar 2009, www.wissenschaft.de

Adverbialsätze

!

Adverbialsätze sind **Gliedsätze,** sie können an die Stelle adverbialer Bestimmungen treten. Adverbialsätze werden mit Konjunktionen eingeleitet (z. B.: „weil“, „als“, „wenn“, „damit“)“ und mit **Komma** vom Hauptsatz getrennt.

- Adverbiale Bestimmung: „Mit einem überzeugenden Argument belegte Deborah ihre These.“
- Adverbialsatz: *Indem* sie ein überzeugendes Argument anführte, belegte Deborah ihre These.

Arten von Adverbialsätzen	erfragbar mit	Konjunktionen
Temporalsatz (Zeit)	Wann? Seit wann? Wie lange?	„als“; „während“; „nachdem“; „sobald“; „seitdem“; „wenn“
Konditionalsatz (Bedingung)	Unter welcher Bedingung? Wann?	„wenn“; „falls“; „sofern“; „unter der Bedingung, dass ...“
Konsekutivsatz (Folge/Wirkung)	Mit welcher Folge? Mit welcher Wirkung?	„dass“; „sodass“; „so ..., dass“; „als dass“
Kausalsatz (Grund/Ursache)	Aus welchem Grund? Warum?	„weil“; „da“; „zumal“
Finalsatz (Absicht/Zweck)	Mit welcher Absicht? Zu welchem Zweck?	„damit“; „auf dass“
Modalsatz (Art und Weise)	Wie? Auf welche Weise?	„indem“; „ohne dass“; „als ob“
Konzessivsatz (Gegengrund/ Zugeständnis/Einräumung)	Trotz welcher Gegengründe?	„obwohl“; „obgleich“; „wenngleich“

1 *a) Trage in jeder Lücke eine Konjunktion ein, die einen sinnvollen Begründungszusammenhang herstellt.*

Stellungnahme: Das Buch ist als Medium unverzichtbar

Das Buch ist ein „technisch vollendetes Meisterwerk“. **A** ______________ die Buchverkaufszahlen in den letzten Jahren stetig gestiegen sind, scheint bewiesen zu sein, dass die elektronischen Medien das gedruckte Buch keineswegs verdrängen konnten. **B** Der Trend bestätigt sich kontinuierlich, ______________ der Buchmarkt mit und nach dem ersten Band von „Harry Potter“ (1997) einen regelrechten Boom erlebte. **C** ______________ sich die äußere Form des Buches seit dem ersten Buchdruck nicht grundlegend verändert hat, werden die Inhalte von Büchern zunehmend vielfältig. **D** ______________ ein Buch bleibenden ästhetischen Wert hat, ist auf Gestaltung, Materialien und Herstellung höchste Sorgfalt zu verwenden. **E** Die Leserin oder der Leser kann den Text nicht lesen, ______________ er zugleich das Papier riecht und betastet. **F** Das Buch spricht mehrere Sinne an, ist physisch präsent und wirkt durch seine Dreidimensionalität, ______________ z. B. bei der Darstellung auf dem Computermonitor stets ein Teil der Wirkung verloren geht.

b) Notiere im Heft für jeden Satz A–F, um welche Art von Adverbialsatz es sich handelt.

Inhaltssätze: Subjektsätze und Objektsätze

Inhalte und direkte Rede wiedergeben
Inhaltssätze geben den Inhalt dessen an, was man „weiß", „sagt", „vermutet", „hofft", „wünscht", was „klar ist" oder „unklar ist" usw., z. B.:
„Die Sprachentwicklung zu erforschen, *ist* dem Biologen Marc Hauser *ein großes Anliegen.*"

Inhaltssätze werden häufig durch die **Konjunktion „dass"** eingeleitet und durch ein **Komma** vom Hauptsatz getrennt.

Als Gliedsätze übernehmen Inhaltssätze die Rolle von Subjekt oder Objekt. Sie lassen sich auch wie ein Subjekt oder wie ein Objekt erfragen, z. B.:
- „Dass die Sprachentwicklung in vielen Schritten verlief, *ist* den meisten Experten *klar.*"
  Subjektsatz (Wer oder was ist klar?)
- „Viele Experten *fordern*, dass diese Entwicklung genauer erforscht werden soll."
  Objektsatz (Wen oder was fordern Experten?)

1 *a) Lies den Text genau, kläre unbekannte Wörter und markiere Schlüsselwörter.*
b) Fasse den Text zusammen und gib die direkte Rede in indirekter Rede wieder. Formuliere dazu ausschließlich „dass"-Sätze. Schreibe ins Heft. ▷ S. 28–30

Vom Tierlaut zum Menschenwort

Der Mensch verdankt sein Sprachvermögen nicht einem Urknall der Biologie

von Klaus Wilhelm

Um Worte ist Marc Hauser nicht verlegen. Schon gar nicht, wenn es um die Evolution der menschlichen Sprache geht. „Eine neue Phase der Erkenntnis" sieht der Forscher der Harvard University heranreifen und hat mit seinen Kollegen David Barner und Tim O'Donnell gleich eine neue Disziplin gegründet: „Evolingo". Der Name soll die Verbindung von Evolutions- und Sprachforschung (Linguistik) verdeutlichen. Für überzeugte Biologen wie Hauser ist klar, „dass unsere Sprache im Tierreich verwurzelt sein muss – nur anders, als wir dachten." Kernpunkt der neuen Theorie: Sprache erwuchs nicht schrittweise aus dem Kommunikationssystem der Tiere, sondern indem verschiedene Fähigkeiten unserer tierischen Verwandten in einzigartiger Weise kombiniert wurden. „Was aus unserem Mund herauskommt", sagt Hauser, „ist nur die offenkundige Seite von Sprache." Sprache ist nicht zwingend ans Sprechen gebunden: Gehörlose reden mit Gebärden. Viel wichtiger sind die im Gehirn verborgenen neuronalen und geistigen Mechanismen, die Wort- und Satzbildung ermöglichen. „Wir müssen Kommunikation und deren interne Grundlagen strikt trennen", sagt Hauser. „Die einzelnen neurobiologischen Mechanismen sind wahrscheinlich schon vor langer Zeit in unterschiedlichen Tiergruppen entstanden. Umfangreiche, komplizierte Forschungsarbeiten deuten auf ein Gen namens FOXP2 hin, das es dem Gehirn des Homo sapiens schließlich ermöglichte, ein differenziertes Sprachvermögen zu entwickeln."

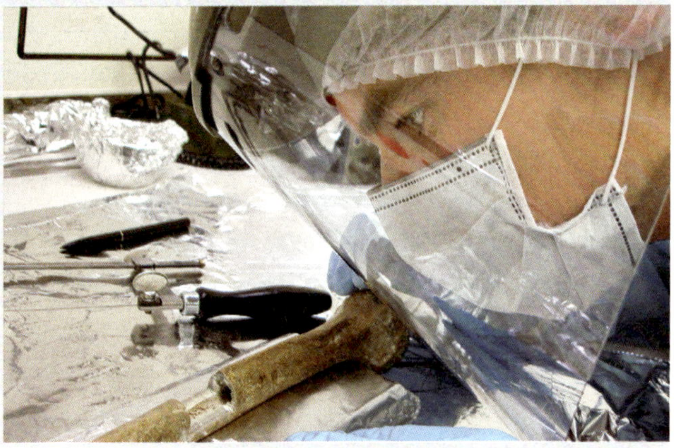

Der Anthropologe Johannes Krause hat an Neanderthaler-Knochen entdeckt, dass der Urmensch das Gen FOXP2 besaß, das als „Sprachgen" gilt.

bild der wissenschaft, Heft 5 2008, www.wissenschaft.de

TIPP

Beispiele für **Wendungen für die Wiedergabe von wörtlicher Rede und Inhalten:** „man berichtet", „er ist der Ansicht", „man hebt hervor", „es wurde erwähnt", „es besteht kein Zweifel", „Gegenstand ist" …

Relativsätze

Ein Nebensatz (▷ S. 36), der ein Bezugswort näher erläutert, heißt **Relativsatz.** Er hat im Satz die Rolle eines Attributs und bezieht sich auf ein Nomen oder Pronomen im Hauptsatz, z. B.:
„Heiße Schokolade ist ein sehr beliebtes Getränk." → „Heiße Schokolade ist ein Getränk, *das* sehr beliebt ist."
Attribut — Relativsatz mit Relativpronomen
Vor dem **Relativpronomen** kann auch eine Präposition stehen, z. B.:
„Kakao ist ein Getränk, *über das* sich viele freuen."
Als Nebensatz kann der Relativsatz voran- oder nachgestellt sowie eingeschoben sein. Ein eingeschobener Relativsatz wird mit Komma abgeschlossen, z. B.: „Ein Getränk, *über das sich viele freuen*, ist Kakao."

1 *Forme die unterstrichenen Attribute in Relativsätze um. Schreibe ins Heft.*

A Die von zwei Flüssen in drei Teile unterteilte Stadt Bayonne liegt im französischen Baskenland.

B Die Stadt Bayonne mit ihren vielen Schokoladengeschäften ist ein Paradies für Schokoladenfreunde.

2 *Bilde Satzgefüge mit Relativsätzen. Schreibe ins Heft und markiere jeweils Relativpronomen und Bezugswort.*

A Die Stadt hat viele Brücken über den Fluss Nive. Ihr Anblick erinnert an Venedig.

B Kleine Gassen führen in die Altstadt. In ihr stehen mittelalterliche Häuser dicht gedrängt.

TIPP

Das Relativpronomen, das einen Relativsatz einleitet, ist ersetzbar durch „welcher", „welche", „welches".
Das Relativpronomen „das" schreibt man mit „s".
Die Konjunktion „dass" (▷ S. 39) lässt sich nicht durch „welches" ersetzen.

3 *a) Streiche jeweils das falsche Wort durch.*
b) Setze die fehlenden Kommas.

VORSICHT FEHLER!

Bayonne – das Schokoladenparadies

Nur wenige wissen das/dass die kleine Stadt Bayonne die/das im französischen Baskenland liegt ein Zentrum der Schokoladenproduktion in Frankreich ist. An fast jeder Ecke dieser Stadt der/die viele schmale, hohe Fachwerkhäuser hat gibt es Schokoladengeschäfte aus dem/denen der schwere, süßliche Duft von heißer Schokolade dringt. Grob gebrochene Schokoladenplatten dass/die teilweise mit Nüssen und Mandeln durchsetzt sind liegen neben Pralinen und anderen süßen Leckereien. Die Spanier waren die ersten Europäer der/die die Kakaobohne nach Europa brachten. Im Schloss Versailles das/dass zur Zeit Ludwigs XIV. Vorbildfunktion für Frankreich hatte soll dreimal wöchentlich heiße Schokolade serviert worden sein. In der Stadt Bayonne in die/der im 18. Jahrhundert die erste mechanische Schokoladenproduktion Frankreichs eingerichtet wurde kann man auch heute noch historische Maschinen sehen: kugelförmige Metallbehälter in dem/denen Bohnen

geröstet wurden und Mahlsteine die/der zur Zerkleinerung der Kakaobohnen dienten.

Partizipgruppen

Obwohl Partizipgruppen kein Verb in der Personalform enthalten, können sie im Satz die Funktion von Gliedsätzen übernehmen. Man nennt sie darum auch **satzwertige Partizipien.**

Partizipgruppen **können** durch **Komma** abgetrennt werden, wenn man die Gliederung des Satzes verdeutlichen will:

„*Vom besseren Leben träumend(,)* schufteten die Kinder auf den Plantagen."

Kommas müssen stehen,

- wenn durch hinweisende Wörter auf die Partizipgruppe Bezug genommen wird, z. B.: „*So, vom besseren Leben träumend,* schufteten die Kinder auf den Plantagen."
- wenn die Partizipgruppe am Satzende steht, z. B.: „Die Kinder schufteten auf den Plantagen, *vom besseren Leben träumend.*"

1 *a) Setze in den folgenden Sätzen ein Komma, wo es erforderlich ist.*
b) Markiere die Partizipgruppe.

VORSICHT FEHLER!

Gefährliche Schokolade

Ursprünglich aus Amerika kommend werden heute die Kakaopflanzen in Afrika angebaut. Der Kakaoanbau in den kleinbäuerlichen Betrieben in Afrika unterscheidet sich die Situation der Menschen auf den Kakaoplantagen betreffend nicht von dem auf den großen Plantagen in Südamerika. Unwürdige Arbeitsbedingungen und niedrige Hungerlöhne sonst bezeichnend für Arbeiter beim Anbau von Kaffee, Baumwolle und Tee bestimmen auch das Leben der Kakaobauern. Sozialleistungen sind ein Fremdwort Kinderarbeit ist an der Tagesordnung. Seit Jahren erheblich fallend trägt der ungünstige Weltmarktpreis für Kakao zusätzlich zur Verschlechterung der Lage bei.

Nicht nur durch die Berichte von UNICEF belegt schätzt man die Zahl der Kinder die auf Plantagen in West- und Mittelafrika zur Arbeit gezwungen werden auf weit über 200 000 ein. Daten des International Institute for Tropical Agriculture (IITA) verwendend weist man im Jahr 2002 für rund 284 000 Kinder gefährliche Bedingungen auf Kakaofarmen nach.

2 *a) Unterstreiche in den folgenden Sätzen die Partizipgruppen.*
b) Wandle die Sätze in Satzgefüge um, indem du die Partzipgruppe in einen Nebensatz umformulierst.

A Von einem Beruf als Mechaniker träumend, arbeitet der zwölfjährige Noussou für 20 Cent am Tag auf einer Kakaoplantage.

Noussou arbeitet für 20 Cent am Tag auf einer Kakaoplantage, obwohl

B Noussou arbeitet, gegen das Arbeitsrecht für Kinder verstoßend, elf Stunden täglich.

C Völlig vom Willen der Arbeitgeber abhängend, wissen viele Kinder nicht, was sie essen und wo sie schlafen können.

D Die Regierung der Elfenbeinküste unterstützend, weisen internationale Organisationen die Farmer auf die besonderen Gefahren hin, denen die Kinder während der Arbeit ausgesetzt sind.

Infinitivsätze

Ein Infinitivsatz besteht aus einem **Infinitiv mit „zu" und mindestens einem weiteren Wort**, z. B.: „Die Kakaobauern versuchen mit Kooperativen, *ihre Existenz **zu sichern.***"
Infinitivsätze werden mit **Komma** vom Hauptsatz abgetrennt,

- wenn der Infinitivsatz durch „um", „ohne", „anstatt", „statt", „außer" oder „als" eingeleitet wird, z. B.: „Für viele Konsumenten gibt es nichts Besseres, ***als** Fair-Trade-Produkte **zu kaufen.***"
- wenn der Infinitivsatz von einem Nomen oder einem hinweisenden Wort abhängt, wie z. B. „daran", „darauf" oder „es", z. B.: „Die Kooperative hofft **darauf,** *höhere Erlöse **zu erzielen.***" – „Der Kooperative gelingt **es,** *mehr **zu verkaufen.***"

In allen anderen Fällen kann das **Komma** zur Leserfreundlichkeit und zum eindeutigen Verständnis gesetzt werden.

1 *a) Markiere im folgenden Text die Infinitivsätze.*
b) Setze alle erforderlichen Kommas: Sie fehlen hier nicht nur bei den Infinitivsätzen.

VORSICHT FEHLER!

Fairer Handel im Schokoladengeschäft

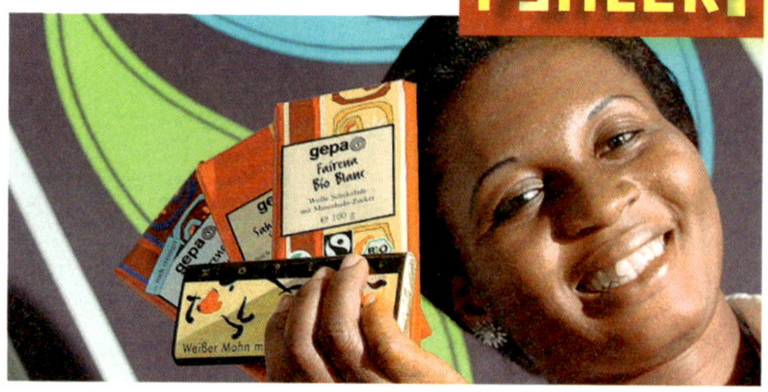

Ziel des fairen Handels ist es den Zwischenhandel auszuschalten und den direkten Handel zwischen den Kakaobauern und den Herstellern von Schokolade zu ermöglichen. Um diese Geschäfte abwickeln und kontrollieren zu können haben sich einige ethisch arbeitende Organisationen gebildet. Die tragende Idee besteht darin die Beziehungen auf langfristige Zusammenarbeit auszulegen und einen fairen Preis zu erzielen der über dem Weltmarktniveau liegt. Zudem soll ein Teil der Ernte vorfinanziert werden um eine Verschuldung der Bauern zu vermeiden. Um die Vorteile dieser Handelsprogramme genießen zu können müssen sich die Bauern überprüfen lassen.

Um am fairen Handel teilnehmen zu können schließen sich die Kakaobauern in der Regel zu Kooperativen zusammen. Für einen einzelnen Bauern wäre der Aufwand der Vermarktung zu groß bzw. die Jahresproduktion zu klein. Die Kakaobauern müssen sich verpflichten Entscheidungen nach demokratischen Regeln zu treffen die Beschäftigten angemessen zu bezahlen keine Sklaverei keine illegale Kinderarbeit und keine Benachteiligung von Frauen und anderen Bevölkerungsgruppen zuzulassen.

Der faire Handel dient dazu das Existenzminimum von Kleinbauern und Plantagenarbeitern zu sichern und ihre Lebenssituation schrittweise zu verbessern. Anstatt von den Preisen der Zwischenhändler abhängig zu sein erhalten die Bauern von ihren Kooperativen einen höheren Preis. Der Mehrerlös der Kooperativen ermöglicht es Gemeinschaftsprojekte wie Schul- und Straßenbau und Trinkwassersicherung zu fördern.

Die verschiedenen Organisationen die sich am fairen Handel beteiligen haben unterschiedliche Methoden den jeweiligen Preis für Kakaobohnen zu berechnen. So gelingt es einerseits mit Mindestpreisen pro Tonne den fairen Preisen zu entsprechen anstatt Dumping-Preise zuzulassen und andererseits bei ansteigendem Weltmarktpreis bis zu einem maximalen Weltmarktpreis Aufschläge bis zu 15 Prozent festzulegen ohne die Konkurrenzfähigkeit der Fair-Trade-Produkte zu gefährden.

Wichtige Organisationen für Fair Trade sind FLO (Fairtrade Labelling Organization), TransFair e.V. und Gepa (Gesellschaft zur Förderung der Partnerschaft mit der Dritten Welt mbH).

2 *Ein Satz – zwei Bedeutungen: Entscheide durch die Kommasetzung, welche Lesarten es gibt.*

Die Kooperative riet den Kakaobauern den Brief zu schreiben.
Die Kooperative riet den Kakaobauern den Brief zu schreiben.
Viele wünschen sich jeden Tag heiße Schokolade trinken zu können.
Viele wünschen sich jeden Tag heiße Schokolade trinken zu können.

Teste dich! – Satzglieder, Satzreihe und Satzgefüge

1 *Bestimme die unterstrichenen Satzglieder.*

A Entdecken Sie Buenos Aires. ____________________

B Tango ist ein sehr eleganter Tanz. ____________________

C Die südamerikanische Metropole nahm sich vieler Flüchtlinge an. ____________________

D Ein junges Pärchen geht eilig nach Hause. ____________________

2 *Ergänze die Regel.*

Im ____________satz steht die Personalform des Verbs immer an zweiter Stelle nach dem ersten Satzglied.

Die Personalform des Verbs steht im ____________satz an dessen Ende.

3 *Definiere Satzreihe und Satzgefüge, indem du die Regel ergänzt.*

____________________ bestehen aus einem Hauptsatz und mindestens einem Nebensatz. Die Nebensätze werden in der Regel durch Konjunktionen oder Relativpronomen eingeleitet. ____________________ bestehen aus zwei oder mehreren Hauptsätzen, die durch Konjunktionen miteinander verbunden sein können.

4 *a) Trage die Konjunktionen im nachfolgenden Text passend ein.*

während	obwohl	damit	dass	wenn

b) Bestimme die Art des Adverbialsatzes, indem du die richtige Ziffer einträgst:

1 Finalsatz
2 Konsekutivsatz
3 Temporalsatz
4 Konditionalsatz
5 Konzessivsatz

☐ ____________________ Buenos Aires 2001 im Chaos der Inflation versank, boomt der Tourismus heute wieder. ☐ Der günstige Wechselkurs des Peso führt dazu, ____________________ wieder deutlich mehr Menschen Interesse an der Stadt zeigen. ☐ ____________________ Buenos Aires auch zukünftig wieder als Weltstadt wahrgenommen wird, bemüht man sich, altes Flair zu erhalten. ☐ ____________________ in einer Ecke der Stadt restauriert wird, finden in der anderen Ecke jedoch riesige Neubauvorhaben statt. ☐ ____________________ man jedoch in die Randbezirke der Stadt vordringt, sieht man auch Armut.

5 *Ordne zu, um welche Art von Satz es sich handelt? Verbinde durch Linien.*

1 Menschen, die man begeistert, kommen gerne wieder.
2 Maike K. kehrte, vor Heimweh kränkelnd, schon bald nach Hause zurück.
3 Dass Jens morgen kommen würde, freute Annika.
4 Dass er krank war, vermutete die ganze Belegschaft.
5 Jeder hofft darauf, im Leben Glück zu haben.
6 Der Polizist lächelte, als er den Verkehr regelte.
7 Herr Brehm dunkelte das Zimmer ab, indem er die Jalousie herunterließ.
8 Ich heule, wenn ich traurig bin.

A Infinitivsatz
B Relativsatz
C Objektsatz
D Partizipgruppe
E Temporalsatz
F Modalsatz
G Konditionalsatz
H Subjektsatz

6 *Setze im folgenden Text die fehlenden Kommas.*
Klammere Kommas ein, die man setzen kann, aber nicht muss.

Teufelsgeiger

Ein junger Mann mit schwarzem Totenkopf-Sweatshirt und Jeans die auf den Oberschenkeln Löcher und Risse aufweisen betritt den Raum. Die blonde Mähne trägt er zu einem Pferdeschwanz zusammengebunden der Dreitagebart sprießt. In diesem Outfit einen Geigenkasten unter dem Arm tragend entspricht der Typ so gar nicht dem Bild eines Ausnahmemusikers der an zehn Monaten im Jahr in sämtlichen renommierten Konzertsälen der Welt unterwegs ist. Die Rede ist von David Garrett. Mit 19 Jahren hätte er das Geigespielen fast aufgegeben aber heute mit 27 hat er es geschafft das Musizieren ist wieder seine Sache geworden. Das war nicht leicht denn seine Eltern hatten entschieden dass er Geige spielen müsse. Bis einschließlich der zehnten Klasse besuchte er keine Schule sondern wurde von Privatlehrern zu Hause unterrichtet. Dass andere Kinder draußen Fußball spielten während er drinnen auf seinem Instrument übte ahnte er nicht einmal. Seine Welt war eben so soziale Kontakte zu Gleichaltrigen gab es einfach nicht und sie fehlten ihm auch nicht. Wichtiger war ihm mit 13 Jahren auf den Dirigenten Claudio Abbado zu treffen und mit ihm ein Mozartkonzert aufzuführen. Wann sich seine Einstellung änderte kann Garrett heute nicht mehr ganz genau sagen aber so mit 14, 15 oder 16 bemerkte er dass er in einem goldenen Käfig saß.

VORSICHT! FEHLER!

Seinen Wohnort Aachen wollte er in jedem Fall verlassen nach New York sollte es gehen. Die Widerstände seiner Eltern außer Acht lassend bewarb sich Garrett mit 19 klammheimlich an der berühmten Juilliard School of Music in New York die ihn sofort annahm. Seitdem wohnt er in New York und er hat die Liebe zu seinem Instrument neu entdecken können.

Werte deine Ergebnisse aus, indem du deine Antworten mit dem Lösungsheft abgleichst.
Für jede richtige Antwort bekommst du einen Punkt.

51–38 Punkte
Gut gemacht!

37–19 Punkte
Gar nicht schlecht. Schau dir die Merkkästen und Tipps der Seiten 33 bis 42 noch einmal an.

18–0 Punkte
Arbeite die Seiten 33 bis 42 noch einmal sorgfältig durch.

Groß- und Kleinschreibung

Eigennamen und Herkunftsbezeichnungen

- In **mehrteiligen Eigennamen** mit Bestandteilen, die keine Nomen sind, schreibt man das erste Wort und alle Wörter außer Artikeln, Präpositionen und Konjunktionen groß, „Deutsche Angestellten Gewerkschaft", „Vereinigte Staaten von Amerika", „Kap der Guten Hoffnung".
- **Ableitungen von geografischen Namen auf -er** schreibt man groß, „Schweizer Käse", „Hamburger Dialekt", „Meißner Porzellan".
- **Ableitungen von Eigennamen auf -isch** gehören zur Wortart Adjektiv. Wenn sie nicht Bestandteil fester Eigennamen sind, schreibt man sie klein, „französische Übersetzung", „fränkische Spezialität", „die darwinsche Evolutionstheorie".

1 *Trage die Ausdrücke in der richtigen Groß- und Kleinschreibung in die Tabelle ein.*

DER OSTFRIESISCHE TEE · DIE MECKLENBURGISCHE SEENPLATTE · DAS DEUTSCHE ROTE KREUZ · DER ZWEITE WELTKRIEG · DIE KULINARISCHEN SPEZIALITÄTEN AUS LÜBECK · DER ALTE FRITZ · DIE BRANDENBURGISCHE TECHNISCHE UNIVERSITÄT COTTBUS · DAS JÜDISCHE MUSEUM IN BERLIN · DIE DEUTSCHEN PARTEIEN · DIE SOLINGER MESSER · DER DEUTSCHE BUNDESTAG IN BERLIN · DER BÖRSENVEREIN DES DEUTSCHEN BUCHHANDELS · DER ALLGEMEINE DEUTSCHE AUTOMOBILCLUB · DIE OSTFRIESISCHEN INSELN · DIE HOLSTEINISCHE SCHWEIZ · DAS SÜDLICHE DEUTSCHLAND · LUDWIG VAN BEETHOVEN · WALTHER VON DER VOGELWEIDE · DIE GOLDENEN ZWANZIGER

TIPP

Eigennamen werden nur einzigartigen Lebewesen, festen geografischen Gegebenheiten, bedeutenden Institutionen und bestimmten historischen Ereignissen zugewiesen.

Historisches/ Persönlichkeiten	bedeutende Institutionen	Urlaubs- oder Ausflugsziele	regionale Souvenirs

2 *Prüfe die Groß- und die Kleinschreibung für die im Text unterlegten Wortanfänge. Streiche jeweils den falschen Buchstaben durch.*

Eine Reise ins Ungewisse

Sie kommen aus dem N/nahen Osten, den A/arabischen Ländern Afrikas oder den von Kriegen und wirtschaftlicher Not erschütterten M/mittelasiatischen und Z/zentralafrikanischen Staaten. Ihr ganzes Geld geben sie Menschenschleppern, die sie vorzugsweise in die Länder der E/europäischen Union bringen sollen. Die so genannte G/grüne Grenze wird gut bewacht und ist deshalb nur schwer zu überwinden. Also vertrauen sie sich Menschen an, die sie auf hoffnungslos überfüllten und fast immer auch seeuntüchtigen, völlig veralteten Booten z. B. über das Ä/ägäische Meer oder die G/große Syrte nach Griechenland, Italien und Spanien bringen sollen. Aus der Zeit nach dem Vietnamkrieg hat sich für diese Flüchtlinge der E/eingängige Begriff der Boatpeople erhalten. Viele der Boote sind dem Ansturm nicht gewachsen. Sie kentern und für die Flüchtlinge endet die Überfahrt tragisch. Hilfswerke wie das R/rote Kreuz, der R/rote Halbmond oder der H/hohe Flüchtlingskommissar der V/vereinten Nationen kümmern sich um die Gestrandeten.

In Sammellagern werden sie versorgt, um dann oft in ihre A/afrikanische oder A/asiatische Heimat zurückgeschickt zu werden. Wenigen gelingt die Weiterreise, indem sie sich auf Lastwagen oder Schiffen verstecken, die über das A/adriatische Meer oder den A/atlantischen Ozean das E/europäische Kernland ansteuern.

Die Glücklichen, die es bis zum Ziel geschafft haben, sind ein wichtiger Wirtschaftsfaktor für die in den Heimatländern zurückgebliebenen Familien. Ganze Dörfer, zum Beispiel in der Ä/ägyptischen Wüste, leben von ihren in den Westen ausgewanderten Söhnen. Andere, die es aus den I/irakischen oder A/afghanischen Krisengebieten geschafft haben, sind einfach nur froh, ihr Leben gerettet zu haben.

Die G/genfer Flüchtlingskommission aus dem Jahre 1951 hat die Lehren aus dem Z/zweiten Weltkrieg umgesetzt und für die beigetretenen Staaten verbindliche Regeln geschaffen, die die Rechte der Flüchtlinge sichern.

TIPP

Die Schreibung von **Verbindungen aus Adjektiv und Nomen** ist nicht in allen Fällen eindeutig geregelt. Wenn ein Nomen mit einem Adjektiv eine feste Verbindung eingeht, die aber kein Eigenname ist, so wird das Adjektiv in der Regel kleingeschrieben, wie z. B.: „der olympische Gedanke", „das autogene Training". In den Fachsprachen gibt es hierzu jedoch unterschiedliche Regelungen. Häufig ist sowohl Groß - als auch Kleinschreibung möglich, z. B.: „goldener Schnitt" – „Goldener Schnitt".

3 *Setze die Adjektive in die Lücken ein. Achte auf die richtige Groß- und Kleinschreibung. Schlage im Zweifelsfall im Wörterbuch nach und informiere dich, in welchen Fällen beide Schreibweisen richtig sind.*

aktuell | *grün* | *fleißig* | *gelb* | *blau*

A Das ________________ Trikot erhält der Spitzenreiter bei der Tour de France.

B Die ________________ Stunde ist eine der beliebtesten regionalen Nachrichtensendungen.

C Das ________________ Gewölbe gehört zu den berühmten Sehenswürdigkeiten in Dresden.

D Auf einen ________________ Brief reagiert wohl kaum eine Schülerin oder ein Schüler mit großer Gelassenheit.

E Das ________________ Lieschen ist in Deutschland eine beliebte Balkonpflanze.

!

Tageszeiten und Wochentage

- Bezeichnungen für Tageszeiten und Wochentage werden **großgeschrieben,** wenn sie Nomen sind. Man erkennt sie an den Nomensignalen (Artikel, Präposition, vorangestelltes Adjektiv oder Pronomen), z. B.: „der Abend“, „gegen Mittag“, „an diesem sonnigen Morgen“.
- Bezeichnungen für Tageszeiten und Wochentage werden **kleingeschrieben,** wenn sie Adverbien sind, z. B.: „heute“, „mittags“, „dienstags“.
- Bei zweiteiligen Tageszeitangaben schreibt man die **Adverbien klein** und die **Nomen groß,** z. B.: „heute Morgen“, „morgen Mittag“, „gestern Vormittag“.

TIPP

Verbindungen aus Wochentag und Tageszeit werden zusammengeschrieben, z. B.: „Samstagvormittag“, „Montagabend“.

4 *Unterstreiche die Zeitangaben und löse die Satzschlangen auf. Achte auf die Groß- und Kleinschreibung.*

berlinistjederzeiteinereisewert.

____

schoninwenigentagenkannmaneinenbleibendeneindruckvonderstadtgewinnen.

____

vonmontagmorgenbissonntagnachtkannmanvieleserleben.

____

biszumfrühenmorgentrifftmannachtwandler,daberlinkeinesperrstundehat.

____

vielemuseensindjedochmontagsganztägiggeschlossen.

____

5 *Schreibe die Wörter bzw. Wendungen in Großbuchstaben in der richtigen Schreibweise in dein Heft.*

Tipps im Chat

Leonie: Hallo zusammen! Ich fahre AMKOMMENDENMONTAGMORGEN nach Berlin und muss erst SONNTAGABEND zurück. Gibt es Insider, die mir BISÜBERMORGEN Tipps geben könnten, was man da TAGSÜBER, aber natürlich auch SPÄTABENDS unternehmen kann? Ich gehe gern mal in einen Club.

Raul: Auf alle Fälle am MONTAGNACHMITTAG erst mal mit einer Fahrt mit der Linie 100 beginnen. Das ist der Doppeldeckerbus, setz dich oben ganz nach vorn. Wenn du schon MONTAGGEGENMITTAG in Berlin ankommst, schaffst du die offizielle Stadtrundfahrt UMFÜNFZEHNUHR noch. Die Abfahrtsstelle ist am Kurfürstendamm, gegenüber der Gedächtniskirche. Ich habe VOREINIGERZEIT pro Person noch 20 Euro für die große Runde bezahlt. Ich hoffe für dich, dass der Preis BISHEUTE stabil geblieben ist. Lohnt sich aber auf jeden Fall!

Tim: Zum Abrocken musst du unbedingt zum Prenzlauer Berg, da ist ABENDS jede Menge los. Gleich DIENSTAGABEND kannst du beim Karaoke mitmachen! Ansonsten gibt es in einigen Clubs VONMITTWOCHBISSAMSTAG häufig Livemusik. Aber vor allem SAMSTAGNACHT ist es hier überall proppenvoll.

Teste dich! – Groß- und Kleinschreibung

1 *Schreibe die nachfolgenden Titel für die in Berlin angebotenen Stadtführungen in der richtigen Schreibweise auf.*

unerwartete abenteuer im botanischen garten ______

berlins neue mitte ______

prächtige botschaften rund um den pariser platz ______

das preußische charlottenburg ______

der neue potsdamer platz ______

rund um den hackeschen markt ______

2 *a) Unterstreiche im folgenden Text hinter jeder Ziffer die dazugehörenden Eigennamen und Bezeichnungen.*
b) Notiere zu jeder Ziffer die Regel, die deren Schreibweise erklärt.

Aus dem Reiseführer: Hansaviertel

Schon zu **1** wilhelminischen Zeiten war das heutige Hansaviertel eine beliebte großbürgerliche Wohngegend. Nach der fast vollständigen Zerstörung im **2** Zweiten Weltkrieg wurde 1953 der Wiederaufbau als Mustersiedlung beschlossen, die 1957 dann Mittelpunkt der **3** Internationalen Bauausstellung war. An der Planung und Ausführung waren 48 Architekten aus 13 Ländern beteiligt. Besonders bemerkenswert sind der **4** achtgeschossige Wohnblock von Alvar Aalto[1] nahe der U-Bahn-Station Hansaplatz und in der Altonaer Str. 22 das Grips-Theater[2]. Im Hanseatenweg 10 findet sich auch eines der beiden Häuser der **5** Berliner Akademie der Künste.

1 **Alvar Aalto** (1898–1976): finnischer Architekt, Vertreter organischer Bauformen
2 **Grips-Theater:** sehr bekanntes Kinder- und Jugendtheater

1 ______
2 ______
3 ______
4 ______
5 ______

3 *In jedem Satz befindet sich bei einer Zeitangabe ein Rechtschreibfehler.*
Unterstreiche die Fehler und schreibe die Wörter in der richtigen Schreibweise auf. Schreibe in dein Heft.

A Es ist wohltuend, Früh morgens durch den Berliner Tiergarten zu spazieren.
B Sonntag abend sind die Diskos und Bars meistens weniger voll als am Freitag- und Samstagabend.
C Man muss beachten, dass das Pergamonmuseum jeden montag geschlossen hat.

Werte deine Ergebnisse aus, indem du deine Antworten mit dem Lösungsheft abgleichst.
Für jede richtige Antwort bekommst du einen Punkt.

14–10 Punkte *Gut gemacht!*	***9–6 Punkte*** *Gar nicht schlecht. Schau dir die Merkkästen der Seiten 45 bis 47 noch einmal an.*	***5–0 Punkte*** *Arbeite die Seiten 45 bis 47 noch einmal sorgfältig durch.*

Getrennt- und Zusammenschreibung

!

Verbindungen mit Verben
Verben können Verbindungen eingehen mit Nomen, Partikeln (▷ S. 50), Adjektiven und weiteren Verben.

Verben und Nomen
- Verbindungen aus Verben und Nomen werden **in der Regel getrennt geschrieben,** z. B.: „Job suchen".
- Ausnahmen: Verbindungen aus Verben und Nomen werden dann zusammengeschrieben, wenn das Nomen in seiner Bedeutung verblasst ist, z. B.: „eislaufen" (aber: „Eis verkaufen"), „nottun", „teilnehmen". Sie sind Verben und werden kleingeschrieben. Schlage im Zweifelsfall im Wörterbuch nach.

Nominalisierte Verbindungen aus Verb und Nomen, Verb und Partikel, Verb und Adjektiv sowie Verb und Verb werden zusammengeschrieben, z. B.: „das Jobsuchen", „das Zusammenfalten", „das Schnellarbeiten", „das Kassierenlernen".

1 *Schreibe die folgenden Sätze mit abgetrennten Wörtern und in richtiger Groß- und Kleinschreibung. Markiere Verbindungen aus Verben und Nomen sowie nominalisierte Verbindungen mit jeweils unterschiedlichen Farben.*

Schülerjob

jugendlichewollenamlebeninderkonsumgesellschaft teilhaben; dabeigehtesoftumsklamottenkaufen,tanzen gehenoderherunterladenderneuestenhandyklingeltöne.

keingrundzumschwarzsehen:jobsnebenderschulekönnenbeileeremgeldbeutelabhilfeschaffen.

elternundlehrermögendanochsosehrkopfstehen,schülerinnenundschülerdürfensichaussichtdesgesetzgebersinein emgewissenrahmenarbeitsuchen.

auchjugendlichesindimargumentefindengut: „esistdochbesser,dassichzeitungenaustrageodereisverkaufe,alsdass diepolizeimichbeimherumhängenundmusikhörenimparkerwischt."

einerstudiezufolgegehtesbeimjobbendenmeistenumsgeldverdienen,einigenumden„fun"-faktorundnochandere wollenerfahrungensammeln.

Verben und Partikeln

- Verb und Partikel werden **zusammengeschrieben,** wenn die Betonung auf der Partikel liegt. Partikeln sind Wortbestandteile,
  - die nicht flektiert werden können, wie z. B. Präpositionen (z. B.: „*an*rufen“, „*mit*kommen“, „*vor*sprechen“) oder Adverbien (z. B.: „*heraus*nehmen“, „*wieder*finden“, „*zusammen*packen“) oder
  - die Merkmale von frei vorkommenden Wörtern verloren haben (z. B.: „*dar*stellen“, „*überhand*nehmen“).
- Verb und Partikel werden **getrennt geschrieben,** wenn die Betonung auf Verb und Partikel liegt: „Den schweren Karton haben sie *zusammen* getragen.“ Aber: „Auf dem Bestellschein wird alles *zusammen*getragen.“ Achte auf die Sinnverschiebung!

2 *a) Kombiniere die Partikeln in der Tabelle mit Verben. Partikeln sind vorgegeben, suche zehn geeignete Verben.*
b) Schreibe zu jedem Verb, das du mit einer Partikel kombiniert hast, einen Satz in dein Heft.

Präpositionen	Adverbien	Bestandteile, die nicht frei vorkommen
ab-, an-, auf-, aus-, bei-, durch-, entgegen-, entlang-, gegen-, gegenüber-, hinter-, mit-, nach-, statt-, über-, um-, unter-, vor-, wider-, zu-, zwischen-	auseinander-, beisammen-, davon-, dazu-, dazwischen-, fort-, her-, heraus-, herein-, hinterher-, nieder-, rückwärts-, voran-, vorbei-, weg-, weiter-, wieder-, zurück-, zusammen-	abhanden-, anheim-, bevor-, dar-, entzwei-, hintan-, inne-, überein-, überhand-, umhin-, vorlieb-, zurecht-

3 *Schreibe die Verben nach ihrer Bedeutung getrennt oder zusammen in die Lücken. Jedes Verb wird zweimal eingesetzt.*

gegenüber?sehen | davon?gekommen | zusammen?spielen | da?bleiben

Da bei Susan vieles – Schule, Hobby, Freund und Job – ____________________ muss, hat sie für sich das Hundesitten entdeckt.

Beim Ehepaar Meier von nebenan ist sie gern gesehen, weil dieses sich durch Schichtdienst und einen sehr bewegungsfreudigen Hund immer wieder logistischen Problemen ____________________.

Wenn Susan auf ihren Spaziergängen die große Wiese erreicht hat, kann der Hund die Pferdekoppel ____________________ und versucht oft, sich loszureißen.

Da hilft nur ein: „Du sollst ____________________, wo du hingehörst! Bei Fuß!“ und meist gehorcht der Hund.

„Da sind wir noch einmal ____________________!“, ruft Susan erleichtert aus und kann noch eine Weile ____________________.

Und als Erklärung schiebt sie hinterher: „Das alles ist ____________________, dass dieser Hund nicht allein, sondern nur ____________________ kann.“

!

Verben und Adjektive
- Verbindungen aus Adjektiv und Verb werden **meistens getrennt geschrieben,** z. B.: „sauber fegen“.
- Haben Adjektiv und Verb zusammen eine neue Bedeutung, so werden sie zusammengeschrieben, z. B.: „sich krummlegen“ (große Anstrengungen unternehmen).
- Bezeichnet das Adjektiv das Ergebnis des Vorgangs, den das Verb benennt, so können Adjektiv und Verb zusammengeschrieben werden, z. B.: „blank putzen“/„blankputzen“.

4 *Ordne die zusammengeschriebene Verbindung von Verb und Adjektiv ihrer entsprechenden übertragenen Bedeutung zu. Ziehe eine Linie.*

falschspielen	einer Sache überdrüssig sein
kaltlassen	misslingen
klarmachen	zum Stillstand bringen
lahmlegen	Mühe verursachen
offenlegen	betrügen
richtigstellen	keine Gemütsregung verspüren
satthaben	Einblick gewähren
schiefgehen	korrigieren
schwerfallen	verdeutlichen

5 *Wähle passende Verbindungen aus und trage sie in die Lücken ein. Einige kannst du mehrfach verwenden. Achte auf die richtige Getrennt- und Zusammenschreibung. Wenn zwei Schreibweisen möglich sind, so schreibe zusammen und setze einen Strich | für die getrennte Variante. Schreibe in dein Heft.*

leer?räumen groß?schreiben sich bereit?finden sich krumm?legen nahe?bringen fertig?bringen stark?machen hoch?stapeln klar?machen wichtig?machen schwer?fallen

Jonas will seiner Mutter ______, dass er dringend mehr Taschengeld benötigt. Seine Mutter lacht nur. Warum solle sie sich ______, für Jonas' ausschweifende Hobbys zu zahlen? Wozu müsse er ständig ausgehen, wolle er sich ______? Sie jedenfalls werde sich für derartige Verschwendung nicht weiter ______. Jonas ist verzweifelt. Wie soll er es ______, an mehr Geld zu kommen? Am kommenden Tag schlendert Jonas an der Stadtbibliothek vorüber. Laut Aushang sucht man Schülerinnen und Schüler, die sich dafür ______ auszuhelfen. Es sind junge Leute gefragt, die Zuverlässigkeit ______. Auf Nachfrage erklärt man Jonas, er müsse Regale ______, neue Bücher bis zur Decke ______, Kindern interessante Bücher ______ und es ______, nebenher viel zu lesen. Jonas jubelt innerlich: Das alles wird ihm nicht ______. Er hat mehr Taschengeld und er kann seinem Hobby nachgehen, dem Lesen.

!

Verben und Verben

- Verbindungen aus zwei Verben werden getrennt geschrieben, z. B.: „arbeiten lernen“.
- Verbindungen mit „bleiben“ und „lassen“ als zweitem Bestandteil können zusammengeschrieben werden, wenn sie eine neue, übertragene Bedeutung haben, z. B.: „liegen bleiben“/„liegenbleiben“ (unerledigt bleiben).
- Die Verbindung „kennen lernen“/„kennenlernen“ darf grundsätzlich getrennt oder zusammengeschrieben werden.

6 *Unterstreiche die Schreibweise, die hier sinnvoll erscheint.*

Ob Schule oder Job

... morgens möchte jeder lieber liegen bleiben/liegenbleiben.
... bei Teamarbeit wird niemand sitzen gelassen/sitzengelassen.
... bisweilen scheint die Zeit stehen zu bleiben/stehenzubleiben.
... manchmal muss man einen liebgewonnenen Freund gehen lassen/gehenlassen.

7 *In der Schülerzeitung soll ein Artikel über die gesetzlichen Rahmenbedingungen eines Nebenjobs erscheinen. Verbessere den Text in Bezug auf die Getrennt- und Zusammenschreibung von Verben, indem du*
a) die Verben und ihre Verbindungswörter im Text unterstreichst,
b) bei falscher Schreibweise die korrigierte Fassung und die entsprechende Regel an den Rand schreibst,
c) bei einer anderen möglichen Schreibweise auch diese am Rand notierst.

VORSICHT FEHLER!

Jobben – Wer? Wann? Wo?

Kinder ab 13 Jahren dürfen mit Zustimmung ihrer Eltern jobbengehen. Dabei wird allerdings groß geschrieben, dass sie nach wie vor mit den schulischen Anforderungen zurechtkommen und gesundheitlich nicht zusammen klappen. Das heißt also: Kinder und Jugendliche können z. B. das Zeitungaustragen, Baby sitten oder Brötchen verkaufen kennen lernen. Auch ist es erlaubt, dass sie im Nachhilfeunterricht mit Kleineren lesen üben oder mit Nachbars Hund spazierengehen. Das Jobben gehen darf nur tagsüber zwischen 8:00 und 18:00 Uhr statt finden, wobei die Kinder bzw. Jugendlichen nicht vor der Schule und natürlich auch nicht während der Schulzeit arbeiten dürfen. Weiter ist Vorschrift, dass sie sich nur an Werktagen und nicht an Sonn- und Feiertagen an ihrer Arbeitsstelle blickenlassen. Damit im Rahmen des Jugendschutzes alles glattgeht, dürfen die Chefs ihre jungen Mitarbeiter nur maximal zwei Stunden am Tag malochenlassen. Es mag sein, dass übergeordnete Behörden Ausnahmeregelungen fürs langearbeiten geben können, wenn z. B. Jugendliche bei Film- oder Tonaufnahmen mitwirken oder Kinder für Kataloge modellstehen. Damit aber alles glattgeht, müssen hier Eltern, Schule, Arzt und Jugendamt überein stimmen. Grundsätzlich wird es kein Problem geben, wenn sich Kinder und Jugendliche auf Veranstaltungen von Schule, Kirche und Vereinen sehen lassen, weil sie damit den Gemeinschaftssinn stärken können.

Verb u. Verb i. d. R. getrennt

Teste dich! – Getrennt- und Zusammenschreibung

1 *Markiere die richtige Getrennt- oder Zusammenschreibung von Verb und Adjektiv sowie Verb und Partikel.*

Ferienjob

Wenn Langeweile anfängt, sich in der schulfreien Zeit breitzumachen/breit zu machen, dann ist es Zeit für einen Ferienjob. Für die Jobsuche kann ungefähr eine halbe Woche zusammenkommen/zusammen kommen. Die Jobbörse der Agentur für Arbeit oder andere Internetsuchbörsen wollen Jugendliche zufriedenstellen/zufrieden stellen, indem sie angeben, ob eine Arbeitsstelle zum Wohnort richtigliegt/richtig liegt. Auch kann es einen gut voranbringen/voran bringen, selbst bei Unternehmen anzurufen oder sich im Freundes- und Bekanntenkreis schlauzumachen/schlau zu machen. Bevor man sich über seine Entscheidung schwarzärgert/schwarz ärgert, sollte sich jeder fragen: Darf mein Ferienjob körperlich sein wie etwa das Arbeiten in einer Fabrik oder will ich dabeisitzen/dabei sitzen, zum Beispiel bei einem Aushilfsjob im Sekretariat?

2 *Schreibe die folgenden Sätze mit abgetrennten Wörtern und in richtiger Groß- und Kleinschreibung. Wenn zwei Schreibweisen möglich sind, so schreibe zusammen und setze einen Strich / für die getrennte Variante. Schreibe in dein Heft.*

Dasarbeitengehenindenschulferienistab15jahrengesetzlicherlaubt,sokönnenjugendlichez.b.inmanchenregionen obsterntenoderinferienseminarennachhilfegeben;aufgutbezahlteschichtarbeitinfabrikenwerdensiebiszuihrem18. lebensjahrwartenmüssen.

Nichtlängeralsachtstundenamtagundfünftagediewochedürfensichjugendlicheanihrerarbeitsstellesehenlassen,um denbestimmungendesjugendarbeitsschutzgesetzesstandzuhalten.

Projahrdürfenschulpflichtigejungenundmädchenmaximal20tagearbeitengehen,wobeisiedafürauchkeinesozial abgabenzahlenmüssen.

3 *Der folgende Text enthält 15 richtige und 9 falsche Schreibweisen bei der Getrennt- und Zusammenschreibung von Verben. Markiere die richtigen Schreibweisen gelb, die falschen grün.*

VORSICHT FEHLER!

Aushilfe im Eiscafé gesucht!

Wie jeden Sommer, wenn die Gäste Schlange stehen, um sich in unserem Eiscafé beim Kuchen essen und Kaffeetrinken entspannen zu wollen, suchen wir patente Schülerinnen und Schüler, die gutarbeiten.
Da gibt es erst einmal die Standardarbeiten: Gläser und Teller sauberpolieren, servieren, Tische leerräumen und natürlich beim Kassieren genau rechnen. Dazukommen die Ausnahmesituationen: Wenn du dich bei schönem Wetter an den vollen Tischen vorbei schlängelst, ist das wie jonglieren üben im Zirkus. Oder: Manch ein Stammgast liebt das Autofahren auch nach fünf Amarettobechern; dann wirst du darauf achten müssen, dass nichts schief geht und er in Zukunft vielleicht besser Rad fährt.
Das ununterbrochene freundliche Lächeln und Tischabwischen kann einen schon mürbemachen, doch auch wenn der Ansturm noch so groß ist, dürfen deine Nerven nicht verrückt spielen. Dafür ist es umso schöner, wenn sich alle Mitarbeiter – bevor sie Heim gehen – zu einem Eis auf die Hand zusammenfinden und sich langsam Entspannung breitmacht. Am nächsten Tag möchten wir dann wiedersehen, wie du voll Tatendrang zu uns anderen dazustößt.

Werte deine Ergebnisse aus, indem du deine Antworten mit dem Lösungsheft abgleichst. Für jede richtige Antwort bekommst du einen Punkt.

35–28 Punkte *Gut gemacht!*	**27–18 Punkte** *Gar nicht schlecht. Schau dir die Merkkästen der Seiten 49 bis 52 noch einmal an.*	**17–0 Punkte** *Arbeite die Seiten 49 bis 52 noch einmal sorgfältig durch.*

Fremdwörter

!

Fremdwörter sind aus anderen Sprachen ins Deutsche übernommene Wörter. Man kann sie häufig an ihren **Suffixen** und **Präfixen** erkennen:
Nomen haben oft die Suffixe **-(t)ion, -eur, -age, -ie,** z. B.: „Instruk**tion**", „Amat**eur**", „Blam**age**", „Liturg**ie**".
Bei **Verben** gibt es oft das Suffix **-ieren,** z. B.: „protokoll**ieren**", „deklam**ieren**".
Adjektive haben oft das Suffix **-iv** oder **-(i)ell,** z. B.: „konstrukt**iv**", „konzeption**ell**", „virtu**ell**".
Präfixe, wie z. B.: **in-, inter-, mono-, uni-, ex-,** verweisen auf ein Fremdwort: „**in**akzeptabel", „**inter**aktiv", „**mono**gam", „**uni**lateral", „**ex**plosiv".

1 *Trage die richtigen Begriffe ein.*

1 Vorwegnahme zukünftigen Geschehens
2 mitschwingende, nicht ausgesprochene Bedeutung eines Wortes
3 anderes Wort für Explosion
4 künstlerische Kombination von Materialien zu einer Skulptur oder zu einem Bild
5 komische Nachahmung, z. B. einer Person oder eines literarischen Werkes
6 einfacher Vokal (kein Diphthong)
7 lebendig geschriebener Bericht, der auch persönliche Wertungen enthält
8 Analysieren von Eigenheiten einer literarischen Figur (gesucht ist ein Verb)
9 Beschwerde, Beanstandung
10 einführender Teil eines Dramas
11 Vermenschlichung lebloser Dinge
12 Wiedergabe eines Textinhalts oder einer Äußerung Dritter mit eigenen Worten (gesucht ist ein Verb)
13 lateinisches Wort für besitzanzeigend, z. B. für ein Pronomen verwendet
14 gleicher Anlaut betonter Silben in aufeinanderfolgenden Wörtern, z. B.: „lange lockte Lises Lachen"

Kreuzworträtsel für Könner

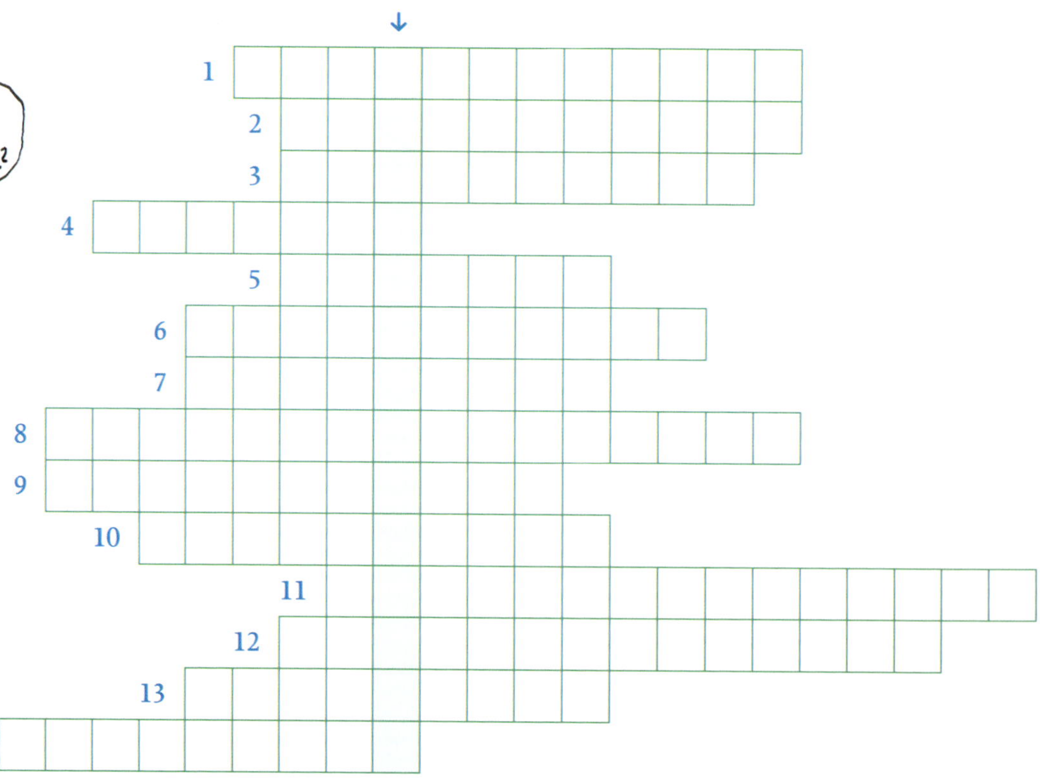

2 *Erkläre die Bedeutung des unterlegten Begriffs mit eigenen Worten.*
Falls dir keine Erklärung einfällt, schlag in einem Fremdwörterbuch nach.

3 *a) In diesem Suchrätsel sind 12 Wörter waagerecht, senkrecht, vorwärts und rückwärts versteckt. Umkreise diese.*
b) Schreibe die Wörter dann auf. Ergänze bei Nomen die Artikel und notiere in Klammern die Bedeutung.

H	E	E	N	E	R	E	I	Z	I	J	N	I	Q
K	K	S	I	X	V	I	T	I	U	T	N	I	Q
F	E	P	C	P	B	A	N	D	A	G	E	L	X
G	U	J	H	L	E	T	H	A	R	G	I	E	X
Q	A	S	S	O	Z	I	I	E	R	E	N	Q	L
C	O	S	X	D	V	I	S	U	L	K	X	E	V
N	E	R	E	I	S	I	H	T	A	P	M	Y	S
A	N	E	R	E	I	N	N	O	B	A	O	X	L
I	N	T	E	R	V	E	N	I	E	R	E	N	R
A	G	G	R	E	S	S	I	O	N	N	N	M	J
K	H	K	O	N	T	R	O	L	L	E	U	R	B

injizieren (spritzen)
___
___
___
___
___
___
___
___
___
___

4 *a) Verbinde die Buchstaben durch eine Schlangenlinie zu einem sinnvollen Wort.*

1

N	I	E
O	Z	E
M	E	R

2

I	O	N
X	E	L
R	E	F

3

R	U	C
F	E	H
F	U	A

4

			N
A	T	I	O
N	D	E	T
I	M	R	E

5

D	O	M
A	Z	T
L	S	A

6

O	T	H	E
N	O	M	I
S	U	M	S

b) Schreibe jedes Wort auf und notiere die Bedeutung. Schlage gegebenenfalls in einem Fremdwörterbuch nach.

1 Zeremonie: feierliche Handlung
4 ___
2 ___
5 ___
3 ___
6 ___

5 *Streiche die falsch geschriebenen Wörter durch. Präge dir das richtige Schriftbild ein, indem du die Wörter noch einmal richtig in die rechte Spalte schreibst. Wenn du unsicher bist, schlage im Wörterbuch nach.*

			richtige Schreibweise	**Bedeutung**
Reparratur	Reperatur	Reparatur		Instandsetzung
Konjugazion	Conjugation	Konjugation		
paralell	parellel	parallel		
Apperat	Apparat	Aparat		
Engjambemont	Enjambement	Onjampmont		
Karikatur	Karrikatur	Kariekatur		

Wiederholung: Zeichensetzung

TIPP

- Zwischen Haupt- und Nebensatz (**Satzgefüge** ▷ S. 36) steht ein Komma. Eingeschobene Nebensätze werden durch paariges Komma eingeschlossen.
- Bei **Infinitivsätzen** (▷ S. 42) sollte das Komma zur Leserfreundlichkeit und zum eindeutigeren Verständnis gesetzt werden.
- Teilsätze in **Satzreihen** (▷ S. 36) werden in der Regel durch Komma abgegrenzt.
  - Vor den Konjunktionen „und“ und „oder“ kann, vor „denn“ muss ein Komma stehen.
  - Ein Komma muss vor „aber“, „doch“, „jedoch“, „sondern“ stehen.
- **Appositionen** (Einschübe im Satz) werden zwischen zwei Kommas gesetzt.
- **Aufzählungen** werden durch Komma aneinandergereiht. Ein „und“, „oder“ oder „sowie“ schließt ohne Komma an, z. B.: „Stephen Hawking ist Astrophysiker, erfolgreicher Sachbuchautor, vielleicht der berühmteste lebende Wissenschaftler sowie vielfach ausgezeichnet – nur nicht mit dem Nobelpreis.“

1 *a) Setze im folgenden Text die fehlenden Kommas.*
b) Notiere über den Zeilen, warum diese Kommas gesetzt werden müssen.

Schwerelos trotz Rollstuhl

Apposition

Vor unserem Universum, dem einzig bekannten, könnte bereits ein anderes mit umgekehrter Zeitrichtung existiert haben. Der Urknall wäre dann nur eine Art Übergang gewesen eine Brücke zwischen den Zeiten. So einfach lässt sich die neue aber hochkomplizierte Erklärung des Urknalls zusammenfassen, mit der der Astrophysiker Stephen Hawking die Fachwelt provoziert.

Stephen Hawking ist gelähmt er sitzt im Rollstuhl und kann sich seiner Umwelt nur mit Hilfe eines Sprachcomputers verständlich machen. Doch er ist hochintelligent und in seinen Gedanken erforscht er nichts Geringeres als das Universum den Beginn der uns bekannten Zeit im Urknall bis zu deren Ende in Schwarzen Löchern. Mit Unterstützung vieler Mitarbeiterinnen und Mitarbeiter und mit eigenen mathematischen Techniken vollbringt Hawking unbestritten Spitzenforschung. Weil sich aber seine Theorien kaum durch Messungen überprüfen lassen wird er vermutlich niemals den Nobelpreis für Physik erhalten.

Seine Berühmtheit eine unwidersprochene Tatsache geht weniger auf Hawkings Forschung als auf seine schwere Behinderung zurück. Eine weit fortgeschrittene Muskellähmung fesselt sein Genie in einen inzwischen fast bewegungsunfähigen Körper. Nach Jahrzehnten im Rollstuhl wurde Hawking 2007 ein Traum erfüllt. Er konnte an einem Parabelflug teilnehmen das ist ein Flugmanöver bei dem ein Flugzeug eine zur Erdoberfläche geöffnete Parabel beschreibt. Dabei entsteht für ganz kurze Zeit im freien Fall Schwerelosigkeit. Stephen Hawking genoss dieses Gefühl offenbar sehr denn nun möchte er gern ins All fliegen.

Zeichensetzung bei Zitaten

Regeln des Zitierens

- Zitate werden am Anfang und am Ende durch Anführungszeichen kenntlich gemacht. Doppelte Anführungszeichen in einem Zitat werden als ‚einfache' Anführungszeichen wiedergegeben.
- Zitate, die einen vollständigen Satz bilden, stehen allein und werden durch Doppelpunkt abgetrennt.
- Innerhalb des durch Anführungszeichen gekennzeichneten Zitats darf der Originaltext nicht verändert werden. Geringfügige Änderungen, die z. B. durch das Einfügen des Zitates in den Satz notwendig sein können, werden in eckige Klammern gesetzt: [ ].
  Auslassungen werden durch [...] gekennzeichnet.
- Nach einem Zitat wird am Ende des Satzes oder Abschnitts in einer Klammer die Textstelle in Kurzform angegeben: „...“ (S. zz, Z. xy) oder ggf. (Z. xy), falls nur eine Seite vorliegt.
- Kurze Zitate werden in einen selbst formulierten Satz integriert.
- Zitate sollten sparsam eingesetzt werden – nur dann, wenn es um eine besonders wichtige Aussage, einen prägnanten Ausdruck oder eine auffällige Formulierung des fremden Textes geht.

1 *Carina arbeitet an einer Analyse von Franz Kafkas „Brief an den Vater“. Sie bezieht sich auf die nachfolgende Textstelle. Prüfe die Zitate auf ihrem Entwurfsblatt und schreibe jedes Zitat fehlerfrei auf.*

Du hast dein ganzes Leben lang schwer gearbeitet, alles für deine Kinder, vor allem für mich geopfert, ich habe infolgedessen „in Saus und Braus“ gelebt, habe vollständige Freiheit gehabt, zu lernen, was ich wollte, habe keinen Anlass zu Nahrungssorgen, also zu Sorgen überhaupt gehabt; du hast dafür keine Dankbarkeit verlangt, du kennst die „Dankbarkeit der Kinder“, aber doch wenigstens irgendein Entgegenkommen, Zeichen eines Mitgefühls; stattdessen habe ich mich seit jeher vor dir verkrochen, in mein Zimmer, zu Büchern, zu verrückten Freunden, zu überspannten Ideen; offen gesprochen habe ich mit dir niemals [...].

Kafka sagt über seinen Vater, dieser habe sein „ganzes Leben lang schwer gearbeitet“.

___

Du hast dein ganzes Leben lang schwer gearbeitet, alles für deine Kinder, vor allem für mich geopfert (Z. 1–2), so schreibt Kafka an seinen Vater.

___

Kafka gibt an, „ich habe infolgedessen „in Saus und Braus“ gelebt“ (Z. 2–3), was meiner Meinung nach zwischen Selbstanklage und Ironie schwankt.

___

___

Vermutlich meint Kafka mit „vollständiger Freiheit“ (Z. 4) ein Leben ohne existenzielle Sorgen.

___

Kafka versteht den Vater. Er nimmt dessen Sicht der Dinge ein, wenn er sich selbst beurteilt. „Verrückte Freunde, überspannte Ideen.“ (Z. 11–12)

___

___

Texte überarbeiten

Das (Bewerbungs-)Anschreiben: Top oder Flop?

Für den Erfolg einer Bewerbung ist das Anschreiben von größter Bedeutung. Über den informativen und logisch aufgebauten Inhalt hinaus wird sprachliche und formale Sorgfalt erwartet.

1 *Verona bewirbt sich um einen Ausbildungsplatz als Buchhändlerin. Sie hat ein Anschreiben entworfen, das überarbeitet werden muss. Lies Veronas Anschreiben.*

VORSICHT FEHLER!

10.02.2009

Altdorfer Buchhandlung
Personalabteilung
Koblenzer Straße 10
53179 Bonn

V. Buch
Siebengebirgsweg 4
53179 Bonn

Bewerbung um ein Ausbildungsplazt als Buchhändler

hiermit bewerbe ich mich um ein Ausbildungsplatz bei ihnen in der Buchhandlung, weil ich werde im Sommer die Schule abschliessen. Seit vielen Jahren bin ich ihr Kunde und empfinde die Athmospäre als sehr angenehm. Die große Auswahl der Bücher verschiedener Sparten, z. B. die große Kinder- und Jugendbuchbuchabteilung und ihr Schwerpunkt im Bereich Belletristick sind beeindruckend. Ich bin freundlich offen und schäze den Umgang mit anderen Leuten. Ich besize schulische Grundkenntnisse im Bereich ITG. Ich kann mich auf Englisch und Französisch verständigen. Auch Präsentazionen im Bereich freier und spontaner Rede sind für mich kein Hinderniss. Die Liebe zu Büchern begleitet mich schon von kleinauf. Weil ich war Schulsiegerin beim Vorlesewettbewerb im Jg. 6 und in späteren Jahren Jurimitglied bei diesen veranstaltungen. Ausserdem habe ich mitgeholfen eine Lesenacht für Jg. 5–7 zu organisiren und durchzuführen. Ich habe mich ausserdem beim Aufbau der Schul-Bibliotek engagiert. Im vergangenen Schuljahr habe ich In den Osterferien ein Praktikum in der Buchhandlung am Markt absolwiert und in den Sommerferien dort ausgeholfen In den Herbstferien habe ich in der Statbibliothek ein weiteres Praktikum absolvirt. Beide Praktiken fand ich sehr spannend und ich bin mir sicher das dieses Berufsfeld meinen Fähigkeiten und Interessen entspricht. Ich würde mich freuen wenn sie mich zu einem Vorstellungsgespräch einläden. Mein Lebenslauf und einen Fotocopie des letzten Zeugnisses lege ich diesem Schreiben bei.

Mit freundlichen Grüssen.

Verona Buch

Anlagen
Lebenslauf
Zeugniss
Bescheinigungen über Praktiken
Schulische Referentzen

ARBEITSTECHNIK

Eine persönliche Textlupe anlegen
Eine persönliche Textlupe hilft, Fehlerschwerpunkte zu ermitteln und sie gezielt zu beheben. ▷ S. 8
Nutze das Raster auf dieser Seite als Grundlage für die Erarbeitung einer eigenen Textlupe.
Verwende sie systematisch zur Überarbeitung deiner Texte.

2 *a) Kennzeichne mit rotem Stift Veronas Fehler und notiere am Rand die Korrekturzeichen.*
b) Ordne Veronas Fehler der folgenden Textlupe zu und kreuze Fehlerschwerpunkte an.

Textlupe: sprachliche Richtigkeit

	Zahl der Fehler	Fehlerschwerpunkt: ja	nein
1. Rechtschreibung *R*			
Großschreibung	___	☐	☐
das/dass	___	☐	☐
getrennt/zusammen	___	☐	☐
s/ß/ss	___	☐	☐
Fremdwörter	___	☐	☐
Sonstiges	___	☐	☐
2. Zeichensetzung *Z*			
Kommas	___	☐	☐
Zeichen bei Zitaten	___	☐	☐
Sonstiges	___	☐	☐

	Zahl der Fehler	Fehlerschwerpunkt: ja	nein
3. Grammatik *Gr*			
☐ z. B.: Kongruenz (grammatische Übereinstimmung zwischen Satzgliedern/in Wortgruppen)	___	☐	☐
☐ z. B.: Kasus (v. a. + Präpositionen)	___	☐	☐
Tempus *T*	___	☐	☐
Modus (v. a. Konjunktiv) *M*	___	☐	☐
falscher Satzbau *Sb*	___	☐	☐
4. Ausdruck *A*			
falsche Wortwahl *W*	___	☐	☐
Füllwörter, abwechslungsreiche Wortwahl/Wiederholung *Wdh*	___	☐	☐

3 *Auch formal weist Veronas Anschreiben einige Schwächen auf.*
a) Kennzeichne die formalen Fehler mit blauem Stift und notiere in der Randspalte stichwortartig Verbesserungsvorschläge.
b) Verwende die nachfolgende Textlupe, um zu prüfen, ob du alle Fehler entdeckt hast. Gleiche mit den Lösungen zu Aufgabe 4 a) ab und kreuze an.

Textlupe: formale Richtigkeit	entdeckt	nicht entdeckt
Briefkopf: Name, Adresse, Ort und Datum (rechtsbündig), Empfängeranschrift	☐	☐
Bezugszeile/Informationszeile	☐	☐
Anrede	☐	☐
Text mit Begründung (Eignung, Grund der Bewerbung)	☐	☐
Übersichtliche Gliederung mit Absätzen	☐	☐
Bitte um Vorstellungsgespräch	☐	☐
Grußformel	☐	☐
Vollständige Unterschrift	☐	☐
Anlagen	☐	☐

4 *a) Schreibe den korrigierten Text – am PC oder in dein Heft. Achte auf sprachliche und formale Richtigkeit.*
b) Verwende die beiden Textlupen, um deinen Text zu überarbeiten: Ist er nun perfekt?

Reden/Appellative Texte untersuchen

ARBEITSTECHNIK

Eine politische Rede/Einen appellativen Text analysieren

1. Lese- und/oder Höreindruck
Nach dem ersten Lesen oder Hören sollte man zunächst spontane Eindrücke und Auffälligkeiten festhalten: Was kann ich sogleich als Thema und Redeziel verstehen sowie als Wirkung erleben? (Verstehensansatz)

2. Aspekte der Analyse und Deutung
- Redeanlass, z. B.: aktuelles Ereignis, Problemlage, Neuausrichtung der Politik
- Redesituation (Inszenierung), z. B.: historisch-politische Bedingungen, Medieneinsatz, Publikum
- Inhalt, z. B.: Informationen, Fakten, Ereignisse, Programme
- Aufbau und Argumentation der Rede, z. B.: These – Antithese, sachliche/emotionale/polemische ... Argumente, Beispiel/Zitate ...
- Redestrategien, z. B.: Aufwertung, Abwertung, Versprechungen, Drohungen
- sprachliche Gestaltung: Wortwahl (Schlüsselwörter, Leitbegriffe, Klischees ...), Stil (Umgangssprache, Hochsprache ..., feierlicher Ton, aggressiver Ton ...), sprachlich-rhetorische Mittel (Akkumulation, Alliteration, Euphemismus ...), Satzbau (hypotaktisch, parataktisch)
- Redeziele und Wirkungen: Botschaft, Wirkung auf Zeitgenossen (Quellen), auf heutige Leser/innen ...

3. Auseinandersetzung, Stellungnahme und Bewertung
Mögliche Aspekte: ideologische Einordnung vornehmen, Manipulation aufdecken, in zeithistorischen Kontext einordnen ...

1 a) *Lies die Rede der damaligen Bundesministerin Renate Schmidt zweimal konzentriert durch. Kennzeichne beim zweiten Lesen Wichtiges oder Auffälliges mit Bleistift.*
b) *Halte in Stichworten deine ersten Eindrücke und Erkenntnisse zur Rede fest (z. B.: zum Thema, zu Redezielen, zu sprachlichen Auffälligkeiten). Schreibe in dein Heft.*

Rede von Frau Bundesministerin Renate Schmidt zur Ausstellungseröffnung der Widerstandsgruppe „Die Weiße Rose“ am 30. 03. 04 in Berlin

Sehr geehrter Herr Bundestagspräsident,
sehr geehrte Abgeordnete des Deutschen Bundestages,
sehr geehrte Vertreter und Vertreterinnen der „Weiße Rose Stiftung“,
lieber Franz Josef Müller,
sehr geehrte Damen und Herren,

Sophie Scholl sagte in ihrer Verhandlung vor dem Volksgerichtshof: „Was wir sagten und schrieben, denken ja so viele. Nur wagen sie nicht, es auszusprechen.“
Wer damals dem Nationalsozialismus widersprach, begab sich in Lebensgefahr, und viele, die es dennoch taten, wie Sophie Scholl und andere Mitglieder der Weißen Rose, kamen darin um.
Heute leben wir in einem freiheitlich-demokratischen Rechtsstaat und nicht in einem „totalitären“ Staat. Heute bedarf es keines besonderen Mutes, Zivilcourage zu zeigen. Heute besteht für niemanden Lebensgefahr.
Wir, die wir für unser demokratisches Gemeinwesen eintreten, sind die Mehrheit und die, die rechtsextrem, fremdenfeindlich denken und gewalttätig sind, in der Minderheit. Doch dieser Minderheit darf kein Fußbreit Raum gelassen werden.
In den letzten Jahrzehnten gab es über 1000 Schändungen jüdischer Friedhöfe. Zu viele Menschen sind von rassistisch eingestellten Tätern und Täterinnen erschlagen, erstochen, aus fahrenden Zügen geworfen, zu Tode gehetzt oder verbrannt worden.
Diese Gewalttaten sind eine Kampfansage an unser demokratisches Gemeinwesen, die wir ganz entschieden beantworten müssen. Wir dürfen es nicht zulassen, dass Menschen bei uns durch Gewalt, Beleidigung oder Diskriminierung verletzt werden. Wir alle sind aufgefordert, hinzuschauen, was läuft falsch, was können und müssen wir tun, wo müssen wir protestieren?
Mit der Wanderausstellung „Die Weiße Rose – der Widerstand von Studenten gegen Hitler – München 1942/1943“ haben Otl Aicher und Franz J. Müller und die „Weiße Rose Stiftung“ die erste authentische Darstellung der „Weißen Rose“ realisiert. Unter Mitwirkung von Teilnehmenden der „Weißen Rose“ und Angehörigen der Hingerichteten stellen sie beispielhaft das histo-

risch-politische Umfeld von 1933 bis 1945, das Entstehen der studentischen Widerstandsgruppe „Weiße Rose“ und deren Aktionen dar. Ihnen ist es gelungen, aus Aussagen von Zeitzeugen und bekanntem und auch bisher unbekanntem Bild- und Textmaterial aus privaten und öffentlichen Beständen eine anschauliche und überzeugende Präsentation zu konzipieren.

Eine Präsentation, die zum Nachdenken anregt. Zum Nachdenken über die Ursachen, Zusammenhänge und Folgen der nationalsozialistischen Gewaltherrschaft. Zum Nachdenken darüber, wann wir selbst etwas machen müssen, um verantwortlich zu handeln. Wie es die Mitglieder der „Weißen Rose“ taten.

Sie begaben sich in Lebensgefahr, weil sie widersprachen, weil sie aktiv Verantwortung übernahmen, weil sie nicht geschehen ließen. Sie sind unser aller Vorbilder des Widerstands und des Freiheitswillens.

Daher begrüße ich es sehr, dass seit dem 22. Februar dieses Jahres, dem 60. Todestag von Sophie Scholl, ihre Büste stellvertretend für alle bekannten und unbekannten Persönlichkeiten des Widerstands im Dritten Reich in der Walhalla aufgestellt wurde. Sie zieht damit als fünfte Frau in den Bayerischen Olymp, eines der bedeutendsten deutschen Nationaldenkmäler, ein. Sie findet Platz neben Feldherren, aber auch neben Goethe und Schiller, Beethoven und Bach, Bismarck und Barbarossa.

Das Aufstellen der Büste war nicht unumstritten. Ich selbst bin seit 1998 sehr für die Aufnahme Sophie Scholls eingetreten. Denn die deutsche Geschichte ist nicht nur von Feldherren, Kaisern und Künstlern geprägt, sondern auch vom Widerstand gegen einen totalitär auftretenden Staat.

Daher kann ich meiner Kollegin Hildegard Kronawitter, die erreicht hat, Sophie Scholls Büste in der Walhalla aufnehmen zu lassen, nur beipflichten, wenn sie sagt: „Sophie Scholl ist ein Vorbild demokratischer Gesinnung, Mut und Zivilcourage. Gerade in der heutigen Zeit rechtsradikaler Gewalt in Deutschland brauchen wir nicht nur eine negative Abgrenzung gegen rechts, sondern mit der Aufnahme der Büste Sophie Scholls in die Walhalla auch ein positives Vorbild.“

Und: Als Kultstätte für Rechte ist die Walhalla damit wertlos – ich denke, das hätte Sophie Scholl gefallen. [...]

Für Jugendliche ist es heute zweifellos schwierig, sich das ungeheure Geschehen und die Gräuel des Nationalsozialismus vorzustellen. Zeitzeugen gibt es immer weniger. Sie können ihre Stimme immer seltener erheben, nicht mehr erzählen, wie sie diese Zeit wahrgenommen haben. [...]

Die Bundesregierung beabsichtigt die Stärkung der demokratischen Kultur und des zivilen Engagements gerade auch bei jungen Menschen. Die Bekämpfung von Rechtsextremismus, Fremdenfeindlichkeit und Antisemitismus, ihre Entstehungsgründe und Erscheinungsformen haben für uns hohe Priorität.

Mit dem umfassenden Aktionsprogramm „Jugend für Toleranz und Demokratie – gegen Rechtsextremismus, Fremdenfeindlichkeit und Antisemitismus“ stärkt die Bundesregierung demokratisches Verhalten und ziviles Engagement und fördert Toleranz und Weltoffenheit.

Ich begrüße sehr, dass auch die Wanderausstellung „Zerreißt den Mantel der Gleichgültigkeit“ im Rahmen dieses Programms Fördermittel erhalten konnte.

Das ist gut angelegtes Geld, denn unsere Demokratie braucht aktive Beteiligung junger Menschen.

Das Ausstellungs- und Jugendprojekt der „Weiße Rose Stiftung“ hat sehr gute Erfahrungen damit gemacht, dass junge Menschen eigene Projekte entwickeln und diese in Eigenverantwortung umsetzen. Die Mobilisierung der Jugend für die Jugend gegen Rechtsextremismus und Fremdenfeindlichkeit ist wichtig, da sie ihre eigenen Wege zur Vermittlung von Toleranz und Demokratie findet.

„Jeder ist verantwortlich für das, was er geschehen lässt.“ Mit diesem Satz aus einem Flugblatt der Weißen Rose möchte ich deshalb enden. Er galt damals und er gilt heute.

Sehr gerne bin ich heute hierher gekommen, um eine Ausstellung zu eröffnen, die ihresgleichen sucht, eine Ausstellung, die zeigt, dass wir alle diesen Satz ernst nehmen und ernst nehmen müssen. Wir tragen Verantwortung dafür, was geschieht, was wir geschehen lassen!

www.bundestag.de/ausstellung/parl_hist/rose/rede_renate_schmidt

2 *a) Markiere im Text die Passagen, die Hinweise auf den Anlass der Rede und die Redesituation geben.*
b) Ergänze diese Informationen durch eine Recherche im Internet, z. B. unter www.weisse-rose-stiftung.de und www.bundestag.de/ausstellung/parl_hist/rose/grusswort.html.
c) Fasse deine Ergebnisse kurz in einem zusammenhängenden Text zusammen.

3 *Gliedere die Rede in Sinnabschnitte und halte den Inhalt eines jeden Abschnitts in einer Überschrift oder einem Satz fest.*

Z. 1–6: Anrede und Begrüßung

4 *Kläre den argumentativen Aufbau der Rede, indem du folgende Thesen jeweils um ein oder mehrere Argumente aus dem Text vervollständigst. Führe Textbelege an.*

Die von der Rednerin eröffnete Wanderausstellung ist ein wichtiger Beitrag für die Sicherung des demokratischen Gemeinwesens, weil

Die Aufnahme Sophie Scholls in das bedeutende deutsche Nationaldenkmal „Walhalla" ist berechtigt, denn

Jugendliche selbst sollen Projekte für Jugendliche gegen Antisemitismus und Fremdenfeindlichkeit entwickeln und durchführen, da

5 *a) Überprüfe anhand des Redetextes, welche der folgenden Redestrategien die Rednerin verwendet. Kreuze an.*

kämpferische Strategien		offene Strategien	
☐ A	Aufwertung der Wir-Gruppe	☐ 1	Information
☐ B	Abwertung der Gegner	☐ 2	Kritik und Selbstkritik
☐ C	Polarisierung durch Freund- und Feindbilder	☐ 3	Offenlegung der Ziele
☐ D	Verdächtigung	☐ 4	Offenlegung von Maßstäben
☐ E	Beschwichtigung	☐ 5	rationale Argumentation
☐ F	Desinformation	☐ 6	Beruhigung
☐ G	Verharmlosung	☐ 7	Lob, Ermutigung
☐ H	Emotionalisierung	☐ 8	Rat
☐ I	Diffamierung	☐ 9	Dank
☐ J	Umdeutung, Verzerrung anderer Positionen	☐ 10	Brückenbauen, Konsensfindung
☐ K	Drohung, Kampfansage	☐ 11	Angebot, Vermittlung
☐ L	Sündenbock-Methode, Schuldzuweisung	☐ 12	Mahnung

b) Ordne die angekreuzten Redestrategien konkreten Textstellen zu. Arbeite dazu mit Markierungen und Randbegriffen auf S. 60–61.

c) Schreibe einen kurzen Text zu den Redestrategien von Renate Schmidt, in dem du
- ☐ *diese Strategien benennst und belegst,*
- ☐ *sie in einen Zusammenhang bringst und*
- ☐ *sie mit Blick auf die Redesituation „Ausstellungseröffnung" erläuterst.*

Arbeite in deinem Heft.

6 *a) Ordne die Zitate aus der Rede den sprachlichen Mitteln zu. Mehrfachzuordnungen sind möglich.*
b) Findest du weitere Beispiele für diese Mittel im Text? Lege eine Sammlung in deinem Heft an.

Anapher: Wiederholung eines Wortes oder einer Wortgruppe am Anfang aufeinanderfolgender Sätze.

„Sie begaben sich in Lebensgefahr, weil sie widersprachen, weil sie aktiv Verantwortung übernahmen, weil sie nicht geschehen ließen." (Z. 55–57)

Aufzählung, Akkumulation: Reihung von Begriffen zu einem genannten oder nicht genannten Oberbegriff.

„Wer damals dem Nationalsozialismus widersprach, begab sich in Lebensgefahr. […] Heute besteht für niemanden Lebensgefahr." (Z. 10–17)

Alliteration: Wiederholung des Anfangslautes von direkt oder kurz aufeinanderfolgenden Wörtern.

„Zu viele Menschen sind von rassistisch eingestellten Tätern und Täterinnen erschlagen, erstochen, aus fahrenden Zügen geworfen, zu Tode gehetzt oder verbrannt worden." (Z. 24–27)

Kontrast: Betonte Gegenüberstellung von Begriffen gegenteiliger Aussage

„Er galt damals und er gilt heute." (Z. 119 f.)

Parallelismus Folge von mehreren Sätzen oder Satzgliedern, die gleich gebaut sind.

„Wir alle sind aufgefordert, hinzuschauen, was läuft falsch, was können und müssen wir tun, wo müssen wir protestieren?" (Z. 32–34)

c) Beschreibe die Wirkung, die der Einsatz der sprachlichen Mittel jeweils hat. Belege jeweils am Text. Folgende Begriffe können dir dabei helfen.

Nachdruck · Anschaulichkeit · Betonung · Aufmerksamkeit · Adressateneinbezug · Eindringlichkeit · Verdeutlichung · Emotionalisierung

7 *a) Positiv besetzte Leitbegriffe bezeichnen etwas, dessen hoher Wert gesellschaftlich unangefochten ist und deshalb nicht weiter begründet oder legitimiert werden muss, z. B. „Frieden" oder „Freiheit".*
Lege eine Liste positiver Leitbegriffe aus dem Text an. Notiere in Klammern dahinter jeweils die Textbelege.

Zivilcourage (Z. 16),

b) Liste auch negativ belegte Reizwörter mit den entsprechenden Textstellen auf.

Nationalsozialismus (Z. 10), „totalitär" (Z. 15),

8 *a) Beschreibe den Satzbau der folgenden Textstelle.*

„Eine Präsentation, die zum Nachdenken anregt. Zum Nachdenken über die Ursachen, Zusammenhänge und Folgen der nationalsozialistischen Gewaltherrschaft. Zum Nachdenken darüber, wann wir selbst etwas machen müssen, um verantwortlich zu handeln. Wie es die Mitglieder der ‚Weißen Rose' taten." (Z. 52–54)

b) Welche Wirkung hat dieser Satzbau? Welche weiteren sprachlichen Mittel werden genutzt, um die Wirkung noch zu verstärken?

9 *Formuliere auf der Grundlage deiner bisherigen Analyse-Ergebnisse die Ziele, die Renate Schmidt mit ihrer Rede verfolgt. Die nachfolgende Tabelle gibt dir dazu Hilfestellungen.*

Das übergeordnete Ziel der Rede		
Weitere Redeziele, die mit dem Anlass verbunden werden		
Appelle	**Selbstdarstellung der Rednerin**	**Selbstdarstellung der Bundesregierung**

10 *Nimm Stellung zu Inhalt und Gestaltung der Rede. Berücksichtige*
- *die Legitimität der Redeziele,*
- *die Angemessenheit der Inhalte im Hinblick auf den Redeanlass/die Redesituation,*
- *die Klarheit, Verständlichkeit und Überzeugungskraft der Argumentation,*
- *die Effektivität der eingesetzten Redestrategien und der sprachlich-rhetorischen Mittel.*

Schreibe in dein Heft.

Teste dich! – Politische Reden analysieren

1 *Kreuze an, welche der folgenden Aussagen zutreffen und welche nicht.*

	trifft zu	trifft nicht zu
A Obwohl es sich bei der Rede von Renate Schmidt um eine Art Festrede handelt, verknüpft sie mit ihr auch politische Ziele.	☐	☐
B Die Polarisierung zwischen „wir [...] die Mehrheit" (Z. 18 f.) und „die [...] dieser Minderheit" (Z. 19–21) ist typisch für eine offene Redestrategie.	☐	☐
C Die Rednerin verbindet das Lob für verschiedene erfolgreiche Projekte mit der Ermutigung zu größerem zivilem Engagement, besonders der Jugend.	☐	☐
D Die Rede von Bundesministerin Schmidt hat sowohl eine informierende als auch eine appellierende und eine selbstdarstellerische Funktion.	☐	☐
E Metaphorische Ausdrücke und Aussagen verleihen dieser Rede eine besondere Anschaulichkeit.	☐	☐
F Anapher und Parallelismus sind besonders häufig eingesetzte sprachliche Mittel in dieser Rede.	☐	☐

2 *Welche der folgenden Begriffe bezeichnen Redestrategien? Kreuze an.*

☐ Beschwichtigung	☐ Aufzählung	☐ rationale Argumentation
☐ Parallelismus	☐ Umgangssprache	☐ Polarisierung
☐ Abwertung	☐ Drohung	☐ positiv besetzte Leitbegriffe

3 *Benenne für jedes Zitat das sprachlich-rhetorische Mittel, das dort verwendet wird.*

A „Wir haben das Problem erkannt, wir haben das Problem in Angriff genommen, wir haben das Problem gelöst." ____________________

B „Demokratie statt Totalitarismus, Toleranz statt Diskriminierung: Das sind unsere Ziele." ____________________

C „Die Alten wollen ihre Erfahrungen weitergeben, die Jungen wollen ihre Erfahrungen selbst machen." ____________________

D „Ausstellungsprojekte dieser Art sind wichtig, nützlich, sinnvoll und unverzichtbar." ____________________

E „Nicht zaudern, nicht zögern: Zivilcourage zeigen!" ____________________

4 *Unterstreiche positive Leitbegriffe, streiche negativ besetzte Begriffe durch. Es können Begriffe übrig bleiben, die in diesem Redezusammenhang „neutral" sind.*

Projekt · Gerechtigkeit · Solidarität · Terror · Rassismus · Widerstand · Reform

Aufklärung · Diskriminierung · Gleichberechtigung · Globalisierung · Geburtenkontrolle

Werte deine Ergebnisse aus, indem du deine Antworten mit dem Lösungsheft abgleichst. Für jede richtige Antwort bekommst du einen Punkt.

☺ ***23–18 Punkte*** *Gut gemacht!*	☺ ***17–12 Punkte*** *Gar nicht schlecht. Lies die Rede aber noch einmal gründlich.*	☹ ***11–0 Punkte*** *Arbeite die Seiten 60 bis 64 noch einmal sorgfältig durch.*

Erzähltexte erschließen

Die Erzählerin/Der Erzähler
Die Autorin oder der Autor einer Erzählung entscheidet sich für eine **Erzählperspektive,** aus der der Erzähler/die Erzählerin erzählt. Er/sie kann an der Handlung beteiligt sein oder nur beobachten, er/sie kann erzählen, was man sehen oder hören kann, aber auch, was die handelnden Figuren denken oder fühlen, er/sie kann das Erzählte auch kommentieren (Erzählerkommentar). Bei der Analyse von Erzählungen unterscheidet man deshalb

- die **Form: Ich-Erzähler** oder **Er-/Sie-Erzähler,** und
- das **Erzählverhalten:**
  - **neutral:** Der Erzähler/Die Erzählerin tritt nicht in Erscheinung und nimmt einen distanzierten, berichtenden Standpunkt ein, die Darstellung wirkt objektiv.
  - **personal:** Der Erzähler/Die Erzählerin übernimmt die Sicht einer der handelnden Figuren. Die Darstellung ist beschränkt auf das, was die Figur hören, sehen, wissen kann.
  - **auktorial:** Der Erzähler/Die Erzählerin weiß alles, kann auf zukünftige Ereignisse vorausweisen, kann das Handeln von Figuren erklären, kommentieren oder bewerten und ist meist nicht Teil der geschilderten Welt.

In Max Frischs Roman „Homo faber" schreibt der Ich-Erzähler, der Ingenieur Walter Faber, in tagebuchartigen Berichten und Notizen über die Ereignisse der letzten Monate. Diese haben sein Leben und seine extrem logische, naturwissenschaftliche Weltsicht grundlegend verändert.
Die Aufzeichnungen beginnen mit einem Flug Fabers im Dienst der UNESCO von New York nach Caracas. Herausragende Ereignisse sind eine Notlandung in der mexikanischen Wüste und ein Abstecher in den Dschungel, wo er seinen Jugendfreund Joachim vorfindet, der sich auf seiner Plantage erhängt hat.

1 *a) Lies den folgenden Textauszug gründlich.*
b) Notiere deinen ersten Leseeindruck.

Max Frisch

Homo faber: Ein Bericht (1957)

Nach der Rückkehr in die USA, wo er sich von seiner Freundin Ivy trennt, tritt Faber seine geplante Reise nach Europa per Schiff an. Während der fünftägigen Schiffsreise lernt er ein junges Mädchen namens Sabeth kennen, das ihn an seine Jugendliebe Hanna erinnert. Am letzten Abend an Bord, dem 50. Geburtstag Fabers, findet ein Ball statt.

Sabeth fand es toll, so eine Nacht auf Deck, wenn es pfeift in allen Seilen und knattert, die Segeltücher an den Rettungsbooten, der Rauch aus dem Kamin.
Die Musik war kaum noch zu hören.
Wir sprachen über Sternbilder – das Übliche, bis man weiß, wer sich im Himmel noch weniger auskennt als der andere, der Rest ist Stimmung, was ich nicht leiden kann. Ich zeigte ihr den Komet[1], der in jenen Tagen zu sehen war, im Norden. Es fehlte wenig, und ich hätte gesagt, daß ich Geburtstag habe. Daher der Komet! Aber es stimmte ja nicht einmal zum Spaß; der Komet war schon seit einer halben Woche sichtbar, wenn auch nie so deutlich wie in dieser Nacht, mindestens seit dem 26. IV. Also von meinem Geburtstag (29. IV.) sagte ich nichts.
„Ich wünsche mir zweierlei", sagte ich, „zum Abschied. Erstens, daß Sie nicht Stewardeß werden" –
„Zweitens?"
„Zweitens", sagte ich, „ daß Sie nicht mit Autostop nach Rom fahren. Im Ernst! Lieber zahle ich Ihnen die Bahn oder das Flugzeug."

1 **Komet:** ein nebliger, nicht scharf konturierter Himmelskörper, der sich auf langgestreckter Bahn um die Sonne bewegt und nach kurzer Zeit verschwindet

Ich habe damals nicht einen Augenblick daran gedacht, daß wir zusammen nach Rom fahren würden, Sabeth und ich, der ich in Rom nichts verloren hatte.
Sie lachte mir ins Gesicht.
Sie mißverstand mich.
Nach Mitternacht gab es ein kaltes Buffet, wie üblich – ich behauptete, hungrig zu sein, und führte Sabeth hinunter, weil sie schlotterte, ich sah es, trotz meiner Jacke. Ihr Kinn schlotterte.
Drunten war immer noch Ball –
Ihre Vermutung, ich sei traurig, weil allein, verstimmte mich. Ich bin gewohnt, allein zu reisen. Ich lebe, wie jeder wirkliche Mann, in meiner Arbeit. Im Gegenteil, ich will es nicht anders und schätze mich glücklich, allein zu wohnen, meines Erachtens der einzigmögliche Zustand für Männer, ich genieße es, allein zu erwachen, kein Wort sprechen zu müssen. Wo ist die Frau, die das begreift? Schon die Frage, wie ich geschlafen habe, verdrießt mich, weil ich in Gedanken schon weiter bin, gewohnt, voraus zu denken, nicht rückwärts zu denken, sondern zu planen. Zärtlichkeiten am Abend, ja, aber Zärtlichkeiten am Morgen sind mir unerträglich, und mehr als drei oder vier Tage zusammen mit einer Frau war für mich, offen gestanden, stets der Anfang der Heuchelei, Gefühle am Morgen, das erträgt kein Mann. Dann lieber Geschirr waschen!
Sabeth lachte –
Frühstück mit Frauen, ja ausnahmsweise in den Ferien, Frühstück auf einem Balkon, aber länger als drei Wochen habe ich es nie ertragen, offen gestanden, es geht in den Ferien, wenn man sowieso nicht weiß, was anfangen mit dem ganzen Tag, aber nach drei Wochen (spätestens) sehne ich mich nach Turbinen; die Muße der Frauen am Morgen, zum Beispiel eine Frau, die am Morgen, bevor sie angekleidet ist, imstande ist, Blumen anders in die Vase zu stellen, dazu ein Gespräch über Liebe und Ehe, das erträgt kein Mann, glaube ich, oder er heuchelt. Ich mußte an Ivy denken; Ivy heißt Efeu, und so heißen für mich eigentlich alle Frauen. Ich will allein sein! Schon der Anblick eines Doppelzimmers als Dauer-Einrichtung, das ist für mich so, daß ich an Fremdenlegion[2] denke –
Sabeth fand mich zynisch[3].
Es ist aber so, wie ich sagte. R

2 **Fremdenlegion:** aus fremden, nicht französischen Berufssoldaten gebildete Truppe, die in den französischen Kolonialgebieten eingesetzt wurde
3 **zynisch:** auf verletzende Weise spöttisch

2 *a) Welche Erzählperspektive hat der Roman? Untersuche Erzählform und Erzählverhalten. Kreuze zutreffende Aussagen an.*

- [ ] **A** Die Ereignisse werden aus der Sicht eines neutralen Erzählers berichtet.
- [ ] **B** Die Perspektive des Ich-Erzählers überschreitet teilweise das aktuelle Geschehen.
- [ ] **C** Es liegt sowohl die auktoriale als auch die personale Ich-Erzählform vor.
- [ ] **D** Ein auktorialer Er-Erzähler überblickt das Geschehen.

b) Führe Textstellen an, die dein Ergebnis zu Aufgabe 2a belegen.

Figurencharakteristik
In einer Charakterisierung wird die literarische Figur dargestellt, wie sie auf den verschiedenen Textebenen für den Leser/die Leserin erfahrbar wird:
- durch die **äußere Erscheinung:** Größe, Gesichtszüge, Kleidung, Gestik, Gebärden, Mimik;
- durch Aussagen anderer Figuren oder des Erzählers/der Erzählerin, also durch **direkte Charakterisierung.** Zu berücksichtigen ist hier, dass sich die Figuren selten neutral gegenüberstehen, ihre gegenseitige Wahrnehmung durch Sympathie oder Antipathie gefärbt ist;
- durch das Verhalten und die Rede (Tonfall, Wortwahl, Satzbau, Ausdruck) der Figur selbst: **indirekte Charakterisierung** (Selbstcharakterisierung). Hieraus lassen sich Rückschlüsse ziehen.

3 *a) Markiere im Text alle Informationen, die du über die Hauptfigur Walter Faber bekommst.*
b) Untersuche, wie der Leser oder die Leserin Informationen über ihn erhält.
Kreuze die richtigen Antworten an.

☐ A Faber gibt Sabeths Wahrnehmung in Bezug auf seine Person wieder.

☐ B Faber wird aus der Sicht Sabeths charakterisiert.

☐ C Fabers Eigenschaften kann man aus seiner Selbstdarstellung (Selbstcharakterisierung) erschließen.

☐ D Ein neutraler Erzähler sowie das Verhalten Fabers geben Aufschluss über dessen Charakter.

c) Bewerte die Informationen: Inwiefern zeigen sich z.B. Widersprüchlichkeiten zwischen Fabers Selbstdarstellung und seinem Verhalten (gegenüber Sabeth)? Führe Textbelege an.

____

____

____

____

4 *Auch Fabers Äußerungen geben dem Leser/der Leserin einen Hinweis auf seinen Charakter.*
a) Fabers Äußerungen enthalten z.B. sprachliche Bilder. Was ist gemeint, wenn es im Text heißt: „Ivy heißt Efeu, und so heißen für mich eigentlich alle Frauen.“ (Z. 58f.)

____

b) Beschreibe Fabers Einstellung gegenüber Frauen.

____

____

____

____

5 *Bewerte Fabers Lebenseinstellung, indem du ein Kreuz auf der Skala setzt.*

emotional |—|—|—|—|—|—|—|—|—|—|—|—|—|—|—|—|—|—|—|—|—|—|—|—|—|—|—|—| sachlich

!

Die Parabel
Die Parabel ist eine Gleichniserzählung. Sie wird – wie die Fabel, die Kalendergeschichte, das Gleichnis – zur so genannten „Lehrdichtung" gezählt. Die Parabel verlangt Nachdenken, sie belehrt nicht direkt, sondern sie fordert auf, sich ein eigenes Urteil zu bilden.

- Den Kern einer Parabel bildet meist ein **Vergleich.**
- Ihre Beweiskraft gewinnt die Parabel daraus, dass die Leser hinter dem erzählten Fall **(dem Gesagten/Bildteil)** eine allgemeine Botschaft entdecken **(das Gemeinte/Sachteil).**
- Das Tempus der Parabel ist zumeist das Präteritum.

1 *Lies die Parabel von Franz Kafka mehrmals sorgfältig durch.*

Franz Kafka

Die Brücke (1916)

Ich war steif und kalt, ich war eine Brücke, über einem Abgrund lag ich, diesseits waren die Fußspitzen, jenseits die Hände eingebohrt, in bröckelndem Lehm habe ich mich festgebissen. Die Schöße meines Rockes wehten zu meinen Seiten. In der Tiefe lärmte der eisige Forellenbach. Kein Tourist verirrte sich zu dieser unwegsamen Höhe, die Brücke war in den Karten noch nicht eingezeichnet. So lag ich und wartete; ich musste warten; ohne abzustürzen kann keine einmal errichtete Brücke aufhören Brücke zu sein. Einmal gegen Abend, war es der erste, war es der tausendste, ich weiß nicht, meine Gedanken gingen immer in einem Wirrwarr und immer in der Runde – gegen Abend im Sommer, dunkler rauschte der Bach, hörte ich einen Mannesschritt. Zu mir, zu mir. Strecke Dich, Brücke, setze Dich in Stand, geländerloser Balken, halte den Dir Anvertrauten, die Unsicherheit seines Schrittes gleiche unmerklich aus, schwankt er aber, dann gib Dich zu erkennen und wie ein Berggott schleudere ihn ins Land. Er kam, mit der Eisenspitze seines Stockes beklopfte er mich, dann hob er mit ihr meine Rockschöße und ordnete sie auf mir, in mein buschiges Haar fuhr er mit der Spitze und ließ sie, wahrscheinlich wild umherblickend, lange drin liegen. Dann aber – gerade träumte ich ihm nach über Berg und Tal – sprang er mit beiden Füßen mir mitten auf den Leib. Ich erschauerte in wildem Schmerz, gänzlich unwissend. Wer war es? Ein Kind? Ein Turner? Ein Waghalsiger? Ein Selbstmörder? Ein Versucher? Ein Vernichter? Und ich drehte mich um, ihn zu sehn. Brücke dreht sich um! Ich war noch nicht umgedreht, da stürzte ich schon, ich stürzte und schon war ich zerrissen und aufgespießt von den zugespitzten Kieseln, die mich immer so friedlich angestarrt hatten aus dem rasenden Wasser.

2 *Notiere deinen ersten Leseeindruck. Halte vorläufig fest, worum es in der Parabel geht. Schreibe in dein Heft.*

ARBEITSTECHNIK

Eine Parabel analysieren

- Inhalt: Überschrift, Thema, Motive, Figurencharakteristik;
- Aufbau: Sach- und Bildteil, Handlungsaufbau, Erzählform, Figurenrede;
- sprachliche Gestaltung: sprachlich-rhetorische Mittel, Bildlichkeit, Wortwahl, Satzbau.

3 *a) Gliedere den Text in drei Sinnabschnitte.*
b) Fasse den Inhalt der Abschnitte als Überschrift oder in einem Satz zusammen. Schreibe in dein Heft.
Z. 1-___: Die sinnlose Existenz der Brücke ...

4 *Markiere im Text Auffälliges im Hinblick auf Inhalt, Aufbau und sprachliche Gestaltung. Halte erste Ergebnisse in deinem Heft fest. Achte z. B. auf Wortwahl, Symbolik, Satzbau, die Ausgangssituation der Brücke und die Beziehung der Brücke zu dem Fremden.*
zum Inhalt: die Brücke ist Ding und Mensch zugleich; ...
zum Aufbau: auf den ersten Blick ist der Text ein Block, ...
zur sprachlichen Gestaltung: Wortwiederholung „warten" (Z. 9); ...

5 *Die Parabel ist in der Ich-Form geschrieben. Welche Möglichkeiten, sich auf das dargestellte Geschehen zu beziehen, werden dem Leser/der Leserin nahegelegt? Kreuze die richtige Antwort an.*

☐ **A** Der Leser überblickt in der Rolle des Erzählers das Geschehen.

☐ **B** Das Geschehen wird durchgängig aus der eingeschränkten Sicht des Ich-Erzählers wahrgenommen.

☐ **C** Dem Leser wird die Innenperspektive des Fremden verdeutlicht.

6 *In der Parabel hat die Brücke eine symbolische Bedeutung. Erläutere diese. Schreibe ins Heft.*

7 *Stelle den einzelnen Aussagen als Elemente des erzählten Falls die Botschaft gegenüber, sodass aus der Vielfalt der Deutungsmöglichkeiten ein schlüssiges Sinngefüge entsteht. Vervollständige die Tabelle in deinem Heft.*

erzählter Fall (das Gesagte/Bildteil)	Botschaft (das Gemeinte/Sachteil)
Die Brücke liegt einsam in einer unwegsamen Höhe über einem Abgrund und wartet darauf, begangen zu werden.	*Ein einsamer Mensch wartet verzweifelt darauf, seiner Bestimmung gerecht zu werden, indem er eine menschliche Beziehung aufbaut.*
Eines Abends hört die Brücke menschliche Schritte auf sich zukommen.	

8 *Lies den folgenden Textauszug.*

Franz Kafka

Brief an den Vater (1919, Auszug)

Die Beziehungen zu den Menschen außerhalb der Familie litten aber durch deinen Einfluss womöglich noch mehr [...]. Das Misstrauen, das du mir in Geschäft und Familie gegen die meisten Menschen beizubringen suchtest [...] und das dich merkwürdigerweise gar nicht besonders beschwerte [...] – dieses Misstrauen, das sich mir Kleinem für die eigenen Augen nirgends bestätigte, da ich überall nur unerreichbar ausgezeichnete Menschen sah, wurde in mir zu Misstrauen gegen mich selbst und zur fortwährenden Angst vor allen andern. Dort konnte ich mich also im Allgemeinen vor Dir gewiss nicht retten.

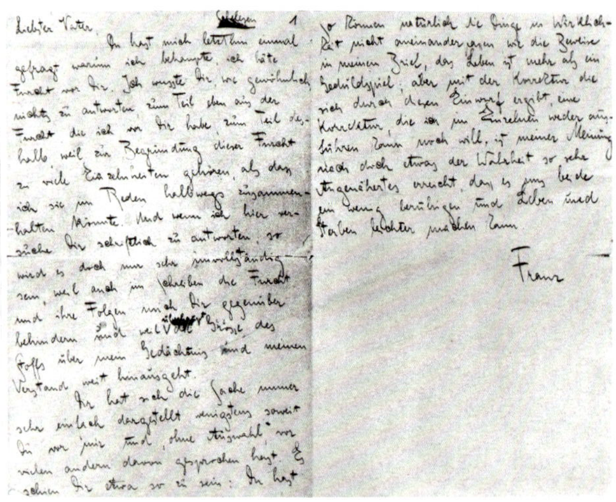

ARBEITSTECHNIK

Schreibplan für die schriftliche Ausarbeitung

- **Einleitung:** Autor/Autorin, Titel, zeitliche Einordnung des Textes (ggf. Jahreszahl), Textsorte/Textformat, vermutetes Thema (der „Gegenstand“, um dessentwillen alles erzählt wird), Deutungsthese (was hält man von der Geschichte, wohin will man die Analyse steuern?).
- **Hauptteil:** Kurze Inhaltsangabe, Ergebnisse der Analyse, belegt anhand von Textstellen (Regeln des Zitierens ▷ S. 57). Informationen zum biografischen Kontext bieten vertiefende Interpretationsmöglichkeiten.
- **Schluss:** Eigene Stellungnahme zum Text (kann sich auf Inhalt und Problemstellung beziehen oder sich mit der Schreibweise des Autors/der Autorin oder dessen/deren Meinung auseinandersetzen).

9 *Interpretiere die Parabel, indem du deine Analyseergebnisse zusammenführst. Berücksichtige auch den Textauszug aus Kafkas „Brief an den Vater“. Schreibe ins Heft.*

Teste dich! – Erzähltexte erschließen

1 *Lies die Parabel „Der Aufbruch" von Franz Kafka.*

Franz Kafka

Der Aufbruch (1921)

Ich befahl mein Pferd aus dem Stall zu holen. Der Diener verstand mich nicht. Ich ging selbst in den Stall, sattelte mein Pferd und bestieg es. In der Ferne hörte ich eine Trompete blasen, ich fragte ihn, was es bedeute. Er wusste nichts und hatte nichts gehört. Beim Tore hielt er mich auf und fragte: „Wohin reitest du, Herr?" „Ich weiß es nicht", sagte ich, „nur weg von hier, nur weg von hier. Immerfort weg von hier, nur so kann ich mein Ziel erreichen." „Du kennst also dein Ziel?", fragte er. „Ja", antwortete ich, „ich sagte es doch, ‚Weg-von-hier', das ist mein Ziel." „Du hast keinen Essvorrat mit", sagte er. „Ich brauche keinen", sagte ich, „die Reise ist so lang, dass ich verhungern muss, wenn ich auf dem Weg nichts bekomme. Kein Essvorrat kann mich retten. Es ist ja zum Glück eine wahrhaft ungeheuere Reise."

2 *Unterstreiche im folgenden Auszug aus einem Schülertext die Fehler bei der Verwendung bzw. Erläuterung des Fachvokabulars und verbessere sie in der Randspalte.*

Bei dem Text „Der Aufbruch" von Franz Kafka handelt es sich um eine Parabel, d. h. eine Gleichniserzählung, die den Leser direkt belehrt. Die Parabel „Der Aufbruch" ist eine Er-Erzählung, die durch ein auktoriales Erzählerverhalten gekennzeichnet ist.

______

______

______

______

3 *Kreuze die richtige Antwort an.*

Die Figurenrede umfasst in dieser Parabel

- [ ] **A** nur die direkte Rede.
- [ ] **B** nur die indirekte Rede.
- [ ] **C** die direkte und die indirekte Rede.

4 *Streiche diejenigen Aussagen durch, die nicht auf den Dialog zwischen Diener und Herr zutreffen.*

lebhaft/einsilbig | *gelungen/misslungen* | *störungsfrei/gestört* | *logisch/unlogisch*

flüssig/stockend | *widersprüchlich/nicht widersprüchlich* | *einfühlsam/nicht einfühlsam*

5 *Wie kann man den Titel „Der Aufbruch" verstehen? Kreuze zwei richtige Aussagen an.*

- [ ] **A** Der Schritt in ein Leben voller Abhängigkeiten.
- [ ] **B** Der Weg ist das Ziel.
- [ ] **C** Leben als fortlaufende eigenständige Entwicklung.

Werte deine Ergebnisse aus, indem du deine Antworten mit dem Lösungsheft abgleichst.
Für jede richtige Antwort bekommst du einen Punkt.

☺ **16–11 Punkte**	☺ **10–6 Punkte**	☹ **5–0 Punkte**
Gut gemacht!	*Gar nicht schlecht. Schau dir die Merkkästen der Seiten 66 bis 70 noch einmal an.*	*Arbeite die Seiten 66 bis 70 noch einmal sorgfältig durch.*

Dramenszenen untersuchen

Episches Theater
Bertolt Brecht (1898–1956) gilt als einer der bedeutendsten deutschsprachigen Schriftsteller des 20. Jahrhunderts, der vor allem der Dramenliteratur wichtige Impulse gegeben hat. Brecht hat eine neue Form des Theaters entwickelt, die er als episches Theater bezeichnet.
„Episch" meint hier, der Zuschauer soll wie durch einen Erzähler gegenüber dem Bühnengeschehen auf Distanz gehalten werden. Durch verschiedene Gestaltungsmittel (Verfremdungstechniken) soll ein so genannter **Verfremdungseffekt (V-Effekt)** erreicht werden, der im Idealfall eine bewusste Auseinandersetzung mit dem Inhalt des Stückes und dem darin thematisierten gesellschaftlichen Problem bewirkt.

Brechts Stück „Die heilige Johanna der Schlachthöfe" spielt in den 1920er-Jahren in den Schlachthöfen von Chicago. Im Mittelpunkt stehen der Fleischfabrikant Mauler und Johanna Dark, eine Soldatin der Heilsarmee. Der „Fleischkönig" Mauler manipuliert den Fleischmarkt skrupellos, ohne Rücksicht auf die Arbeits- und Lebensbedingungen seiner Arbeiter und notfalls auch den Verlust tausender Arbeitsplätze in Kauf nehmend. Johanna predigt den Armen von Gott und dem Himmelreich. Sie sucht Mauler auf, um ihm ins Gewissen zu reden. Er erträgt Johanna in ihrer Aufrichtigkeit nur schwer und hofft, dass er sie loswerden kann, indem er ihr demonstriert, dass die von ihr vertretenen Armen in Wirklichkeit „ein niedriges Pack, eigentlich der Abschaum der Welt"[1] sind. Mauler gibt seinem Makler Slift einen Auftrag: „Dann nimm sie [Johanna] mit / zum Schlachthof und zeig ihr / ihre armen Leute, wie sie schlecht sind und tierisch, voll Verrat und Feigheit / Und daß sie selber schuld sind."[1]

[1] R

1 *Fasse die Handlung der folgenden Szene mit wenigen Sätzen zusammen. Schreibe in dein Heft.*

Bertolt Brecht

Die heilige Johanna der Schlachthöfe (1929/30; viertes Bild/Auszüge)

DER MAKLER SULLIVAN SLIFT ZEIGT JOHANNA DARK DIE SCHLECHTIGKEIT DER ARMEN: JOHANNAS ZWEITER GANG IN DIE TIEFE

Gegend der Schlachthöfe

SLIFT:
Jetzt, Johanna, will ich dir zeigen
Wie schlecht die sind
Mit denen du Mitleid hast, und
Daß es nicht am Platz ist.

Sie gehen an einer Fabrikmauer entlang, auf der steht „Mauler & Cridle, Fleischfabriken". Der Name Mauler ist kreuzweise durchgestrichen. Aus einem Pförtchen treten zwei Männer. Slift und Johanna hören ihr Gespräch.

VORARBEITER *zu einem jungen Burschen:* Vor vier Tagen ist uns ein Mann namens Luckerniddle in den Sudkessel gefallen; da wir die Maschinen nicht schnell genug abstellen konnten, geriet er entsetzlicherweise in die Blattspeckfabrikation hinein; dies ist sein Rock und dies seine Mütze, nimm sie und laß sie verschwinden, sie nehmen nur einen Haken in der Garderobe weg und machen einen schlechten Eindruck. Es ist gut, sie zu verbrennen, und am besten gleich. Ich vertraue dir die Sachen an, weil ich dich als einen verläßlichen Menschen kenne: ich würde meine Stellung verlieren, wenn das Zeug wo gefunden würde. Sobald die Fabrik aufgemacht wird, kannst du natürlich Luckerniddles Platz bekommen.

DER BURSCHE: Sie können sich auf mich verlassen, Herr Smith.

Der Vorarbeiter geht durch das Pförtchen zurück.

DER BURSCHE: Schade um den Mann, der jetzt als Blattspeck in die weite Welt hinausgehen muß, aber schade eigentlich auch um seinen Rock, der noch gut erhalten ist. Onkel Blattspeck ist jetzt in seine Blechbüchse gekleidet und braucht ihn nicht mehr, während ich ihn sehr gut brauchen könnte. Scheiß darauf, ich nehm ihn.

Er zieht ihn an und wickelt seinen Rock und seine Mütze in Zeitungspapier.

JOHANNA *schwankt:* Mir ist übel. [...]

Johanna und Slift gehen weiter.

FRAU LUCKERNIDDLE *sitzt vor dem Fabriktor und klagt:*
Ihr da drinnen, was macht ihr mit meinem Mann?
Vor vier Tagen ging er zur Arbeit, er sagte:
Stell mir die Suppe warm am Abend! Und ist bis
Heute nicht gekommen! Was habt ihr mit ihm
gemacht
Ihr Metzger! Seit vier Tagen stehe ich hier in der
Kälte, auch nachts, und warte, aber es wird mir nichts
Gesagt, und mein Mann kommt nicht heraus! Aber
ich sage
Euch, ich werde hier stehen, bis ich ihn

Zu sehen bekomme, und wehe! wenn ihr ihm etwas getan habt!

Slift tritt auf die Frau zu.

SLIFT: Ihr Mann ist verreist, Frau Luckerniddle.

FRAU LUCKERNIDDLE: Jetzt soll er wieder verreist sein!

SLIFT: Ich will Ihnen etwas sagen, Frau Luckerniddle, er ist verreist, und es ist für die Fabrik sehr unangenehm, wenn Sie da herumsitzen und dummes Zeug reden. Wir machen Ihnen daher ein Angebot, wozu wir gesetzlich gar nicht gezwungen wären. Wenn Sie Ihre Nachforschungen nach Ihrem Mann einstellen, dann können Sie drei Wochen lang mittags in unserer Kantine umsonst Essen bekommen.

FRAU LUCKERNIDDLE: Ich will wissen, was mit meinem Mann los ist.

SLIFT: Wir sagen Ihnen, daß er nach Frisco gefahren ist.

FRAU LUCKERNIDDLE: Der ist nicht nach Frisco gefahren, sondern es ist euch etwas passiert mit ihm, und ihr wollt es verbergen.

SLIFT: Wenn Sie so denken, Frau Luckerniddle, können Sie von der Fabrik kein Essen annehmen, sondern müssen der Fabrik einen Prozeß machen. Aber überlegen Sie sich das gründlich. Morgen bin ich in der Kantine für Sie zu sprechen.

Slift kehrt zu Johanna zurück.

FRAU LUCKERNIDDLE: Ich muß meinen Mann wiederhaben. Ich habe niemand außer ihm, der mich erhält.

JOHANNA:
Sie wird nie kommen.
Viel mögen sein zwanzig Mittagessen
Für einen Hungrigen, aber
Es gibt mehr für ihn.

Johanna und Slift gehen weiter. [...] Sie gehen in die Kantine und sehen Frau Luckerniddle, die mit dem Kellner spricht.

FRAU LUCKERNIDDLE *rechnend:* Zwanzig Mittagessen ... dann könnte ich ... dann ginge ich und dann hätte ich ... *Sie setzt sich an einen Tisch.*

KELLNER: Wenn Sie nicht essen, müssen Sie hinausgehen.

FRAU LUCKERNIDDLE: Ich warte auf jemand, der heute oder morgen kommen wollte. Was gibt es heute mittag?

KELLNER: Erbsen.

JOHANNA:
Dort sitzt sie.
Ich dacht, sie wär ganz fest und fürchtete
Sie käme morgen doch, und jetzt lief sie schneller als wir hierher
Und ist schon da und wartet schon auf uns.

SLIFT: Geh und bring ihr selbst das Essen, vielleicht besinnt sie sich.

Johanna holt Essen und bringt es Frau Luckerniddle.

JOHANNA: Sie sind heute schon da?

FRAU LUCKERNIDDLE: Ich habe nämlich seit zwei Tagen nichts gegessen.

JOHANNA: Sie wußten doch nicht, daß wir heute schon kommen?

FRAU LUCKERNIDDLE: Das ist richtig.

JOHANNA: Auf dem Weg hierher habe ich sagen hören, Ihrem Mann sei in der Fabrik etwas zugestoßen, woran die Fabrik schuld ist.

FRAU LUCKERNIDDLE: Ah so, Sie haben sich Ihr Angebot wieder überlegt? Ich kann also die zwanzig Essen nicht bekommen?

JOHANNA: Sie haben sich aber doch mit Ihrem Mann gut verstanden, wie ich höre? Mir sagten Leute: Sie haben niemand außer ihm.

FRAU LUCKERNIDDLE: Ja, ich habe seit zwei Tagen nichts gegessen.

JOHANNA: Wollen Sie nicht bis morgen warten? Wenn Sie Ihren Mann aufgeben, wird niemand mehr nach ihm fragen.

Frau Luckerniddle schweigt.

JOHANNA: Nimm's nicht.

Frau Luckerniddle reißt ihr das Essen aus der Hand und fängt an, gierig zu essen.

FRAU LUCKERNIDDLE: Er ist nach Frisco gefahren.

JOHANNA:
Und Keller und Lager sind voll Fleisch
Das unverkäuflich ist und schon verdirbt
Weil's keiner abnimmt.

Hinten kommt der junge Arbeiter mit dem Rock und der Mütze herein.

DER ARBEITER: Guten Morgen, also ich kann hier essen?

SLIFT: Setzen Sie sich nur zu der Frau dort.

Der Mann setzt sich.

SLIFT *hinter ihm:* Sie haben da eine hübsche Mütze. *Der Arbeiter verbirgt sie.* Wo haben Sie die her?

DER ARBEITER: Gekauft.

SLIFT: Wo haben Sie sie denn gekauft?

DER ARBEITER: Die habe ich in keinem Laden gekauft.

SLIFT: Woher haben Sie sie dann?

DER ARBEITER: Die hab ich von einem Mann, der in einen Sudkessel gefallen ist.

Frau Luckerniddle wird es schlecht. Sie steht auf und geht hinaus.

FRAU LUCKERNIDDLE *im Hinausgehen zum Kellner:* Lassen Sie den Teller stehen. Ich komme zurück. Ich komme jeden Mittag hierher. Fragen Sie nur den Herrn. *Ab.*

SLIFT: Drei Wochen lang wird sie kommen und fressen, ohne aufzusehen, wie ein Tier. Hast du gesehn, Johanna, daß ihre Schlechtigkeit ohne Maß ist?

JOHANNA:
Wie aber beherrschest du
Ihre Schlechtigkeit! Wie nützt ihr sie aus!
Siehst du nicht, daß es auf ihre Schlechtigkeit regnet?
Sicherlich gern hätte sie doch
Treue gehalten ihrem Mann wie andere auch
Und nach ihm gefragt, der ihr Unterhalt gab
Eine Zeitlang noch, wie es sich gehört.
Aber der Preis war zu hoch, der zwanzig Essen betrug.
Und hätte der junge Mensch, auf den
Sich jeder Schurke verlassen kann
Der Frau des Toten den Rock gezeigt
Wenn es nach ihm gegangen wär?

Aber der Preis erschien ihm zu hoch
Und warum sollte der Mann mit dem einen Arm
Nicht mich warnen? Wenn nicht der Preis
So kleiner Rücksicht für ihn so hoch wär?
Sondern verkaufen den Zorn, der gerecht ist, aber zu teuer?
Ist ihre Schlechtigkeit ohne Maß, so ist's
Ihre Armut auch. Nicht der Armen Schlechtigkeit
Hast du mir gezeigt, sondern
Der Armen Armut.
Zeigtet ihr mir der Armen Schlechtigkeit
So zeig ich euch der schlechten Armen Leid.
Verkommenheit, voreiliges Gerücht!
Sei widerlegt durch ihr elend Gesicht! R

2 *a) Beschreibe das Verhalten der Figuren Slift und Johanna. Notiere jeweils einen Satz in dein Heft.*
b) Beschreibe den inneren Konflikt, in dem sich Frau Luckerniddle befindet.

!

Verfremdungstechniken (1): Unerwartete Wortwahl und entlarvende Aussagen
Um V-Effekte zu erzielen, nutzt Brecht sprachliche Gestaltungsmittel, z. B.:
- Figuren entlarven ihre wahren Einstellungen und Haltungen durch ihre (z. B.: unangemessene, übertriebene, widersprüchliche, drastische) Wortwahl oder durch (z. B.: widersprüchliche, scheinheilige, doppeldeutige) Aussagen.
- Umgangssprache (oder Dialekt) und andere Sprachebenen werden effektvoll kontrastiert.

3 *Die folgenden Aspekte der Sprachanalyse beziehen sich auf die Zeilen 55–75.*
a) Gib an, auf welche Zeile genau sich welche Beschreibung bezieht und wer spricht: S für Slift, FL für Frau Luckerniddle.

A Kommentar ist nüchtern, knapp, emotionslos Z. 55, S

B höhnische, ungläubige Erwiderung ______

C nachdrücklicher, geschäftsmäßiger Ton, baut Druck auf, einzige umgangssprachliche Entgleisung ist: „dummes Zeug" (verrät die Angst, dass etwas herauskommt); „Wir" = Pluralis Majestatis, Verweis auf Macht; konditionale Formulierung: „wenn ..., dann" deutet auf Erpressung ______

D Ton beharrlich, knapp, unmissverständlich ______

E „Wir sagen Ihnen" = Worte schaffen Realität ______

F umgangssprachlich verwendetes Pronomen „der", unpassende Anredeform drückt Missachtung aus, aber auch sprachliche Hilflosigkeit ______

G förmliche Ankündigung, höflich-distanzierte Anrede, drückt große Distanz aus, wirkt bedrohlich ______

b) Unterstreiche im gesamten Text entlarvende Textstellen, die die tatsächliche Situation und die wahren Interessen Slifts bzw. der Fabrik zeigen.

!

Verfremdungstechniken (2): Widersprüche und Missverständnisse
Demonstriert werden
- Widersprüche, z. B.: zwischen Selbstaussagen und Handlungen bzw. Gesten der Figuren,
- (deutlich angelegte) Missverständnisse.

4 *Untersuche die Zeilen 102–127: Sowohl Johanna als auch Frau Luckerniddle verhalten sich hier widersprüchlich. Erkläre dies für jede Äußerung dieses Textauszugs. Schreibe ins Heft.*

„Johanna holt Essen und bringt es Frau Luckerniddle. [...] Sie sind heute schon da?"
→ Z. 102 f., Widerspruch: bringt das Essen selbst, obwohl sie nicht will, dass Frau Luckerniddle es annimmt

!

Verfremdungstechniken (3): Brüche zwischen Inhalt und Form; Unterbrechungen in der Handlung
- Inhalte werden in eine ungewohnte, evtl. unpassende Form (gehobene Sprache, Verse) gekleidet.
- Die Handlung wird durch Lieder/Songs oder andere Texte unterbrochen, die sich mit Bewertungen an das Publikum wenden.

5 *a) Markiere im gesamten Dramenauszug Passagen in gebundener Sprache (Verse) in Blau und Passagen in ungebundener Sprache (Alltagssprache) in Rot.*
b) Beschreibe die Wirkung dieses Wechsels zwischen ungebundener und gebundener Sprache.
c) Welche Funktion haben die Passagen in Versform? Erläutere und orientiere dich dabei an folgenden Fragen:
- *Bei welchen Figuren gibt es Textstellen in Versform?*
- *In welchem Verhältnis steht der Inhalt der Vers-Passagen zur Handlung der Szene?*
- *Wem würdest du dich als Schauspieler/in in diesem Moment zuwenden, wie würdest du sprechen?*

Arbeite in deinem Heft.

6 *Die Besichtigung der Schlachthöfe erzielt bei Johanna eine andere Wirkung, als der Fleischfabrikant Mauler und sein Makler Slift erhofft und erwartet haben.*
*a) Stelle gegenüber, wie Slift und Mauler einerseits und Johanna andererseits die Beziehung zwischen den Armen und der Schlechtigkeit sehen. Ergänze Zeichen zwischen den Begriffen, die sie in eine anschauliche Beziehung setzen, z. B.: +, –, =, * ... Notiere erläuternde Stichworte.*

Slift/Mauler	Johanna
die Armen = Schlechtigkeit	die Armen Schlechtigkeit

b) Werte die Gegenüberstellung zusammenfassend aus. Schreibe ins Heft.

7 *Fasse zusammen, auf welches Problem und welche Zusammenhänge Brecht den Zuschauer mit dieser Szene stoßen will. Schreibe in dein Heft.*

8 *Überprüfe, ob der abgedruckte Dramenauszug im Sinne des epischen Theaters wirkt.*
a) Kreuze an, welchen Aussagen du persönlich im Hinblick auf die bearbeitete Szene zustimmen würdest.

Bertolt Brecht: Die dramatische und die epische Form des Theaters

Der Zuschauer des dramatischen Theaters sagt:	Der Zuschauer des epischen Theaters sagt:
☐ Ja, das habe ich auch schon gefühlt.	☐ Das hätte ich nicht gedacht.
☐ So bin ich.	☐ So darf man es nicht machen.
☐ Das ist natürlich.	☐ Das ist höchst auffällig, fast nicht zu glauben.
☐ Das wird immer so sein.	☐ Das muss aufhören.
☐ Das Leid dieses Menschen erschüttert mich, weil es keinen Ausweg für ihn gibt.	☐ Das Leid dieses Menschen erschüttert mich, weil es doch einen Ausweg für ihn gäbe.

b) Beurteile anhand deiner Ergebnisse die Wirksamkeit der bearbeiteten Szene im Sinne des epischen Theaters. Schreibe in dein Heft.

Teste dich! – Dramenszenen untersuchen

1 *a) Welche der vier Grafiken bildet das Verhältnis zwischen den drei Figuren (Dramenauszug S. 72–74) zutreffend ab? Kreuze an.*

☐ A

☐ B

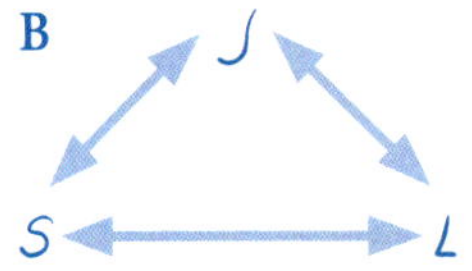

☐ C

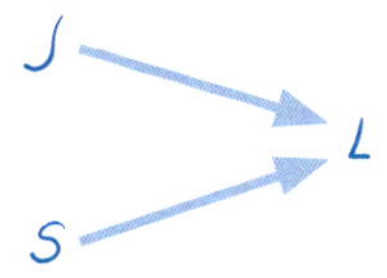

☐ D

b) Begründe deine Entscheidung in wenigen Sätzen. Schreibe ins Heft.

2 *Beantworte die Fragen, indem du ankreuzt. Mehrere Antworten sind möglich.*
a) Warum bietet Slift Frau Luckerniddle Essen für drei Wochen an?

☐ Er will Johanna zeigen, dass er doch ein guter Mensch ist, der keinen hungern lässt.
☐ Er will Frau Luckerniddle zum Schweigen bringen.
☐ Er will Johanna zeigen, dass Frau Luckerniddle ein schlechter Mensch ist.

b) Warum wünscht sich Johanna, Frau Luckerniddle möge „bis morgen warten" (S. 73, Z. 120)?

☐ Sie möchte, dass Frau Luckerniddle etwas von ihrer menschlichen Würde und der ihres Mannes bewahrt.
☐ Sie hat darauf gewettet, dass Frau Luckerniddle nicht kommt, und möchte nicht verlieren.
☐ Sie möchte nicht mehr dabei sein, wenn Frau Luckerniddle klein beigibt.

3 *Vervollständige die folgenden Aussagen.*
Formuliere im Heft aus.

Die Szene zwischen Slift, Johanna und Frau Luckerniddle

A *... wirkt desillusionierend, weil* ______________________

B *... hat eine demonstrative Funktion, weil* ______________________

4 *Kreuze für jede Aussage an: richtig oder falsch?*

	richtig	falsch
A Das widersprüchliche Verhalten von Frau Luckerniddle wird von Brecht als Verfremdungstechnik eingesetzt.	☐	☐
B Brechts neue Form des Theaters wird von ihm „episch" genannt, weil er auch die Versform benutzt und Lieder/Songs einsetzt.	☐	☐
C Ein V-Effekt ist dann erreicht, wenn der Zuschauer sich mit einer Figur auf der Bühne voll identifizieren kann.	☐	☐
D Das epische Theater soll nach Brechts Intention eine gesellschaftspolitische Wirkung haben, indem es das Publikum zum Nachdenken bringt und zum Handeln aktiviert.	☐	☐
E Die Verfremdungseffekte sollen beim Publikum eine distanzierte Haltung gegenüber der Handlung und den Figuren bewirken.	☐	☐

Werte deine Ergebnisse aus, indem du deine Antworten mit dem Lösungsheft abgleichst.
Für jede richtige Antwort bekommst du einen Punkt.

12–10 Punkte	9–6 Punkte	5–0 Punkte
Gut gemacht!	*Gar nicht schlecht. Lies die Szene aber noch einmal gründlich.*	*Arbeite die Seiten 72 bis 75 noch einmal sorgfältig durch.*

Gedichte analysieren und interpretieren

ARBEITSTECHNIK

Fünf Schritte der Analyse
Das bestimmende Merkmal lyrischer Texte ist die gebundene, rhythmische Sprache in Versen und die Dichte von sprachlichen Gestaltungsmitteln. Für die Gedichtanalyse sind fünf Arbeitsschritte sinnvoll:

1. Schritt: Das Thema erfassen (Verstehensentwurf/Deutungsthese).
2. Schritt: Formmerkmale (Gedichtform, Strophenbau, Reimschema, Metrum, Rhythmus) und sprachliche Gestaltung (Sprachbilder/Metaphern, Wortwahl, sprachlich-rhetorische und syntaktische Stilmittel) erkennen und ihre Wirkung erfassen.
3. Schritt: Einen Schreibplan aufstellen.
4. Schritt: Die Analyse verfassen.
   - Einleitung: Angaben zu Autor, Entstehungszeit, Titel, Textsorte, Thema, erstes Textverständnis;
   - Hauptteil: Ergebnisse der Textanalyse sinnvoll ordnen, intertextuelle Bezüge (also zu anderen Gedichten), zeithistorische oder biografische Zusammenhänge herstellen, am Text belegen;
   - Schluss: Fazit, gegebenenfalls eigene Bewertung.
5. Schritt: Den Text überarbeiten (auf genaues Zitieren achten). ▷ S. 57

1 *Lies das Gedicht mehrmals.*

Paul Zech

Fabrikstraße tags (1911)

	Reim:	Metrum:
Nichts als Mauern. Ohne Gras und Glas	*a*	*x́ x x́ x x́ x x́ x x́*
zieht die Straße den gescheckten Gurt	*b*	
der Fassaden. Keine Bahnspur surrt.	*b*	
Immer glänzt das Pflaster wassernass.	*a*	

Streift ein Mensch dich, trifft sein Blick dich kalt
bis ins Mark; die harten Schritte haun
Feuer aus dem turmhoch steilen Zaun,
noch sein kurzer Atem wolkt geballt.

Keine Zuchthauszelle klemmt
so in Eis das Denken wie dies Gehen
zwischen Mauern, die nur sich besehn.

Trägst du Purpur oder Büßerhemd –:
Immer drückt mit riesigem Gewicht
Gottes Bannfluch: uhrenlose Schicht.

2 *Notiere deinen ersten Leseeindruck.*

Beim Lesen entsteht bei mir der Eindruck ______________________

____

3 *Worum geht es in dem Gedicht? Formuliere eine Deutungsthese.*

Das Gedicht sagt aus ______________________

____

Das lyrische Ich
- Das lyrische Ich eines Gedichts ist nicht ohne Weiteres mit der Autorin oder dem Autor des Textes gleichzusetzen. Es gibt sich häufig in den Pronomen zu erkennen und ermöglicht dem Leser/der Leserin so, sich mit dem Sprecher im Gedicht zu identifizieren oder sich von ihm zu distanzieren.
- Der Sprecher/Die Sprecherin muss nicht in Form eines Ichs in Erscheinung treten, er/sie kann auch die zweite Person verwenden oder im Plural sprechen.
- In manchen Gedichten versteckt sich das lyrische Ich und spricht nur über Sachverhalte oder Dritte.

4 *Notiere für jede Strophe eine Überschrift, die den Inhalt wiedergibt.*

1. Strophe: Enge, tot wirkende Steinwüste

2. Strophe: ______

3. Strophe: ______

4. Strophe: ______

5 *Untersuche, wie das lyrische Ich in dem Gedicht in Erscheinung tritt. Kreuze die zutreffende Antwort an.*

☐ A Der Sprecher im Gedicht tritt in Form eines Ichs auf.

☐ B Das lyrische Ich versteckt sich ganz.

☐ C Der Sprecher im Gedicht spricht teilweise den Leser direkt an, indem er die 2. Person Singular verwendet.

TIPP

Eine traditionelle Gedichtform ist das **Sonett.** Es stammt ursprünglich aus dem Italien des 14. Jahrhunderts und hatte seine Blütezeit in Deutschland im 17. Jahrhundert, zur Zeit des Barock (Opitz, Gryphius). Es folgt strengen Regeln, die es zu einem äußerst kunstvollen Gebilde machen:
- Das Sonett besteht aus zwei Quartetten (Strophen à vier Versen) und zwei Terzetten (Strophen à drei Versen).
- Das typische Reimschema lautet: abba, cddc, efe, fef. (Varianten sind häufig in der Art der Verschränkung der Terzette zu beobachten.)
- Die Terzette enthalten oft ein Fazit oder eine Pointe.

6 *Untersuche den formalen Aufbau des Gedichts.*
a) Bestimme das Metrum in der Randspalte neben dem Gedichttext auf S. 77.
b) Kreuze an:

In dem Gedicht „Fabrikstraße tags“

☐ A findet sich als Metrum durchgängig ein Jambus.

☐ B wechselt das Versmaß von Strophe zu Strophe.

☐ C wird als Versfuß durchgehend der Trochäus verwendet.

c) Untersuche den Sprachfluss. Kennzeichne im Text die Zeilensprünge und notiere die Verse. Schreibe ins Heft.
d) Beschreibe die Wirkung der Gestaltung von Metrum und Sprachfluss. Kreuze die passende Aussage an.

Das Gedicht wirkt insgesamt eher

☐ A beschwingt, heiter. ☐ B eintönig, bedrohlich. ☐ C abwechslungsreich. ☐ D verwirrend.

e) Beschreibe im Heft Strophenbau und Reimschema und erläutere die Sonettform.

7 *Welche Wirkung erzielt die traditionelle Form des Gedichts mit Blick auf die kritische Auseinandersetzung des Autors mit einem zeitgenössischen Thema? Beschreibe die Funktion der Form in deinem Heft.*

TIPP

In lyrischen Texten findet sich häufig eine **bildhafte Sprache:**

- Bei einer **Metapher** findet eine Übertragung eines Begriffs aus einem bestimmten Vorstellungsbereich (Bildspender) in einen anderen Bedeutungsbereich (Bildempfänger) ohne Vergleichswort statt. Die beiden verglichenen Gegenstände oder Bereiche haben mindestens eine Eigenschaft gemeinsam, das Tertium Comparationis. Im Barock und Expressionismus finden sich häufig auch **kühne Metaphern,** die eigentlich Unvereinbares verbinden (z. B.: „die Asche des Meeres").
- Eine besondere Form der Metapher ist die **Personifikation.** Ein Gegenstand oder ein Begriff wird vermenschlicht (z. B.: „das Meer weint").
- Von einem **Vergleich** spricht man, wenn zwei verschiedene Vorstellungen durch ein Vergleichswort (z. B.: „wie") miteinander verbunden werden (z. B.: „so groß wie ein Meer").

8 *Das Gedicht „Fabrikstraße tags" von Paul Zech ist geprägt von seiner bildhaften Sprache. Untersuche diese. Vervollständige die Tabelle.*

bildhafte Sprache	Wirkung auf den Leser/die Leserin
„Ohne Gras und Glas / zieht die Straße den geschreckten Gurt / der Fassaden" (V. 1–3)	Das Sprachbild wirkt bedrückend und vermittelt das Gefühl von Enge und Unausweichlichkeit in der Fabrikumgebung.
„Streift ein Mensch dich, trifft sein Blick dich kalt / bis ins Mark" (V. 5–6)	
„Keine Zuchthauszelle klemmt / So in Eis das Denken" (V. 9–10)	

9 *Verschaffe dir einen Überblick, welche rhetorischen Mittel neben Enjambements und Metaphern zu der Wirkung des Gedichts beitragen. Notiere die Ergebnisse.*

rhetorisches Mittel	Beispiel
Alliteration	„Gras und Glas", V. 1

TIPP

Expressionismus (von *expressio*, lat.; Ausdruck) bezeichnet eine Kunst-, Musik- und Literaturströmung im zweiten Jahrzehnt des 20. Jahrhunderts, die u. a. auf die krisenhaften politischen, sozialen und ökonomischen Umwälzungen einer sich rasant entwickelnden Massengesellschaft aufmerksam macht.
Ein wesentliches Thema der expressionistischen Lyrik ist das veränderte Großstadtleben, das die Identität des modernen Menschen bedroht.

10 *Inwiefern ist das Gedicht von Paul Zech dem Expressionismus zuzuordnen? Erläutere.*

11 *Bevor du eine persönliche Stellungnahme verfasst, solltest du dir über deinen Standpunkt Klarheit verschaffen. Kreuze an, welcher Bewertung du zustimmst.*

☐ Anne:
Das Gedicht zeigt in drastischer Form speziell die Situation der Arbeiterschaft zu Beginn des 20. Jahrhunderts auf. Da sich seitdem die Lebens- und Arbeitssituation der Menschen verbessert hat, hat das Gedicht keine aktuelle Bedeutung mehr.

☐ Cathrin:
Das Gedicht übt auf mich eine starke Wirkung aus. Diese kommt einerseits durch die ausdrucksstarke Wortwahl und zum anderen durch die zahlreichen rhetorischen Mittel zustande, die das Gedicht aufweist.

☐ Björn:
Vor allem die Charakterisierung der Beziehungsebene, die Anonymität und Entfremdung, ist auch heute noch auf das Zusammenleben der Menschen in der Großstadt übertragbar.

12 *a) Ordne deine Ergebnisse mit Hilfe einer Mind-Map nach folgendemMuster. Arbeite im Heft.*

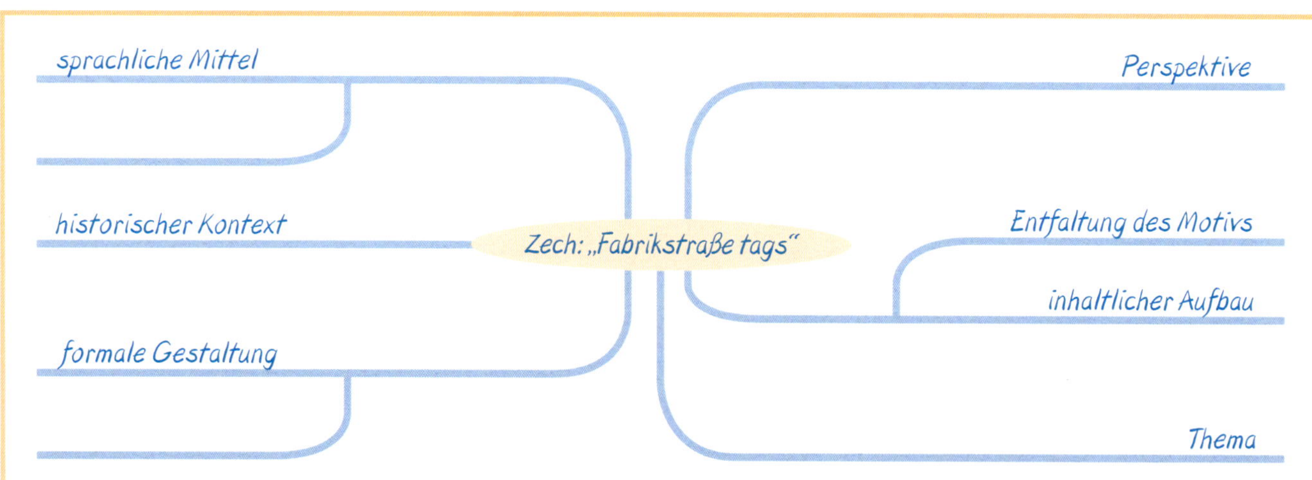

b) Verfasse nun eine zusammenhängende Gedichtanalyse zu Paul Zechs Gedicht „Fabrikstraße tags". Schreibe in dein Heft.

Teste dich! – Ein Gedicht analysieren

1 *Lies das Gedicht „Fußgängerzone" von Olaf n. Schwanke aufmerksam durch.*

Olaf n. Schwanke (geb. 1969)

Fußgängerzone

Gleich Geschäftsschluss! Eben
Darum müssen manche Menschen laufen,
Um noch schnell was Wichtiges zu kaufen;
Parfümier'n ihr Leben.

Frost will sich verbreiten.
Und beizeiten blaue Dämm'rungslichter
Fallen in verzerrte Fast-Gesichter,
Woll'n durch Kleidung gleiten.

Alles schließt und endet einsam.
Du empfindest es als heilsam,
Doch du würd'st was geben ...

Das Geschäft für Schmuck und Glitter
Lässt herab die Eisengitter.
Gleich Geschäftsschluss? Eben!

2 *Kreuze diejenige Beschreibung der Grundstimmung an, die am ehesten auf das Gedicht zutrifft.*

☐ **A** sachlich, nüchtern, realitätsnah

☐ **B** bildhaft, anklagend, unruhig

☐ **C** ruhig, friedlich, optimistisch

3 *Analysiere den formalen Aufbau des Gedichts. Notiere am Rand neben den Strophen.*

4 *a) Was ist mit der Metapher „parfümier'n ihr Leben"(V. 4) gemeint? Kreuze an.*

☐ **A** Die Menschen verschönern durch Konsum tatsächlich ihr Leben.

☐ **B** Die Menschen verschaffen sich mit ihrem Konsum eine Ersatzbefriedigung für ihr unerfülltes Leben.

b) Was verdeutlicht das Bild der „verzerrte[n] Fast-Gesichter" (V. 7)?

☐ **A** Es zeigt die schwindende Identität der auf Konsum fixierten Menschen.

☐ **B** Es veranschaulicht die gehetzten Einkäufer.

5 *Worum geht es in dem Gedicht? Kreuze für jede Deutungsthese an, ob sie zutrifft oder nicht.*

Es geht um	trifft zu	trifft nicht zu
A die Leere und Kälte der Konsumwelt.	☐	☐
B die fehlende Identität der konsumorientierten Menschen.	☐	☐
C die heilsame Wirkung des Warenangebotes.	☐	☐
D die Entfremdung der Menschen voneinander.	☐	☐

Werte deine Ergebnisse aus, indem du deine Antworten mit dem Lösungsheft abgleichst. Für jede richtige Antwort bekommst du einen Punkt.

☺ **10–7 Punkte**	😐 **6–4 Punkte**	☹ **3–0 Punkte**
Gut gemacht!	*Gar nicht schlecht. Schau dir die Merkkästen der Seiten 77 bis 80 noch einmal an.*	*Arbeite die Seiten 77 bis 80 noch einmal sorgfältig durch.*

Ich teste meinen Lernstand

TIPP

Mit Hilfe des Tests auf S. 83–95 kannst du erkennen, ob du die Inhalte und Arbeitstechniken beherrschst, die in einer zentralen Prüfung oder in einer zentralen Klausur gefordert werden. Der Test in diesem Heft deckt alle Bereiche ab. So bist du in jedem Fall gut vorbereitet. Erkennst du Lücken, so kannst du bis zur Prüfung gezielt daran arbeiten, sie zu schließen.
Vorab solltest du überlegen, was du bereits gelernt hast: Wo liegen deine Stärken oder Schwächen im **Textverstehen,** in der **Grammatik,** im **Schreiben** und in der **Textüberarbeitung**?

Diagnose: Meine Stärken und Schwächen im Fach Deutsch

1 *Die Übersicht zeigt dir die Bereiche, die du gut kennen solltest.*
a) Kreuze für jeden Bereich an, wie gut du ihn schon beherrschst.
b) Frische dein Wissen auf und fülle Lücken: Schlage zu den Bereichen, die du nicht gut oder mittelmäßig bewältigt hast, noch einmal die Übungen auf den angegebenen Seiten nach. Sieh dir dort die Merkkästen an. Führe Übungen, die du noch nicht gemacht hast, aus.

Bereich	gut	mittel	nicht gut	Übungen auf Seite	Wiederhol erledi
Textverstehen, z. B.					
Informationen aus Texten schrittweise entnehmen (markieren, Begriffe klären, gliedern, zusammenfassen, Fragen und Deutungsthesen formulieren)	☐	☐	☐	S. 60–62, 69, 72, 74–75, 77	☐
Grafiken, Schaubilder und Tabellen verstehen	☐	☐	☐	S. 76	☐
Merkmale von Texten kennen und unterscheiden (z. B. Parabel, Rede)	☐	☐	☐	S. 60–65, 69–81	☐
Texte gliedern (z. B. in Handlungsschritte, in Sinnabschnitte)	☐	☐	☐	S. 60–62, 69, 78	☐
Literarische Figuren charakterisieren	☐	☐	☐	S. 68, 71, 74–76	☐
Erzählerfunktionen erkennen	☐	☐	☐	S. 66–67, 70, 74–75, 78	☐
Schreiben, z. B.					
Den Schreibprozess in mehrere Arbeitsschritte gliedern (z. B. Schreibplan, Stoffsammlung, gliedern, formulieren, überarbeiten)	☐	☐	☐	S. 3–8, 22–23, 70, 77	☐
Sachlich informieren (berichten, beschreiben)	☐	☐	☐	S. 20–24	☐
Argumentieren (Thesen entwickeln, Meinungen begründen)	☐	☐	☐	S. 9–16, 60, 64, 67–68, 70, 74–75, 77–78	☐
In Anlehnung an Sachtexte und literarische Texte schreiben	☐	☐	☐	S. 16–19, 67–68	☐
Nachdenken über Sprache, z. B.					
Die Zielrichtung und Wirkung verschiedener Ausdrucksweisen kennen und unterscheiden (z. B. informierende, argumentierende, appellative Texte)	☐	☐	☐	S. 58–65	☐
Wortarten kennen und unterscheiden	☐	☐	☐	S. 49–53	☐
Tempusformen und Konjunktiv unterscheiden und anwenden	☐	☐	☐	S. 25–32	☐
Satzbauformen und Satzverbindungen kennen und anwenden (z. B. Satzglieder, Gliedsätze, Subjekt- und Objektsatz, Satzgefüge)	☐	☐	☐	S. 33–44, 56	☐
Wortbedeutungen erschließen und unterscheiden	☐	☐	☐	S. 54–55	☐
Stilmittel, rhetorische Mittel erkennen	☐	☐	☐	S. 63, 65, 79, 81	☐
Richtig schreiben (Rechtschreib- und Zeichensetzungsregeln)	☐	☐	☐	S. 36–53, 55–57	☐

TIPP

Mit dem folgenden Test kannst du nun prüfen, wie gut du folgende Bereiche tatsächlich beherrschst:

- □ das **Verstehen von Texten** (Aufgaben A),
- □ **Nachdenken über Sprache** (Aufgaben B),
- □ **Schreiben: Erörtern** (Aufgabe C),
- □ **Textüberarbeitung** (Aufgabe D).

In dem Test begegnen dir verschiedene **Aufgabenarten,** z. B.: in einer Auswahl an möglichen Antworten die richtige ankreuzen (Multiple Choice), Lückentexte korrekt ausfüllen, kurze Begründungen formulieren, visuelle Darstellungen (Schaubilder, Grafiken) erklären, argumentieren.
Lies die Texte und die Aufgabenstellungen immer sehr aufmerksam und überlege, bevor du z. B. vorschnell ankreuzt, ob du jeweils genau verstanden hast, was verlangt wird. Stelle Aufgaben, die du nicht auf Anhieb lösen kannst, zurück und bearbeite sie zum Schluss.
Du kannst deine Antworten mit Hilfe des Lösungsheftes selbst prüfen und anhand der erreichten Punktzahl deinen **Lernstand bewerten.** Stelle abschließend deine Fehlerschwerpunkte fest und überlege, welche Bereiche du wiederholen und üben musst.

Rollenerwartungen – Der Umgang der Geschlechter miteinander

A 1 Literarische Texte verstehen

Bertolt Brecht

Wer kennt wen? (1929)

Herr Keuner befragte zwei Frauen über ihren Mann.
Die eine gab folgende Auskunft:
„Ich habe zwanzig Jahre mit ihm gelebt. Wir schliefen in einem Zimmer und auf einem Bett. Wir aßen die Mahlzeiten zusammen. Er erzählte mir alle seine Geschäfte. Ich lernte seine Eltern kennen und verkehrte mit allen seinen Freunden. Ich wußte alle seine Krankheiten, die er selber wußte, und einige mehr. Von allen, die ihn kennen, kenne ich ihn am besten."
„Kennst du ihn also?" fragte Herr Keuner.
„Ich kenne ihn."
Herr Keuner fragte noch eine andere Frau nach ihrem Mann.
Die gab folgende Auskunft:
„Er kam oft längere Zeit nicht, und ich wußte nie, ob er wiederkommen würde. Seit einem Jahr ist er nicht mehr gekommen. Ich weiß nicht, ob er wiederkommen wird. Ich weiß nicht, ob er aus den guten Häusern kommt oder aus den Hafengassen. Es ist ein gutes Haus, in dem ich wohne. Ob er zu mir auch in ein schlechtes käme, wer weiß es? Er erzählt nichts, er spricht mit mir nur von meinen Angelegenheiten. Diese kennt er genau. Ich weiß, was er sagt, weiß ich es? Wenn er kommt, hat er manchmal Hunger, manchmal aber ist er satt. Aber er ißt nicht immer, wenn er Hunger hat, und wenn er satt ist, lehnt er eine Mahlzeit nicht ab. Einmal kam er mit einer Wunde. Ich verband sie ihm. Einmal wurde er hereingetragen. Einmal jagte er alle Leute aus meinem Haus. Wenn ich ihn ‚dunkler Herr' nenne, lacht er und

sagt: Was weg ist, ist dunkel, was aber da ist, ist hell. Manchmal aber wird er finster über dieser Anrede. Ich weiß nicht, ob ich ihn liebe. Ich ..."
„Sprich nicht weiter", sagte Herr Keuner hastig. „Ich sehe, du kennst ihn. Mehr kennt kein Mensch den andern als du ihn." R

1 *Warum glaubt die erste Frau, dass sie ihren Mann kennt? Kreuze die richtige Antwort an.*

Sie glaubt ihn zu kennen, weil

- ☐ **A** sie meint, mehr über ihn zu wissen als er selbst.
- ☐ **B** ihn außer ihr nur wenige Menschen kennen.
- ☐ **C** er ihr alles über sich erzählt hat.
- ☐ **D** sie ihn seit seiner Kindheit kennt.

2 P.

2 *Kreuze die richtige Antwort an.*

Die zweite Frau wiederholt die Aussage „Ich weiß nicht", weil

- ☐ **A** sie über ihren Mann bisher zu wenig nachgedacht hat.
- ☐ **B** sie trotz allen Bemühens nichts über ihren Mann herausfinden kann.
- ☐ **C** ihr Faktenwissen über ihren Mann unwichtig erscheint.
- ☐ **D** es ihr gleichgültig ist, wie ihr Mann wirklich ist.

2 P.

3 *Kreuze an, welche Aussagen zum Text zutreffen.*

	richtig	falsch
Die erste Frau kennt das echte Wesen ihres Mannes.	☐	☐
Die zweite Frau weiß genau, woher ihr Mann stammt.	☐	☐
Die zweite Frau kennt ihren Mann, unabhängig von äußeren Fakten.	☐	☐
Die zweite Frau liebt ihren Mann nicht.	☐	☐
Die Länge einer Beziehung sagt nichts über die wechselseitige Kenntnis der Partner aus.	☐	☐
Wenn man möglichst viele Fakten weiß und den Partner jederzeit einschätzen kann, so heißt das nicht, dass man ihn auch genau kennt.	☐	☐

3 P.

4 *Kreuze die **falsche** Antwort an.*

Herr Keuner unterbricht die zweite Frau (Z. 33), weil

- ☐ **A** er keine weiteren Hinweise braucht, um ihre Kenntnis zu beurteilen.
- ☐ **B** er fürchtet, dass die Frau durch weiteres Ergründen des Geheimnisvollen ihr Erkennen gefährdet.
- ☐ **C** er verhindern will, dass sie versucht, ihre Liebe durch Worte zu erfassen.
- ☐ **D** ihn ihre ungenauen Aussagen verärgern.

2 P.

5 *Kreuze an, welchen der folgenden Sätze du für eine sinnvolle Ergänzung der Ausführungen der zweiten Frau hältst.*

„Ich weiß nicht, ob ich ihn liebe. Ich ... (Z. 31 f.)

- ☐ **A** denke, nicht. Blumen hat er mir nie mitgebracht."
- ☐ **B** weiß nicht, ob er mich liebt. Manchmal sieht er mich minutenlang an."

Begründe deine Entscheidung:

____

____

____

____

____

____

4 P.

6 *Setze die folgende Aussage Brechts begründet in Beziehung zu dem Text auf S. 83.*

„Die Menschen sind nicht ebenso fertig wie die Bildnisse, die man von ihnen macht und die man also auch besser nie ganz fertig machen sollte.“

4 P.

B 1 Nachdenken über Sprache

7 *Kreuze die richtige Antwort an.*

„aus den Hafengassen“ (Z. 19) ist ein bildlicher Ausdruck für

- ☐ **A** Elend und Krankheit.
- ☐ **B** einfache Verhältnisse wie in Fischerfamilien.
- ☐ **C** die Halbwelt, z. B. Rotlichtviertel.
- ☐ **D** Seefahrerromantik.

2 P.

8 *Kreuze die richtige Antwort an.*

„dunkler Herr“ (Z. 29) ist ein bildlicher Ausdruck für

- ☐ **A** die schwarze Kleidung des Mannes.
- ☐ **B** das pessimistische Wesen des Mannes.
- ☐ **C** das geheimnisvolle Wesen des Mannes.
- ☐ **D** die kriminelle Vergangenheit des Mannes.

2 P.

9 *Kreuze an, welche Aussagen zur Wirkung der formalen Gestaltungsmittel zutreffen.*

	richtig	falsch
Die Anapher „Einmal“ (Z. 26–28) soll das Geschehen ins Märchenhafte rücken.	☐	☐
Die Anapher „Einmal“ (Z. 26–28) soll das Episodische der Begegnung zwischen den Partnern hervorheben.	☐	☐
Die Anapher „Ich weiß nicht“ (Z. 17 f.) betont, dass es beim (Er-)Kennen eines Menschen nicht um Wissen geht.	☐	☐
Die Anapher „Ich weiß nicht“ (Z. 17 f.) betont, wie wenig die zweite Frau über das Wesen ihres Mannes weiß.	☐	☐
„Ich weiß, was er sagt, weiß ich es?“ (Z. 22 f.) ist ein Chiasmus, der den Zweifel in den Aussagen der zweiten Frau unterstreicht.	☐	☐
„Ich weiß, was er sagt, weiß ich es?“ (Z. 22 f.) ist ein Chiasmus, der die Verwirrung der zweiten Frau unterstreicht.	☐	☐

3 P.

A2 Literarische Texte verstehen

Sibylle Berg

Mädchenträume – Jungenträume (1998, Auszug)

Da sitzen wieder welche. Ein kleines Stück Sand in Italien, Abend. Die Luft ist warm und riecht nach Salz und Pinien und nach dem Mond, der auch schon da ist. Ein junges Mädchen hat die Augen halb geschlossen, ihre Arme um die Knie gelegt, Gänsehaut drauf, es ist kühl, der Abend kommt, die Nacht, die Sonne gleich weg, und ich möchte sie nie mehr aufgehen sehen, denkt das Mädchen mit dem Blick aufs Meer. Es ist verliebt in einen Jungen. Den schönsten der Welt, mit goldenen Haaren und Augen, die silbern leuchten. Der Junge liebt das Mädchen nicht, beachtet es nicht. Er sitzt ein paar Meter weiter, entfernt von ihr, mit einer anderen, hat den Arm um sie gelegt und schaut nicht rüber. Schaut das Meer an und ist der schönste Junge der Welt. Das Mädchen sieht ihn an und wünscht sich nichts mehr, als unter seinem Arm zu stecken, und wird traurig, weil das nie wird. Der Junge hat sie doch nicht angesehen. Seit zwei Wochen. Denkt das Mädchen, der Junge würde ihr das geben, was sie zum Leben braucht. Würde er nicht tun, würde niemand tun, das Mädchen aber ist jung und Verwechslungen verzeihlich. Zu lieben, nicht geliebt zu werden ist wie Tod und gerade stirbt das Mädchen zum ersten Mal. Weiß noch nicht, dass sie bald schon wieder aufwachen wird, auferstehen und immer wieder sterben, bis nach vielen Toden nichts Schönes mehr übrig ist. Das Mädchen sieht das Meer an, voller Tränen, und denkt sich, wie schön es wäre, im Meer zu liegen. Weiches Wasser um sich und an den Strand schwimmen, bei Vollmond. Da wäre er, würde ihre leuchtenden Schuppen schauen und sich verlieben. Aber sie wäre im Meer und er an Land und ein Zusammenkommen gäbe es nicht. Sie würde ihn auch lieben, aber nicht so sehr, und sehen, wie er litte. Und eines Nachts ihr folgte. Ins Wasser. Und sie ihn in die Tiefe zöge. Und er ihr wäre. Sie ihn endlich halten könnte. Und streicheln. Das denkt das Mädchen, schaut aufs Meer, das Meer schaut zurück, scheint zu blinzeln, und bei aller Trauer ist es dem Mädchen, als würde etwas leichter in ihr. Weil es Wichtigeres gibt als einen Jungen mit silbernen Augen, der sie nicht liebt. Was aber das sein soll, weiß das Mädchen nicht. Es schaut das Meer an und lächelt, zum ersten Mal nach zwei Wochen.

Der Junge sitzt und sieht das Meer an. Er hält ein Mädchen im Arm und welches ist egal. Am Ende des Meeres, so viel ist mal sicher, ist ein Land, in dem alles anders wäre. Er ist kein Versager mehr, kein Verlierer, der nichts will, nichts kann und nichts ist, außer irgendetwas, das keinen Spaß macht. Der Junge denkt nicht an Mädchen, nicht an Liebe, er sieht das Meer an und es hat etwas, das ihn tröstet, obgleich er gar nicht wusste, dass er traurig war. Er würde mit einem Boot in dieses andere Land reisen. Stünde vorne, auf dem Boot drauf, hätte die Augen durch die Hand geschützt und würde prägnante Anweisungen geben. Alle würden ihm gehorchen. Er wäre stark und nicht feige. Und würde nach Wochen strenger Befehle am Ufer des Landes festmachen. Dort wäre er der König und alle fürchteten ihn. Er wüsste dann, wozu alles gut ist, und sein Leben wäre so spannend, wie er es sich gar nicht vorstellen kann. Das denkt der Junge, er hat ein Mädchen im Arm, weil sich das so gehört, dessen Namen er nicht weiß und das er nicht liebt, auch nie lieben wird. Gerne würde er mit jemandem reden, über das ferne Land. Aber keiner da.

Das Mädchen schmiegt sich eng an den Jungen. Schon als sie ihn das erste Mal sah, wusste sie, dass er sie retten würde. Vor allem, was sie nicht verstand. Und nun sitzt sie hier, neben ihm. Das Mädchen sieht das Meer an und ihr wird ganz ohne Körper. Schwebt sie also los, vor lauter Glück. Und denkt sich, wie sie mit dem Jungen zusammen über das Wasser führe. Er am Steuer eines Schiffes. Und sie ganz ohne Angst, weil er da wäre! Dann würden sie in einem Land ankommen, das Wochen über dem Meer lag. Sie würden dort ein Haus bauen, im warmen Sand, und würden sich nur noch lieben. Weil doch das Gefühl so schön ist und in diesem Land nie aufhörte. Das Mädchen sieht den Jungen an und sieht das Meer an und noch nie war ein Meer so schön durch einen Blick. Mit ihm, am Meer mit Liebe, möchte ich alt werden, denkt es sich.

10 *Verbinde mit Linien, worauf sich die Träume der drei Protagonisten richten.*

erstes Mädchen	Familienglück
Junge	Triumph
zweites Mädchen	Emanzipation
	Macht
	Verführung
	Schutz

3 P.

11 *Kreuze die **falsche** Antwort an.*

Warum ist es dem Jungen egal, welches Mädchen er im Arm hält (Z. 43 f.)?

- ☐ A Er kann mit Mädchen nicht über seine Träume reden.
- ☐ B Er will nur die Konvention erfüllen, eine Freundin zu haben.
- ☐ C Ihm ist die Liebe zu einem Mädchen nicht wichtig.
- ☐ D Er geht davon aus, dass er die Richtige später finden wird.

2 P.

12 *Kreuze die **falsche** Antwort an.*

Das Lächeln des ersten Mädchens (Z. 41) ist bedeutsam, weil

- ☐ A das Mädchen erkannt hat, dass es Wichtigeres gibt als unerwiderte Liebe.
- ☐ B das Mädchen weiß, dass sie den Jungen bald gewinnen wird.
- ☐ C das Mädchen sich vorstellt, wie die Situation mit umgekehrten Rollen verlaufen könnte.
- ☐ D das Mädchen erleichtert ist.

2 P.

13 *Der Text handelt*
a) vom Meer als Projektionsfläche für Träume
b) und von unerfüllter Zweisamkeit.
Gib für a) und b) jeweils ein Beispiel aus dem Text an. Notiere die Zeilenangabe.

a) ______________________________

b) ______________________________

2 P.

14 *Der Text ist in drei Abschnitte geteilt: Z. 1–42, Z. 43–63 und Z. 64–79.*
Wähle für jeden Teil eine passende Überschrift aus und begründe anschließend deine Wahl.

Der König | Der Retter | Die Nixe | Trügerisches Glück | Sterben | Ferne Länder

Überschrift Teil 1: ______________________________

Begründung: ______________________________

____

____

____

____

Überschrift Teil 2: ______________________________

Begründung: ______________________________

____

____

____

Überschrift Teil 3: ______________________________

Begründung: ______________________________

____

____

______________________________ 6 P.

B 2 Nachdenken über Sprache

15 *Kreuze die richtige Antwort an.*

Die Erzählweise des Textes ist geprägt von

- [ ] **A** inneren Monologen.
- [ ] **B** auktorialem Erzählverhalten.
- [ ] **C** neutralem Erzählverhalten.
- [ ] **D** erlebter Rede.

2 P.

16 *Der Text ist in großen Passagen im Konjunktiv geschrieben. Kreuze an, um welche Form des Konjunktivs es sich handelt.*

- [ ] **A** Konjunktiv I, indirekte Rede.
- [ ] **B** Konjunktiv II, Irrealis.
- [ ] **C** Konjunktiv II als Ersatzform des Konjunktivs I.
- [ ] **D** Konjunktiv I und Konjunktiv II in spannungssteigernder Abwechslung.

2 P.

17 *Formuliere den folgenden Satz so um, dass für den Konjunktiv die Ersatzform mit „würde" gewählt wird.*

„Weil doch das Gefühl so schön ist und in diesem Land nie aufhörte." (Z. 74 f.).

______________________________ 1 P.

18 *Die Autorin verwendet in ihrer Geschichte Ellipsen, d. h. der Text enthält Auslassungen: „Der Junge hat sie doch nicht angesehen. Seit zwei Wochen. Denkt das Mädchen, der Junge würde ihr das geben, was sie zum Leben braucht." (Z. 17–19). Ergänze jeweils den ersten und den letzten Satz so, dass sie im Textzusammenhang eindeutig zu verstehen sind.*

____

____

____

______________________________ 2 P.

A 3 Sachtexte verstehen

Die Natur der Macht (2008)

Sind Frauen von Geburt an weniger an Geld und Karriere interessiert? Folgt ihre Berufswahl naturgegebenen Neigungen? Biologen und Psychologen rühren an den Grundfesten der Frauenbewegung – doch ihre neuen Erkenntnisse könnten auch helfen, die Arbeitswelt zu verweiblichen.

[1] Kim gehört zu den Besten ihres Jahrgangs. Als eines von 40 Mädchen unter 360 Jungs beginnt sie ein Studium als Maschinenbauer. Später verdient sie viel Geld als Petro-Ingenieurin. Nie, sagt sie, habe sie sich diskriminiert gefühlt. Dann, nach 20 Jahren, kündigt sie plötzlich und arbeitet fortan als Fitnesstrainerin. Sie wolle mehr Macht über ihre Zeit, sagt sie.
Sonia forscht an einer berühmten US-Universität. 20 Jahre lang. Dann wagt die Geografin ein Jahr Auszeit. Nie mehr kehrt sie ins Institut zurück. Stattdessen wird sie Grundschullehrerin: „Ich stand als Forscherin zu sehr unter Druck."
Wären Kim und Sonia Männer, die Sache wäre schnell erklärt: kein Stehvermögen, zu weich für die raue Welt des Wettbewerbs.

[2] Also typisch Frauen? Die zwei Fälle entstammen einem Buch, das, kaum auf dem Markt, hitzige Debatten entfachte: Susan Pinkers „Das Geschlechterparadox" rüttelt an den Grundfesten der Frauenbewegung.
Frauen und Technik passten nun einmal schlecht zusammen, heißt es darin. Status und Geld seien für Frauen nicht so wichtig. Frauen zeigten sich weniger risikobereit. Und: All das liege keineswegs nur an der Diskriminierung durch die Männer, sondern es gebe nun mal so etwas wie die typisch weibliche Natur.
Was ist das? Ein weiteres reaktionäres Machwerk, das Frauen am liebsten dorthin verbannen will, wo sie angeblich hingehören: an den Herd, den Kochlöffel rechts in der Hand, das Kind links an der Brust, und das am besten ganztägig?
Ganz so einfach ist es nicht. Denn dieses Mal hat keine giggelige Bestseller-Autorin Stammtischparolen und Partygeraune von Männern, die nicht zuhören, und Frauen, die nicht einparken können, zu einer gut verkäuflichen Botschaft über das merkwürdige Treiben der Geschlechter zusammengeschrieben. Die Verfasserin Susan Pinker ist Entwicklungspsychologin, Dozentin an der McGill-Universität im kanadischen Montreal, und sie verfügt über jahrelange klinische Erfahrung. Sie hat die Berufsbiografien zahlreicher Frauen studiert, die Fälle ihrer Patienten ausgewertet und Hunderte wissenschaftliche Veröffentlichungen – darunter etliche von Elite-Wissenschaftlern an den angesehensten Universitäten.

[3] Sie alle zeichnen ein Bild, das nur einen Schluss zulässt: Weil Frauen ein anderes Hirn haben als Männer, denken und verhalten sie sich anders; die Natur hat Männer und Frauen mit unterschiedlichen Neigungen und Talenten ausgestattet.
Männer, so das Fazit der Forscher, neigen eher zu Ringkampf und Risiko, aber auch zu Aggression und Uneinsichtigkeit. Weibliche Hirnaktivität hingegen befördere Einfühlungsvermögen und Disziplin, bremse jedoch den Ehrgeiz im Wettbewerb.
Natürlich handle es sich bei alledem nur um Mittelwerte – keiner der Wissenschaftler behauptet, dass diese Aussagen auf jeden Mann und jede Frau zuträfen. Im Gegenteil: Meist seien die Unterschiede innerhalb eines Geschlechts deutlich größer als die zwischen Mann und Frau. Aber so subtil die biologischen Differenzen auch sein mögen, so gravierend wirkten sie sich nun mal im

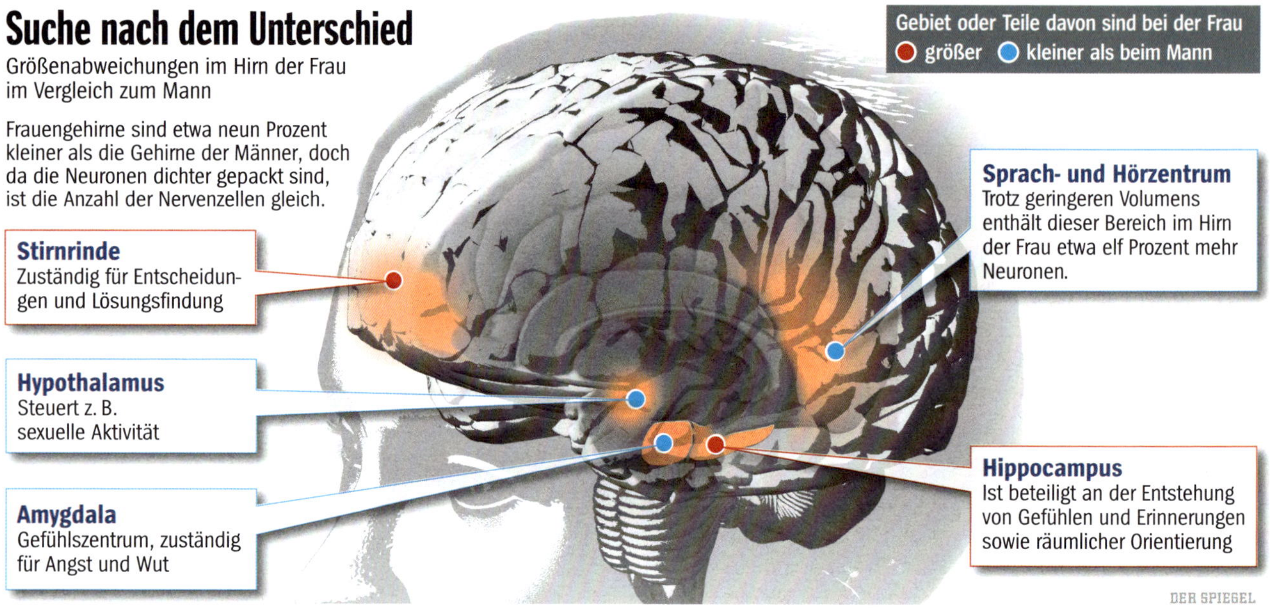

Geschlechteralltag aus. So weit die nüchterne Bestandsaufnahme, behaupten die Forscher.
Man müsse verstehen, wie weibliche Hormone das Verhalten von Frauen beeinflussen, um die Arbeitswelt besser auf ihre Bedürfnisse auszurichten. Denn schließlich könne kein Mensch dauerhaft gegen die Gesetze seiner Natur leben.

[4] Anfangs, sagt Pinker, habe sie sich schwergetan mit ihren eigenen Ergebnissen; schließlich sei sie aufgewachsen mit dem Gedankengut der Feministinnen: „Ich war überzeugt, dass man nicht als Frau geboren, sondern dazu gemacht wird", sagt Pinker. Erst viel später habe sie begriffen: „Die Biologie muss, wenn nicht das Schicksal, so doch zumindest der Ausgangspunkt sein für eine Diskussion über die Unterschiede zwischen den Geschlechtern."
Eine verstörende Aussage, ausgerechnet zu einer Zeit, in der die Gleichstellung von Mann und Frau zumindest in der westlichen Welt zu den höchsten gesellschaftlichen Zielen zählt.
Die kalifornische Hirnforscherin Brizendine erinnert sich ebenfalls an anfängliche Befangenheit. Schon damals, in den siebziger Jahren, sei sie im Tierversuch auf verblüffende Differenzen zwischen männlichen und weiblichen Gehirnen gestoßen: „Aber auf den Menschen haben wir sie nicht übertragen. Das war politisch inakzeptabel."
Der neue Slogan der Forschung lautete „Doing Gender"[1]: Geschlechterrollen und das mit ihnen verbundene Verhalten galt es als Ergebnis gesellschaftlicher Indoktrination[2] zu enttarnen. Die Verheißung der Zukunft war eine Welt, in der Mann und Frau gleich und ebenbürtig alle Positionen in Politik, Wirtschaft, Kunst und Wissenschaft besetzen sollten. Jeder Verdacht, die Natur der Geschlechter könne dem zuwiderlaufen, musste als Angriff auf diese Vision verstanden werden.
Erst in den achtziger Jahren, mit der neuen Faszination für Bio- und Gentechnik, für das geheimnisvolle Wirken von Hormonen und Neuronen, wurden biologische Argumente wieder gesellschaftsfähig. Inzwischen verstehen die meisten Wissenschaftler menschliche Entwicklung als ein höchst komplexes Zusammenspiel von „nature and nurture", von Natur und Erziehung.
Der Einfluss der Hormone ist selbst für überzeugte Verfechter der Gleichheitstheorie schwer zu leugnen. „Die Hormone prägen die Triebe einer Frau, ihre Wertvorstellungen und die Art und Weise, wie sie die Wirklichkeit wahrnimmt", konstatiert Neuropsychiaterin Brizendine.
Schwieriger allerdings ist es, auch die Unterschiede in der Funktionsweise des Gehirns dingfest zu machen. Denn auf den ersten Blick ähneln sich Männer- und Frauenhirn. Kein noch so versierter Experte wäre fähig, einem Denkorgan sein Geschlecht anzusehen.
Erst moderne Tomografen[3] machten es möglich, ins Gehirn lebender Versuchspersonen zu blicken und dabei die subtilen Einflüsse des Geschlechts auf Emotionen, Gedächtnis, Sehen, Hören, Interpretation von Gesichtsausdrücken, Schmerzwahrnehmung und Orientierungsvermögen zu beobachten. Und die Anlagen dazu entstehen bereits vor der Geburt.
So entdeckte ein Team um die Harvard-Forscherin Jill Goldstein, dass Teile der Stirnrinde – zuständig für höhere kognitive Aufgaben – bei Frauen größer sind. Bei Männern wiederum fanden sie vergrößerte Bereiche in den Schläfenlappen – zuständig für räumliches Denken.

1 **Doing Gender:** das konstruierte Geschlecht
2 **Indoktrination:** psychologische Beeinflussung im Hinblick auf die Meinungsbildung
3 **Tomograf:** Gerät zur röntgenologischen Schichtenaufnahme

[5] Auch andere Studien scheinen gängige Geschlechterklischees zu bestätigen: So verfügen Frauen offenbar über einen größeren Hippocampus, der beteiligt ist an der Verknüpfung von Gefühlen und Erinnerungen. Zudem weist das weibliche Sprach- und Hörzentrum in der Schläfenrinde eine um rund elf Prozent höhere Neuronendichte auf. Schneiden Frauen deshalb bei Sprachtests im Mittel besser ab? Und dass Teile des Hypothalamus – jener Hirnregion, die das Sexualverhalten steuert – bei Männern doppelt so groß sind, passt zu dem Vorurteil, sie dächten immer nur an das eine.
Der englische Psychologe Baron-Cohen geht noch weiter. Nach seiner Auffassung bringen der männliche und der weibliche Gehirn-Typus jeweils eigene Denkstile hervor: „Männer denken in Systemen, Frauen erfassen die Welt mit Hilfe der Empathie[4]." Entsprechend unterschiedlich verdrahtet seien ihre Denkorgane.

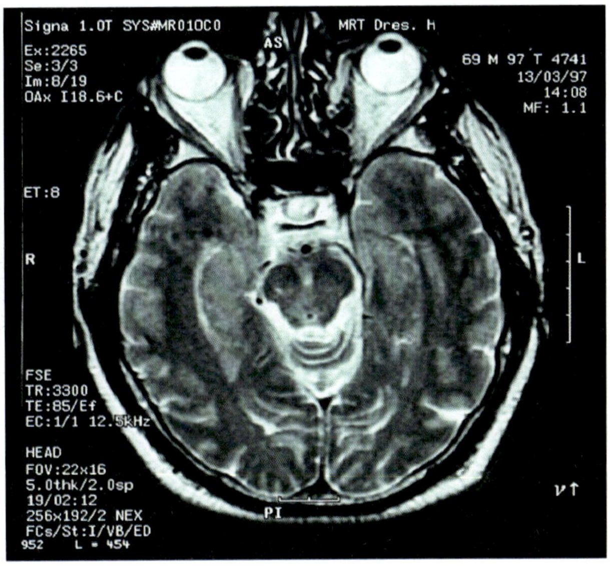

[6] Natürlich ist dies eine heikle These, würde sie doch bedeuten, dass auch die unterschiedliche Berufswahl von Männern und Frauen nicht von gesellschaftlichen Normen, sondern von naturgegebenen Neigungen bestimmt wird.

Nun müsste das nicht unbedingt ein Unheil sein. Denn wäre es wirklich so schlimm, wenn uns am Krankenbett weiterhin eine Frau das Frühstück bringen und ein Mann den Rohrbruch im Badezimmer flicken würde – vorausgesetzt, beide erhielten dafür die gleiche Bezahlung?

Nils Klawitter, Beate Lakotta, Samiha Shafy und Katja Thimm

4 **Empathie:** Fähigkeit, sich in die Gefühle und Einstellungen anderer einzufühlen

19 *Der Text ist in sechs Abschnitte gegliedert. Ordne jeder Überschrift den richtigen Textabschnitt zu, indem du sie in der linken Spalte von 1 bis 6 nummerierst.*
Achtung: Eine Überschrift passt nicht! Streiche sie durch.

- ☐ Der Mythos vom konstruierten Geschlecht
- ☐ Ein neues Buch beleuchtet die weibliche Natur
- ☐ Risiko Geschlechterunterschied
- ☐ Zu weich für den Konkurrenzkampf?
- ☐ Leben mit dem Unterschied
- ☐ Die Biologie dominiert den Denkstil
- ☐ Der kleine Unterschied mit großen Folgen?

6 P.

20 *Der Text handelt davon, dass Geschlechterunterschiede biologisch bedingt sind. Dies ist nachweisbar im*
a) Strukturaufbau des Gehirns,
b) Hormonhaushalt.
Gib jeweils ein Beispiel für a) und b) aus dem Text an. Notiere die Zeilenangabe.

a) ____________________

____

____

b) ____________________

____

____

2 P.

21 *Kreuze an, welche Aussagen zum Text zutreffen.*

	richtig	falsch
Frauen sind genauso risikobereit wie Männer.	☐	☐
Männer sind ehrgeiziger als Frauen.	☐	☐
Frauen sind weniger einsichtig als Männer.	☐	☐
Männer sind weniger diszipliniert als Frauen.	☐	☐
Frauen erfassen die Welt stärker über Gefühle als Männer.	☐	☐
Männern und Frauen ist die berufliche Position gleich wichtig.	☐	☐

3 P.

22 *Das Schaubild soll die Grundaussage des Textes wiedergeben. Wie geeignet ist es für diesen Zweck? Begründe, indem du sowohl auf den Text als auch auf das Bild eingehst.*

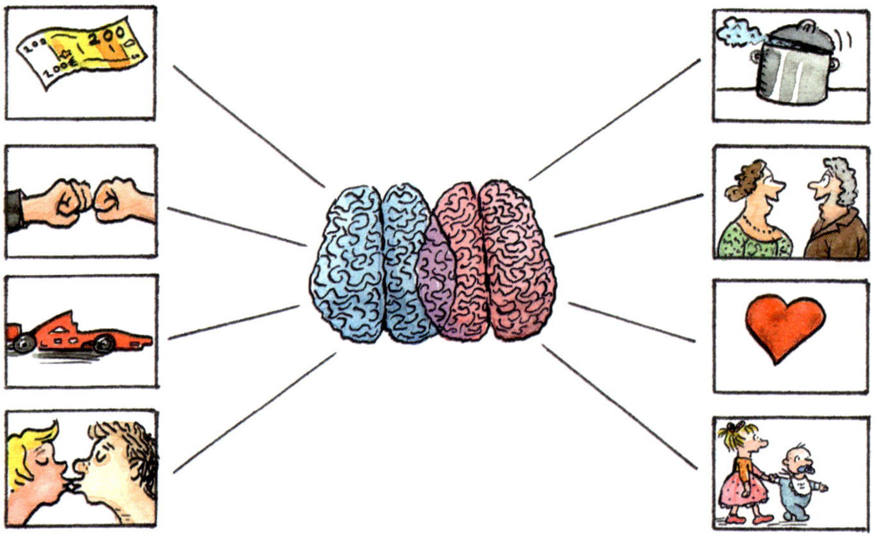

6 P.

23 *Kreuze die richtige Antwort an.*

Die Forschung zu Geschlechterunterschieden hat Folgendes ergeben:

☐ **A** Die Unterschiede zwischen den Geschlechtern sind geringer als diejenigen innerhalb der Geschlechter.

☐ **B** Männer unterscheiden sich untereinander nur sehr wenig.

☐ **C** Der Unterschied innerhalb der Geschlechter ist kleiner als der zwischen den Geschlechtern.

☐ **D** Männer und Frauen haben kaum unterscheidbare Hirnstrukturen.

2 P.

24 *Kreuze an, welche Aussagen zur Grafik auf S. 90 zutreffen.*

	richtig	falsch
Das Gefühlszentrum ist bei Frauen größer als bei Männern.	☐	☐
Weibliche Gehirne sind kleiner als männliche.	☐	☐
Frauen und Männer haben die gleiche Anzahl an Nervenzellen im Gehirn.	☐	☐
Der Hippocampus steuert die sexuelle Aktivität.	☐	☐
Frauen sind ängstlicher als Männer, weil die Amygdala bei ihnen größer ist.	☐	☐
Männer haben ein größeres Sprachzentrum als Frauen.	☐	☐

3 P.

25 *Kreuze die richtige Antwort an.*

Die Grafik auf S. 90 ist formal betrachtet

☐ **A** eine Röntgenaufnahme.
☐ **B** ein Strukturdiagramm.
☐ **C** eine Erklärgrafik.
☐ **D** eine topografische Grafik.

2 P.

26 *Kreuze die richtige Antwort an.*

Mit Hilfe eines Tomografen kann man

☐ **A** die Gedankenunterschiede der Geschlechter lesen.
☐ **B** die Einflüsse des Geschlechts auf das Orientierungsvermögen beobachten.
☐ **C** geschlechtsspezifische Gesichtsausdrücke interpretieren.
☐ **D** das Orientierungsvermögen der Geschlechter beeinflussen.

2 P.

27 *Der Text endet mit den Sätzen „Nun müsste das nicht unbedingt ein Unheil sein. Denn wäre es wirklich so schlimm, wenn uns am Krankenbett weiterhin eine Frau das Frühstück bringen und ein Mann den Rohrbruch im Badezimmer flicken würde – vorausgesetzt, beide erhielten dafür die gleiche Bezahlung?"*
Ist dies ein angemessenes Fazit zu dem Text? Kreuze die Meinung an, der du zustimmen kannst, und begründe deine Entscheidung.

☐ **A** Die Sätze sind ein angemessenes Fazit zum Text.
☐ **B** Die Sätze sind kein angemessenes Fazit zum Text.
☐ **C** Die Sätze sind teilweise ein angemessenes Fazit zum Text.

___

___

___

___

6 P.

B3 Nachdenken über Sprache

28 *Im Text heißt es: „[...] eine Welt, in der Mann und Frau gleich und ebenbürtig alle Positionen [...] besetzen sollten" (Z. 97–99). Kreuze die richtige Antwort an.*

„Ebenbürtig" bedeutet

☐ **A** gleichmäßig. ☐ **B** ebenmäßig. ☐ **C** gleichrangig. ☐ **D** selbstverständlich.

2 P.

29 *Im Text heißt es: „[...], konstatiert Neuropsychiaterin Brizendine." (Z. 113 f.)*
Kreuze die richtige Antwort an.

„Konstatieren" bedeutet

☐ **A** feststellen. ☐ **B** konstruieren. ☐ **C** festlegen. ☐ **D** kommentieren.

2 P.

30 *„Und dass Teile des Hypothalamus – jener Hirnregion, die das Sexualverhalten steuert – bei Männern doppelt so groß sind, passt zu dem Vorurteil, sie dächten immer nur an das eine." (Z. 139–142)*
In welchem Verhältnis steht der durch „Und dass" eingeleitete Nebensatz zur Aussage im Hauptsatz? Kreuze die richtige Antwort an.

Der Nebensatz enthält

☐ **A** die Bedingung. ☐ **B** die Folge. ☐ **C** die Absicht. ☐ **D** die Begründung.

2 P.

C Schreiben: Erörtern

31 *Eine Ausgabe der Schülerzeitung über die aktuelle Forschung zu Geschlechterunterschieden hat zu einer regen Diskussion in der Schulgemeinde geführt. Überlegt werden soll z. B., ob die Koedukation, der gemeinschaftliche Unterricht beider Geschlechter, in ausgewählten Fächern aufgegeben werden soll.*
Verfasse eine Stellungnahme zu dieser Fragestellung für die Schülerzeitung.
Gehe folgendermaßen vor:

a) Nutze die folgenden Stichworte für Argumente. Streiche die Stichworte durch, die für die Argumentation nicht tragfähig sind. Ergänze u. U. weitere Argumente.

- ☐ größere Muskelkraft der Jungen
- ☐ geschlechtsunabhängige individuelle Unterschiede in den körperlich-sportlichen Möglichkeiten
- ☐ mangelndes Abstraktionsvermögen von Mädchen, vor allem in Mathematik
- ☐ ungleiche Chancen von Jungen und Mädchen durch unterschiedlich starke Beachtung seitens der Lehrer und Lehrerinnen
- ☐ reflektierter Umgang mit den Geschlechtsstereotypen
- ☐ Differenzierung auch in gute und schlechte Schülerinnen und Schüler
- ☐ geringeres Selbstbewusstsein bei Mädchen, Aggression und Dominanz bei Jungen
- ☐ fehlende Möglichkeit, einen Partner zu finden
- ☐ Vergrößerung der Unterschiede zwischen den Geschlechtern
- ☐ Toleranz lernen im Umgang mit andersartigen, geschlechtsbedingten Einstellungen und Wahrnehmungen
- ☐ geschlechtsspezifische Unterschiede in der Berufswahl
- ☐ ______________________________
- ☐ ______________________________
- ☐ ______________________________
- ☐ ______________________________
- ☐ ______________________________

b) Formuliere aus den Stichworten Argumente und nummeriere/sortiere sie nach ihrer Relevanz und Überzeugungskraft.
c) Beachte beim Verfassen der Stellungnahme die Einleitung, in der du auf den Sachverhalt eingehst (Diskussion in der Schule) und eine These aufstellst.
d) Führe im Hauptteil deine Argumente an, stütze sie nach Möglichkeit durch Beispiele und entkräfte mögliche Gegenargumente.
e) Gehe im Schlussteil noch einmal auf den Sachverhalt und die These ein.
f) Überarbeite deinen Text (adressatengerechte Formulierungen, Schreibregeln).

40 P.

D Nachdenken über Sprache: Textüberarbeitung

Das Redaktionsteam einer Schülerzeitung hat die Ergebnisse der Umfrage „Der kleine Unterschied“ in seiner Schule zusammengefasst. Befragt wurden 10- bis 20-Jährige zu ihrem Rollenverständnis und ihren Erwartungen an das andere Geschlecht. In der Redaktionskonferenz sollen die Sätze im Text überarbeitet werden, in denen die Satzverknüpfungen fehlerhaft sind oder in denen Beziehungs- und Wortfehler das Verständnis trüben.

32 *Markiere zunächst die Fehler in der linken Spalte. Formuliere dann in der rechten Spalte den Satz neu.*

fehlerhafte Sätze	verbesserte Formulierung
1. Es scheinen große Unterschiede zwischen den Geschlechtern zu bestehen, zumal die meisten Befragten es ausdrücklich verneinen.	
2. 40 % der 18-jährigen Mädchen wünschen sich, dass ihr Freund sich vor Gefahren beschützen kann.	
3. Jedes zweite Mädchen aus der Oberstufe glaubt, dass ein Mann nicht unbedingt die Beschützerrolle einnehmen muss, derweil es selbst auf sich aufpassen kann.	
4. Zwei Dritteln aller Jungen sind Abenteuer und Herausforderung wichtiger als wie Sicherheit und Sorglosigkeit.	
5. Es gehört zu den herausragenden Ergebnissen der Umfrage, weil die Geschlechterrollen erstaunlich früh festgelegt sind.	
6. Zwar fühlen sich die meisten Schüler und Schülerinnen durch ihre Lehrer in Bezug auf das Geschlecht gleich behandelt, obwohl immerhin sind es 10 %, die es anders sehen.	

12 P.

Autoren- und Quellenverzeichnis

S. 5 Buber, Martin: Das vergebliche Suchen. Aus: Die Erzählungen der Chassidim. Manesse, Zürich 1949, S. 837; **S. 10:** „In einer fünften Klasse ...". In: „Wissen", Magazin der Süddeutschen Zeitung, Heft 4/2008, S. 53; **S. 17:** Hofmann, Ruth: Die helle Seite der Macht. In: Publik-Forum 12/2007, S. 32 f.; **S. 20:** Meurer, Christoph: Wenn die Alten von den Jungen lernen. In: Bonner General-Anzeiger, 23. 06. 2008, S. 6; **S. 20 f.:** Julkunen, Linda: Erfahrungsbericht EULE („Auch ich habe mich ..."). www.feg-bonn.de/eule.html; **S. 21:** Material 3: www.feg-bonn.de/eule.html; **S. 26:** Schädlich, Hans Joachim: Die Sache mit B. Aus: Beste deutsche Erzähler 2000. Hg. v. Verena Auffermann. DVA, Stuttgart/München 2000, S. 51; **S. 28 f.:** Canetti, Elias: Über Karl Kraus. Aus: Die Fackel im Ohr: Lebensgeschichte 1921–1931. Hanser, Wien 1980; **S. 31, 32:** Goethe, Johann Wolfgang: Die Leiden des jungen Werther (Auszug)/Werther schreibt. Aus: Die Leiden des jungen Werther. Reclam, Ditzingen 2001, S. 50 f. u. 56; **S. 36:** Butscher, Ralf: Die Zukunft lässt sich Zeit. In: Bild der Wissenschaft, „Zukunft", Konradin Medien GmbH, Heft 10/2008, S. 90; **S. 37:** „aus Paragraf 45, Thema: Explizitlautung". Aus: Duden: Die Grammatik. Dudenverlag, Mannheim u. a. 2005, S. 52; Rauch, Judith: Deutschland im Darwin-Jahr: Kaum Evolutionsbiologen. In: Bild der Wissenschaft plus: „Evolution!", Konradin Medien GmbH, Februar 2009, S. 7; **S. 39:** Wilhelm, Klaus: Vom Tierlaut zum Menschenwort. In: Bild der Wissenschaft, Konradin Medien GmbH, Heft 5/2008, S. 20; **S. 48:** „Aus dem Reiseführer: Hansaviertel". Aus: Baedeker: Berlin, 18. Auflage. Baedeker, Ostfildern 2008, S. 219 f.; **S. 57, 70:** Kafka, Franz: „Du hast dein ganzes Leben lang ..." und „Brief an den Vater (1919, Auszug)". Aus: Brief an den Vater (Faksimile). Hg. v. Joachim Unseld. Fischer TB, Frankfurt/M. 1994, S. 115 u. 152 f.; **S. 60 f.:** Schmidt, Renate: Rede zur Ausstellungseröffnung der Widerstandsgruppe „Die Weiße Rose" am 30. 03. 2004 in Berlin. www.bundestag.de; **S. 66 f.:** Frisch, Max: Homo faber: Ein Bericht. Suhrkamp, Frankfurt/M. 1977, S. 90 f.; **S. 69, 71:** Kafka, Franz: „Die Brücke" und „Der Aufbruch". Aus: Die Erzählungen und andere ausgewählte Prosa. Fischer Verlag, Frankfurt/M. 2007, S. 264 f. u. 384; **S. 72 ff.:** Brecht, Bertolt: Die heilige Johanna der Schlachthöfe. Suhrkamp, Frankfurt/M. 1962, S. 33–42; **S. 77:** Zech, Paul: Fabrikstraße tags. Aus: Lyrik des Expressionismus. Hg. v. Silvio Vietta. Niemeyer, Tübingen 1999, S. 150; **S. 81:** Schwanke, Olaf n.: Fußgängerzone. Aus: Großstadtlyrik. Hg. v. Waltraud Wende. Reclam, Stuttgart 1999, S. 347; **S. 83:** Brecht, Bertolt: Wer kennt wen? Aus: Geschichten vom Herrn Keuner. Suhrkamp, Frankfurt/M. 1971, S. 34; **S. 86:** Berg, Sibylle: Mädchenträume – Jungenträume. Aus: Sex II. Reclam, Leipzig 1998, S. 89 f.; **S. 89 ff.:** Die Natur der Macht. In: DER SPIEGEL 39/2008, 22. 09. 2008, S. 52 ff.

Bildquellenverzeichnis

S. 9: picture-alliance/Sander; **S. 12:** picture-alliance/maxppp; **S. 17:** picture-alliance; **S. 20:** EULE-Logo: mit freundlicher Genehmigung der Bürgerstiftung Bonn – Eine Initiative der Sparkasse; **S. 23, 37 unten:** picture-alliance/ZB; **S. 26 oben, 28 links, 40, 43, 46, 49, 56, 67:** picture-alliance/dpa; **S. 26 unten, 91:** picture-alliance/OKAPIA KG, Germany; **S. 27:** picture-alliance/Bildagentur Huber; **S. 28 rechts, 30, 69, 70:** picture-alliance/akg-images; **S. 32:** ullstein bild/Granger Collection; **S. 37 oben:** © Bibliographisches Institut & F. A. Brockhaus AG; Mannheim; **S. 39:** R. Schmitz, mit freundlicher Genehmigung von J. Krause, Max-Planck-Institut für evolutionäre Anthropologie, Leipzig; **S. 42:** picture-alliance/dpa/dpaweb; **S. 44:** picture-alliance/Jazz Archiv; **S. 47:** ullstein bild/Brockdorff; **S. 50:** ullstein bild/Imagebroker.net; **S. 52:** ullstein bild/photothek; **S. 59:** picture-alliance/dpa Themendienst; **S. 61 oben:** ullstein bild/WITTENSTEIN, **unten:** © Deutscher Bundestag/Achim Melde/Lichtblick; **S. 81:** ullstein bild/Unkel; **S. 89:** ullstein bild/CHROMORANGE; **S. 90:** Grafik aus: DER SPIEGEL 39/2008, S. 55, © SPIEGEL-Verlag Rudolf Augstein GmbH & Co. KG, Hamburg

Impressum

Redaktion: lüra – Klemt & Mues GbR, Wuppertal

Illustrationen: Maja Bohn, Berlin (S. 83,86), Amelie Glienke, Berlin (S. 4, 7, 18, 51, 54, 92)
Umschlaggestaltung: Katrin Nehm
Layoutkonzept: Katharina Wolff
Layout und technische Umsetzung: werkstatt für gebrauchsgrafik, Berlin

www.cornelsen.de

1. Auflage, 1. Druck 2009

Druck: Parzeller Druck- und Mediendienstleistungen, Fulda

ISBN 978-3-464-68066-7

Inhalt gedruckt auf säurefreiem Papier aus nachhaltiger Forstwirtschaft.

Deutschbuch
Arbeitsheft
Neue Ausgabe

Lösungen 10

Seite 3

2 *Einen informativen Text verfassen: 3 (Bericht für Schülerzeitung)*
Eine Argumentation zu einem Sachverhalt schreiben: 2 (Redeanalyse mit Stellungnahme), 9 (Zeitungskommentar), 10 (Leserbrief)
Einen Sachtext/medialen Text analysieren, einen literarischen Text analysieren/interpretieren: 1 (Interpretation einer Kurzgeschichte), 5 (Gedichtinterpretation)
Mehreren Texten Informationen entnehmen: 7 (Sachtext und Diagramm in Beziehung setzen)
Einen Text nach vorgegebenen Aspekten ...: 6 (Begründete Textüberarbeitung)
Produktionsorientiert (gestaltend) zu Texten schreiben: 4 (Textfortsetzung schreiben), 8 (Innerer Monolog aus veränderter Perspektive)

Seite 4

3 ***Analysieren***
von literarischen Texten (Gedichte, Kurzgeschichten, Romanauszüge etc.)
Du sollst ...
- ☐ *die Struktur/den Aufbau des Textes beschreiben und die zentralen Inhalte/den Kerngedanken erfassen und wiedergeben.*
- ☐ *Deutungsvorstellungen entwickeln, formulieren und in größere Zusammenhänge einordnen können.*
- ☐ *den Text auf gattungsspezifische Merkmale hin untersuchen und die Wirkungsweise der Gestaltungsmittel darstellen.*
- ☐ *Textaussagen bewerten und mit geeigneten Zitaten begründen.*

Analysieren
von Sachtexten (Reden, Zeitungsartikel, Diagramme etc.)
Du sollst ...
- ☐ *die Struktur/den Aufbau des Textes/den Argumentationsgang beschreiben und die zentralen Gedanken erfassen und wiedergeben.*
- ☐ *Informationen aus den Texten zusammenfassen und vergleichen und bewerten.*
- ☐ *formale Gestaltungsmittel untersuchen und ihre Wirkungsweise an Beispielen darstellen.*
- ☐ *Textaussagen bewerten und mit Hilfe von geeigneten Zitaten begründen.*

Erörtern
von Problemen oder im Anschluss an eine Textvorlage
Du sollst ...
- ☐ *den Argumentationsgang einer Vorlage zusammenfassen.*
- ☐ *Argumente bzw. Beispiele sammeln, nennen und Thesen entwickeln.*
- ☐ *Argumente prüfen, dich mit ihnen auseinandersetzen und sie bewerten.*
- ☐ *Argumente in Beziehung setzen und zu einer Argumentationskette verknüpfen.*
- ☐ *einen Argumentationsgang entwerfen und verfassen.*
- ☐ *zu einem Text, Sachverhalt kritisch Stellung nehmen.*

4

Operator	*Definition*
A (kritisch) Stellung nehmen	*3 Die Einschätzung einer Problemstellung, eines Sachverhalts auf der Grundlage fachlicher Kenntnis und Einsicht nach kritischer Prüfung und Abwägung formulieren.*
B deuten	*5 Ergebnisse der Textuntersuchung zusammenhängend erklären (interpretieren).*
C wiedergeben	*2 Inhalte, Zusammenhänge in eigenen Worten sachlich und fachsprachlich richtig darstellen.*
D beurteilen	*4 Hinsichtlich der Textvorlage zu einem selbstständigen, sachlich begründeten Urteil gelangen.*
E erläutern	*6 Textaussagen, Sachverhalte auf der Basis von Kenntnissen und Einsichten differenziert darstellen und durch zusätzliche Informationen und Beispiele veranschaulichen.*
F sich auseinandersetzen	*1 Zu einer Problemstellung oder These eine Argumentation entwickeln, die zu einem begründeten und nachvollziehbaren Ergebnis führt.*

Seite 5

5 *eine Parabel*

6 *Mögliche Stichworte:*
Rabbi erzählt Geschichte; Tor (dummer Mann); jeden Morgen Kleidersuche (Orientierungslosigkeit); schreibt auf, wo Kleider liegen (Strukturierung der Lebenszusammenhänge); findet Kleider, aber findet sich selbst nicht wieder (Verlorenheit im System); Rabbi: so geht es den Menschen

Seite 5

7 a) *Untersuchungsaspekte bei Aufgabe 1: den Inhalt der Parabel in eigenen Worten wiedergeben, die Struktur ermitteln, die Figuren beschreiben, die Erzählperspektive untersuchen, auf die sprachliche Gestaltung eingehen, die Ergebnisse aus Aufgabe 1 zu den Merkmalen der Textsorte „Parabel" in Beziehung setzen*
Aspekte bei Aufgabe 2: die Bedeutung des Textes einschätzen
b) *Mögliche Mind-Map:*

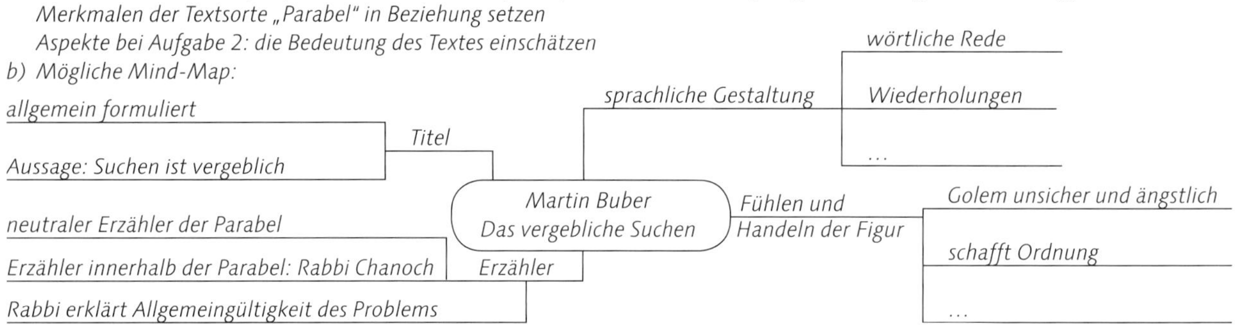

Seite 6

8

Einleitung

↓

Hauptteil	*kurze Inhaltsangabe* *Textbeschreibung (Aufbau, Struktur)* *Detailanalyse (Handlung, Figuren, Problem, sprachliche Gestaltung, Erzählstrategie, Wissen zur Textsorte)* *ggf. deutungsrelevantes Kontextwissen (Autor, Werk, Zeitgeschichte)*	*1*

↓

Schluss	*Zusammenfassende Deutung (mögliche Aktualisierung)*	*2*

9 *Der größte Zeitraum muss für den Teiloperator 1 eingeplant werden, da er die meisten Einzelaspekte enthält.*

Seite 7

10

Arbeitsschritte	***einzuplanende Zeit***
Schritt 1: Aufgabenstellung genau lesen und verstehen, was verlangt wird, gegebenenfalls im Wörterbuch nachschlagen	*5 Minuten*
Schritt 2: vor der Analyse den Text zweimal lesen, beim zweiten Mal Wichtiges markieren und Randnotizen machen	*15 Minuten*
Schritt 3: kurze Notizen zu jeder Aufgabe auf einem Extrablatt entwerfen, dabei auf gedankliche Gliederung (Schreibplan!) achten	*15 Minuten*
Schritt 4: den Text zu den einzelnen Aufgaben ausformulieren	*50 Minuten*
Schritt 5: den eigenen Text noch einmal sorgfältig überarbeiten und auf Fehler und Unstimmigkeiten achten	*15 Minuten*

Seite 9

1 *Die These ist unterlegt, die Argumente sind unterstrichen und die Belege sind mit einer Punktlinie unterstrichen.*

„Mobbing in der Schule" ist ein Thema, das seit einiger Zeit viel Beachtung findet. Bevor ich an diese Schule kam, bin ich selbst an meiner alten Schule gemobbt worden, ich weiß also, wovon ich rede! Aus eigener Erfahrung halte ich nichts davon, wenn Lehrer sich in Mobbing-Probleme von Schülern einmischen, und zwar aus folgenden Gründen:	*Einleitung: Aktualität des Themas und eigene Erfahrung*
Erstens ist die Reichweite der Lehrkräfte begrenzt. Schon auf dem Schulhof in der Pause haben sie keinen Überblick mehr, und sobald du das Schulgelände verlassen hast, können sie dir erst recht nicht mehr helfen.	*Hauptteil:* *1. Faktenargument* *Beleg: genauere Erläuterung*
Außerdem machen sie die Sache oft nur noch schlimmer. Nachdem meine Klassenlehrerin mein Mobbing-Problem damals in der Klassenratsstunde zum Thema gemacht hatte, wurde es für mich erst richtig unerträglich, weil ich bei meinen Feinden jetzt auch noch als Verräterin galt und weil alle anderen aus der Klasse, die teilweise gar nichts davon mitbekommen hatten, mich nur noch bemitleideten und mich somit noch mehr zur Außenseiterin machten.	*2. Faktenargument* *Beleg: eigenes Beispiel*
Und schließlich ist es auch schwierig, den Lehrern zu erklären, worin das Problem eigentlich genau besteht. Die Lehrer müssten sich intensiv mit der Sache beschäftigen, um überhaupt zu verstehen, was da genau abläuft, und so viel Zeit und Interesse haben sie in der Regel nicht. Meine schon erwähnte Klassenlehrerin zum Beispiel hat die Sache dann nach der einen Stunde auch nicht weiterverfolgt.	*3. Faktenargument* *Beleg: Erläuterung und eigenes Beispiel*
Deshalb mein Rat: Haltet die Lehrkräfte aus der Angelegenheit raus und sucht euch lieber starke Verbündete unter euren Mitschülern!	*Schluss: Appell; Ratschlag*

Seite 10

2 *1: ja; 2: nein; 3: nein; 4: 1. Argument: ja, 2. Argument: nein, 3. Argument: nein; 5: nein (Antonias erstes Argument ist das stärkste, weil sich zu ihm nur schwer ein Gegenargument finden lässt.)*

3 *Beispiel für eine Stellungnahme:*
In letzter Zeit ist an unserer Schule viel von „Mobbing" die Rede. Doch was ist das überhaupt? Das Wort „to mob" kommt aus dem Englischen und bedeutet wörtlich „anpöbeln". Mobbing bezeichnet organisierten Psychoterror am Arbeitsplatz oder in der Schule, der das Ziel hat, das Opfer auszugrenzen. Wenn Schüler Opfer von Mobbing werden, dann sollten sie sich auf jeden Fall an eine Lehrkraft wenden.
Lehrkräfte kennen die Klassenstruktur am besten, deshalb sind sie die ersten Ansprechpartner für gemobbte Schüler. Sie wissen z. B., welche Schüler in der „Rangordnung" weit oben stehen, und können mit diesen reden.
Lehrkräfte können mit durchdachten Maßnahmen die Position von gemobbten Schülerinnen und Schülern stärken und verbessern. Dabei müssen sie das Problem in der Klasse gar nicht direkt ansprechen. Ein Lehrer ließ zum Beispiel einmal eine Schülerin, die als Außenseiterin galt, im Musikunterricht vorsingen. Da sie eine sehr gute Sängerin war, beeindruckte sie die ganze Klasse.
Beim Umgang mit Mobbing haben Lehrkräfte starke Verbündete. Sie finden Unterstützung bei professionell organisierten Projekten und Hilfsorganisationen, die das Problem mit gezielten Aktionen angehen. Die Lehrerin einer fünften Klasse, in der ein neuer Schüler ausgegrenzt wurde, meldete ihre Schüler für eine Anti-Mobbing-Aktion des Kinderhilfswerks an. Die Klasse drehte einen Film, gewann damit einen Preis und ist jetzt der Meinung: „Wir haben Mist gebaut, als wir den Neuen gemobbt haben."
Gemeinsam lässt sich Mobbing stoppen oder verhindern. Darum rate ich allen Schülern: Vertraut euch euren Lehrerinnen und Lehrern an, wenn ihr Opfer von Mobbing werdet! Und ich bitte alle Lehrkräfte: Wenn sich Schüler mit Mobbing-Problemen an Sie wenden, nehmen Sie sie ernst und schöpfen Sie Ihre Möglichkeiten aus, um ihnen zu helfen!

Seite 11 – Teste dich!

1 *1: trifft zu, 2: trifft zu, 3: trifft nicht zu, 4: trifft nicht zu, 5: trifft zu* 5

2 *(4) Beispiel als Beleg, (2) eigene Meinung und These, (3) Autoritätsargument, (5) Schlusssatz mit Appell, (1) Einleitung über Aufzeigen eines Problems* 10

Seite 12

1

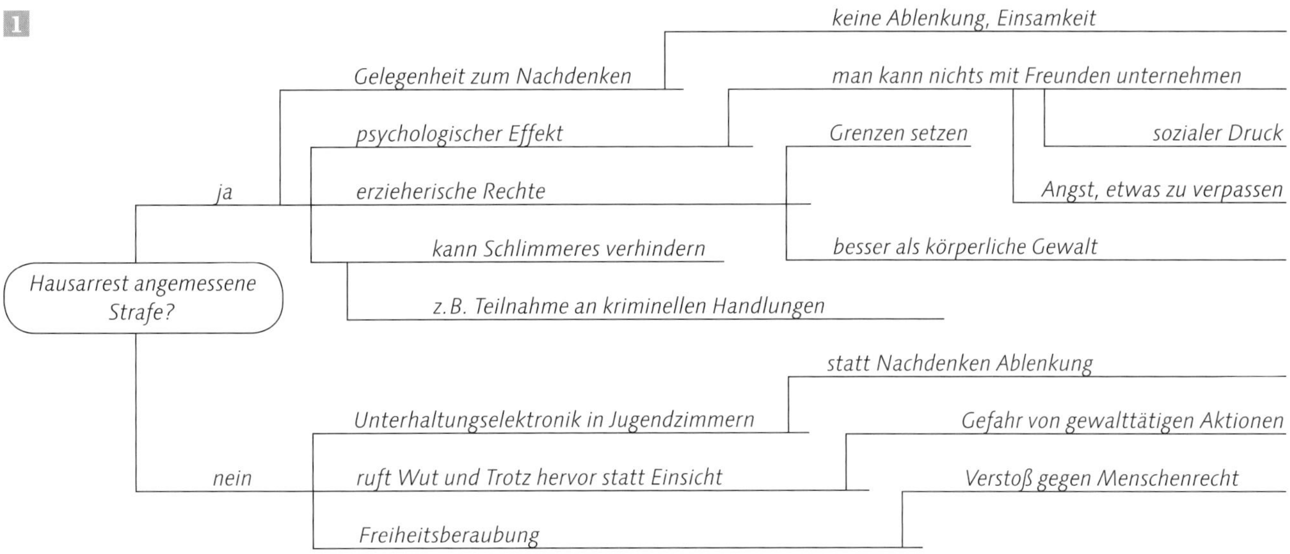

2 a) ***Argumente für Hausarrest:***
„dass Eltern ihren Kindern gegenüber durchaus erzieherische Rechte haben"
„dass Eltern gerade durch eine solche Maßnahme ihrer Verantwortung und Aufsichtspflicht nachkommen, wenn sie durch ein Ausgehverbot verhindern, dass ihr Kind an einer gefährlichen Unternehmung [...] teilnimmt"
„psychologischen Effekte", „Nichts mit seinen Freunden unternehmen zu dürfen, führt auch im Freundeskreis zu einem gewissen sozialen Druck"

Argumente gegen Hausarrest:
„meist überreichen Ausstattung von Kinder- und Jugendzimmern mit Spiel- und Unterhaltungsmöglichkeiten"
„die potenzielle Gefahr, dass der oder die Eingesperrte seiner oder ihrer Wut über die Strafe gewalttätig Ausdruck verleiht"
„Freiheitsberaubung", „den Verstoß gegen ein verbrieftes Menschenrecht"

b) *„Nicht außer Acht gelassen werden sollte darüber hinaus", „wollte man [...], könnte man", „erscheint es sehr viel besser", „Noch schwerer wiegt", „Am wichtigsten und ausschlaggebend aber"*

Seite 13

3 a) *Sanduhr-Prinzip*
b) *für Hausarrest*

4

Hausarrest ist Freiheitsberaubung, also ein Verstoß gegen ein verbrieftes Menschenrecht.

Überleitung (im Text schon ausformuliert): Will man auf einer solchen juristischen Ebene argumentieren, kann man freilich entgegenhalten …

Eltern haben ihren Kindern gegenüber durchaus erzieherische Rechte.

Überleitung: Hausarrest ist zwar von Seiten der Eltern eine gewaltfreie Maßnahme, aber fassen Kinder dies ebenso auf?

Es besteht die potenzielle Gefahr, dass der oder die Eingesperrte seiner oder ihrer Wut über die Strafe gewalttätig Ausdruck verleiht.

Überleitung: Selbst in einem solchen Fall ist aber der mögliche häusliche Schaden gegen womöglich schlimmere Folgen abzuwägen.

Eltern kommen gerade durch eine solche Maßnahme ihrer Verantwortung und Aufsichtspflicht nach, wenn sie durch ein Ausgehverbot verhindern, dass ihr Kind an einer gefährlichen Unternehmung teilnimmt.

Überleitung: Aber nicht immer wird es bei Hausarrest um solche Bedrohungen gehen. In allen anderen Fällen stellt sich die Frage nach der Wirksamkeit dieser Maßnahme.

Bei der heutigen überreichen Ausstattung von Kinder- und Jugendzimmern mit Spiel- und Unterhaltungsmöglichkeiten ist Hausarrest keine richtige Strafe.

Überleitung: Eine solche Argumentation lässt die psychologischen Effekte des Hausarrests außer Acht:

Nichts mit seinen Freunden unternehmen zu dürfen, setzt auch im Freundeskreis unter einen gewissen sozialen Druck.

Seite 14

5 *Mögliche Belege/Beispiele:*
1. *Dabei ist vor allem an Fernseher und Computer zu denken, über die heute sehr viele Kinder und Jugendliche in ihrem eigenen Zimmer verfügen.*
2. *Zum Beispiel geschieht es nicht selten, dass Kinder in einer solchen Situation alle Schränke und Schubladen, alle Kisten und Kartons in ihrem Zimmer auf den Boden ausleeren oder sich mit Stiften und Farben über die Möbel und die Wände hermachen.*
3. *Wenn eine wichtige Verabredung oder sogar ein Date aus einem derart peinlichen Grund wie Hausarrest platzt, ist das nur schwer wiedergutzumachen.*

6 *Beispiele für die Einleitung:*
Fallbeispiel: *Mein Freund Johann, 15 Jahre alt, schafft es einfach nicht, pünktlich zu sein: Schon morgens in der Schule nicht, und erst recht nicht abends. Nie kommt er zu dem Zeitpunkt heim, den seine Eltern ihm vorgeschrieben haben, eine halbe oder gar eine ganze Stunde Verspätung ist der Normalfall. Kürzlich haben seine Eltern nun die Konsequenz daraus gezogen: Johann darf einen ganzen Monat lang abends überhaupt nicht mehr ausgehen. Ich frage mich seitdem: Ist Hausarrest eine akzeptable elterliche Strafe, wenn Jugendliche über die Stränge schlagen?*

Definition: *„Hausarrest" ist ein anderes Wort für ein Ausgehverbot. Ursprünglich kommt es aus der Sprache des Militärs, wird aber auch als Bezeichnung für eine häuslich-familiäre Form der Zurechtweisung verwendet. Ein Kind oder Jugendlicher, das oder der bewusst gegen Regeln verstoßen hat, darf für einen festgelegten Zeitraum die elterliche Wohnung nicht verlassen. Die militärische Herkunft des Begriffes lässt die Frage berechtigt erscheinen, ob Hausarrest auch im privaten Bereich eine akzeptable Strafe ist.*

7 *Möglicher Schlussteil:*
Zusammenfassend wird man wohl zu dem Schluss kommen müssen, dass es keine pauschale Antwort auf die Frage gibt, ob Hausarrest eine angemessene elterliche Strafe ist. Hausarrest ist vor allem dann sinnvoll, wenn damit eine das Kind gefährdende Unternehmung verboten wird und wenn die Zeit des Hausarrests mit einer sinnvollen Aufgabe oder einem hilfreichen Gespräch verbunden wird. Letztendlich wäre es aber natürlich am besten, wenn Eltern und Kinder ein ernsthaftes und wirkungsvolles Gespräch über problematische Verhaltensweisen so früh führen, dass eine Strafe wie Hausarrest gar nicht erst nötig wird.

Seite 15 – Teste dich!

1 a) *1, 4: trifft zu; 2, 3, 5: trifft nicht zu* 5

b) *2: Bei einer Erörterung nach dem Sanduhr-Prinzip werden erst alle Argumente einer Seite und dann alle Argumente der Gegenseite aufgeführt.* 3
3: Am Ende einer dialektischen Erörterung kann man sich auch für einen Kompromiss entscheiden.
5: Bei der Pro-und-Kontra-Erörterung sollte man beide Seiten argumentativ möglichst gut stützen.

2 a) *Behauptung: 1a, 3a, 3b; Werturteil: 1b, 4b; Beispiel: 2a, 2b; Empfehlung: 4a* 8

b) *1 Hausarrest ist eine verbreitete Erziehungsmaßnahme,* ***aber*** *ihr erzieherischer Nutzen ist fraglich.*
2 ***Während*** *die Eltern glauben, dass Hans in seinem Zimmer zur Besinnung kommt, vergnügt er sich mit einem Videospiel.*
3 Hausarrest fördert den Mangel an sozialen Kontakten und Bewegung, ***dabei*** *ist heutzutage* ***sowieso*** *manches Kind ein „Stubenhocker".*
4 Das Ausgehverbot sollte mit einem konkreten Arbeitsauftrag verbunden werden, ***weil*** *das sinnvoll ist.* 4

Seite 16

2 a) *Der Text plädiert für ein neues Machtbewusstsein von Eltern zum Wohle ihrer Kinder.*
b) *Formulierung 1 ist nicht gelungen, weil nur der Titel zitiert wird, der aber ohne weitere Ergänzung völlig offenlässt, was gemeint ist.*
Formulierung 2 ist nicht gelungen, weil damit nur ein Teil des Textes (und nicht einmal der wichtigste) erfasst wird.

3 ***Der Artikel beginnt mit*** *einem Beispiel: Die Autorin erzählt und kommentiert eine Erfahrung aus ihrer Jugend (Z. 1–10).*
Die Autorin verweist zunächst zurück auf *die Generation der 68er, die eine völlig veränderte Sichtweise und auch Praxis von elterlicher Macht gefördert und dazu beigetragen habe, dass Kinder heute mit einem viel größeren Selbstbewusstsein auftreten (Z. 11–34).*
In Abgrenzung dazu führt sie anschließend aus, *dass Elternschaft dennoch keine demokratische Angelegenheit sei, sondern dass die Eltern eine faktische Macht besitzen, der sie sich mit Verantwortung stellen müssen (Z. 35–50).*
Im letzten Abschnitt des Textauszuges bezieht sie sich *auf den Autor Bernhard Bueb, durch dessen Äußerungen sie ihre eigene Position bestätigt sieht (Z. 51–71).*

Seite 17–18

4 a) ***Thesen:*** *Untertitel: Elternschaft ist keine demokratische Angelegenheit; außerdem Z. 43–45: Aufgabe von Machtanspruch und Führungsrolle führt zu Überforderung der Kinder und zum Chaos*
Abgrenzung zu einer Gegenposition: *die „pädagogischen Kämpfer und Kämpferinnen" der 68er-Generation (Z. 12–27): „eine riesige Errungenschaft" (Z. 27–29) wird ihnen zugestanden (nämlich das Selbstbewusstsein von Kindern gestärkt zu haben), aber zugleich Vorwurf: „Etwas Entscheidendes geriet allerdings aus dem Blick" (Z. 29–34)*
Faktenargument: *Z. 35–37: „Eltern haben, ob sie es wollen oder nicht, absolute Macht über ihre Kinder."*
Genauere Erläuterungen zum Faktenargument (Ursachen, Folgen; ggf. Belege): *Beleg: die Hilflosigkeit von Kindern in den ersten Lebensjahren (Z. 37 f.); Folgen: Wenn Eltern sich das nicht bewusst machen und entsprechend handeln, sind sie nicht verantwortungsbewusst.*
Autoritätsargument: *B. Bueb als Autorität (diese beruht im Rahmen des Textes darauf, dass er etwas zu dem Thema veröffentlicht hat)*
Beispiele und ihre Funktion: *einleitendes Beispiel Z. 1–10; Beispiel von Bueb übernommen Z. 62–67; Funktion: Veranschaulichung, positives Beispiel (Musterverhalten)*
Appelle, Forderungen: *Z. 57–61, übernommen von Bueb: der Führungsrolle gerecht werden, sich ohne schlechtes Gewissen der Macht bedienen, nicht über jede Entscheidung verhandeln, nicht jede Entscheidung begründen; Z. 67–71: eine persönliche Grenze ziehen, das Unverständnis und die Verärgerung des Kindes in Kauf nehmen*

b) *Beispieltext:*
Bereits im Untertitel ihres Artikels formuliert Ruth Hofmann ihre zentrale These: „Elternschaft ist keine demokratische Angelegenheit". Was sie damit meint, führt sie einleitend mit einem Beispiel aus ihrer Jugend anschaulich vor. Ihre erste Behauptung zieht im Folgenden eine zweite nach sich, nämlich, dass die Aufgabe von elterlichem Machtanspruch und elterlicher Führungsrolle zur Überforderung der Kinder und letztlich zum Chaos führt (vgl. Z. 43–45). Die Autorin grenzt sich damit ausdrücklich von den „pädagogischen Kämpfer[n] und Kämpferinnen" der 68er-Generation (Z. 12 f.) ab. Sie gesteht ihnen zwar „eine riesige Errungenschaft" (Z. 26 f.) zu (nämlich das Selbstbewusstsein von Kindern gestärkt zu haben). Zugleich wirft sie ihnen aber vor, etwas Zentrales nicht beachtet zu haben (Z. 29–34). An dieser Stelle stützt die Autorin ihre Hauptthese durch ein Faktenargument. Sie verweist darauf, dass die Macht der Eltern über ihre Kinder eine Tatsache ist, der sich niemand entziehen kann (vgl. Z. 35–37). Als besonders schlüssigen Beleg führt sie die Hilflosigkeit von Kindern in den ersten Lebensjahren an (vgl. Z. 37 f.) und macht auf die Folgen aufmerksam: Wenn Eltern sich die genannte Tatsache nicht bewusst machen und entsprechend handeln, sind sie verantwortungslos. Ruth Hofmann beruft sich auf Bernhard Bueb, der eine Streitschrift zu diesem Thema veröffentlicht hat, in der sich die Autorin bestätigt sieht (vgl. Z. 51–61). Um zu veranschaulichen, wie sie sich positives elterliches Verhalten vorstellt, greift sie nicht nur auf ein von Bueb angeführtes Beispiel zurück (vgl. Z. 62–67), sondern schließt sich auch seinen Ratschlägen an: Eltern sollen ihrer Führungsrolle gerecht werden, sich ohne schlechtes Gewissen der Macht bedienen, nicht über jede Entscheidung mit ihren Kindern verhandeln und nicht jede Entscheidung begründen. Sie sollen persönliche Grenzen ziehen und dafür auch das Unverständnis und die Verärgerung ihrer Kinder in Kauf nehmen.

5 *Mögliche Antworten auf die Fragen:*
B *Die elterliche Macht wird durch die (auch gesetzliche) Erziehungsberechtigung der Eltern und die Unmündigkeit der Kinder und Jugendlichen begründet.*
C *Die Beispiele veranschaulichen zwar, um welche Situationen es geht und welche Handlungsmöglichkeiten Eltern haben, wenn sie sich ihrer Macht bewusst sind. Die positive Darstellung der Fälle ist aber die Interpretation der Autorin, man kann die dargestellten Erfahrungen auch anders auslegen.*
D *Bernhard Bueb ist bestimmt nicht jedem bekannt, und er wird in dem Artikel auch nicht näher vorgestellt. Ruth Hofmann bezeichnet seine Veröffentlichung als Streitschrift, was darauf hinweist, dass Buebs Ansichten nicht unumstritten sind. Die Berufung auf ihn hat also kein großes Gewicht.*
E *Die Jugendlichen in den beiden Beispielen sind 16 Jahre alt. Ansonsten wird einfach nur von Kindern und Jugendlichen gesprochen. Die Gesprächs- und Entscheidungsfähigkeit entwickelt sich aber im Laufe von Kindheit und Jugend weiter, darum wären genaue Altersangaben und Aussagen für unterschiedliche Entwicklungsstufen unbedingt notwendig.*

F *Mögliche Einträge:*
Zustimmung zu Textaussagen: *Eltern gehen manchmal Auseinandersetzungen mit ihren Kindern aus Bequemlichkeit aus dem Weg.*
Eingeschränkte, teilweise Zustimmung: *Kindern wird zu viel Verantwortung aufgebürdet – das trifft nur auf Kinder und jüngere Jugendliche zu.*
Widerspruch zu Textaussagen: *Entscheidungen sollten immer begründet werden und verhandlungsfähig sein.*

6 *Beispiel für eine Erörterung:*
In einem Punkt – nämlich in ihrem zentralen Faktenargument – hat Ruth Hofmann sicherlich Recht: Die elterliche Macht wird durch die Erziehungsberechtigung der Eltern und die Unmündigkeit der Kinder und Jugendlichen begründet. (Mögliche Einschränkung: Allerdings legt das Gesetz auch die Pflichten der Eltern fest und sichert die Rechte der Kinder.) Dieser Aspekt wird von der Autorin aus ihrer Betrachtung ausgeschlossen. Obwohl sie vordergründig einige Anforderungen an eine überzeugende Argumentation erfüllt (sie arbeitet mit Beispielen und beruft sich auf einen „Experten"), erweist sich diese bei genauerer Betrachtung jedoch als schwach. Bis auf das genannte Faktenargument gibt es keine weiteren Argumente, die die Thesen der Autorin stützen.
Die Beispiele veranschaulichen zwar, um welche Situationen es geht und welche Handlungsmöglichkeiten Eltern haben, wenn sie sich ihrer Macht bewusst sind. Die positive Darstellung der Fälle ist aber die Interpretation der Autorin, man kann die dargestellten Erfahrungen auch anders auslegen. In beiden Fällen wäre es zum Beispiel interessant gewesen, zu erfahren, was die jugendlichen Beteiligten vom Verhalten der Erwachsenen gehalten und dazu gesagt haben. Gerade bei dem Beispiel von Bueb und seiner Tochter gewinnt man den Eindruck, dass hier genau die Bequemlichkeit und Willkür eine Rolle gespielt haben, die die Autorin einige Zeilen zuvor erwähnt.
Die Berufung auf Bernhard Bueb ist als solche nicht tragfähig. Bueb ist bestimmt nicht jedem bekannt und er wird auch nicht näher vorgestellt. Ruth Hofmann bezeichnet seine Veröffentlichung als Streitschrift, was darauf hinweist, dass Buebs Ansichten nicht unumstritten sind. Die Berufung auf ihn hat also kein großes Gewicht.
Schließlich ist die Argumentation der Autorin ungenau. Die Jugendlichen in den beiden Beispielen sind 16 Jahre alt. An einer anderen Stelle bezieht sich Hofmann auf Kinder in den ersten Lebensjahren. Ansonsten wird einfach nur von Kindern und Jugendlichen gesprochen. Die Gesprächs- und Entscheidungsfähigkeit entwickelt sich aber im Laufe von Kindheit und Jugend weiter, darum wären genaue Altersangaben und Aussagen für unterschiedliche Entwicklungsstufen unbedingt notwendig.
Wenn ich die Argumentation des Textes und eigene Erfahrungen abwäge, kann ich der Argumentation der Autorin nur eingeschränkt zustimmen. Manchmal ist es notwendig, dass Eltern Macht ausüben, aber das sollte nicht auf Kosten einer grundsätzlichen Gesprächs- und Verhandlungsbereitschaft gehen.

7 a) *Die Autorin spricht von der „gegenwärtige[n] Erziehungskrise und Orientierungslosigkeit von Kindern und Jugendlichen" (Z. 56f.), d.h., sie schreibt ihrem Thema aktuell einen besonders hohen Stellenwert zu.*
b) *Mögliche Einleitung:*
Ruth Hofmann ist gewiss nicht die Einzige, die im Hinblick auf heutige Kinder und Jugendliche zu Befunden wie „Erziehungskrise" und „Orientierungslosigkeit" kommt. Viele Eltern, Lehrerinnen und Erzieher und vielleicht sogar Kinder und Jugendliche selbst würden dieser Diagnose wahrscheinlich zustimmen. In ihrem 2007 in der Zeitschrift „Publik-Forum" veröffentlichten Artikel „Die helle Seite der Macht. Elternschaft ist keine demokratische Angelegenheit" plädiert die Autorin deshalb für ein neues Machtbewusstsein von Eltern zum Wohle ihrer Kinder.

8 *Beispiele für den Schluss:*
1 *„Elternschaft ist keine demokratische Angelegenheit", mit dieser Behauptung macht sich die Autorin verdächtig, in alte autoritäre Erziehungsstrukturen zurückfallen zu wollen. Dieser Verdacht kann auch durch eine intensivere Auseinandersetzung mit Hofmanns Argumentation nicht völlig entkräftet werden.*
2 *Mit ihrem Artikel gibt Ruth Hofmann wichtige Anregungen, über Macht und Verantwortung in der Eltern-Kind-Beziehung immer wieder neu nachzudenken.*

Seite 19 – Teste dich!

1 *trifft zu: 1, 4, 5; trifft nicht zu: 2 (nicht „überzeugend"), 3 (Bueb ist keine „allgemein anerkannte" Autorität)* 5

2 *Mit der „hellen Seite der Macht" meint die Autorin den verantwortungsvollen Umgang mit elterlicher Macht zu Gunsten der Kinder.* 2

3 a) *Beispiele:* 2
1 *eigene Erfahrungen als Beispiele für die Argumentation anführen*
2 *die Argumentation um ein neues, im Text noch nicht genanntes Argument ergänzen*
b) *Beispiele:* 3
1 *Gegenbeispiele zu den im Text verwendeten Beispielen anführen*
2 *die Gültigkeit von im Text genannten Werten hinterfragen*
3 *auf eine andere Autorität verweisen, die einer im Text angeführten Autorität widerspricht*

4 *1: Wertargument; 2: Faktenargument; 3: Autoritätsargument* 3

Seite 20–22

1 b) *Material 1: Textsorte: Zeitungsbericht; Material 2: Textsorte: persönlicher Erfahrungsbericht; Material 3: Textsorte: Zitate aus Interviews; Material 4: Textsorte: Information über Kursangebot*
c) *Mögliche Stichworte und markierte Informationen:*
Material 1: ***Seit wann?*** *Mai 2006;* ***Was bedeutet die Abkürzung?*** *Erleben, Unterrichten, Lernen und Experimentieren;* ***Ziele:*** *nicht nur reine Wissensvermittlung, Austausch zwischen Jung und Alt, Vorurteile abzubauen, Verständnis füreinander … wecken;* ***Wer nimmt teil?*** *ca. 25 Schülerinnen und Schüler, ca. 50 Senioren;* ***Welche Angebote?*** *Englisch, Spanisch, Französisch, Theaterkurse, Konzentrationsübungen, Computer, Handy*
Material 2: ***Erfahrungen einer Schülerin,*** *Konversationskurs Englisch,* ***Gefühle/Gedanken:*** *unsicher, Herausforderung, Chance, Fähigkeiten auszutesten,* ***Vorteile für Schülerin:*** *vielfältige Möglichkeiten, Unterrichtsinhalte … flexibel, Wünsche, Kritik, offen geäußert, Gestalten der Unterrichtsstunden, Spaß, Kompetenzen … verbessern, sich selbst zu erproben,*

Selbstbewusstsein, mutiger, experimentierfreudiger,
Fazit: *sehr viel gebracht*
Material 3: ***Möglichkeiten für Senioren:*** *Alter aktiv ... gestalten, Kontakte ... knüpfen, neue Wissensgebiete;* ***Möglichkeiten für Schüler:*** *ins Gespräch ... kommen, andere Sichtweisen kennen ... lernen, Teamfähigkeit, Selbstbewusstsein, Organisation;* ***Genaueres zur Teilnahme:*** *für Senioren ... keine Verpflichtung, kostenlos, alle Interessierten, kein Mindest- oder Höchstalter, in jeden Kurs jederzeit einsteigen;* ***Erfolg:*** *Zunächst, ca. 16 Schülerinnen und Schüler, ca. 20 Seniorinnen und Senioren, Anzahl auf beiden Seiten erhöht, Kursangebot erweitert;* ***Zusammenfassung:*** *lebendiger Austausch der Generationen, jeder lernt;* ***Zukunftswünsche:*** *gemeinsame Aktivitäten, Ausflüge, Feste*
Material 4: ***Kursangebote breit gefächert:*** *Computer, Handy, Konversationskurse, Spanischunterricht, Kunst, Taekwondo, Schauspiel*

Seite 22

2 *b) Präsens, Beschreibung, berichtenden, Präteritum*

3 ***Adressaten/Zielgruppe:*** *Schulleitung, Lehrerinnen und Lehrer (Lehrerrat), Schülerinnen und Schüler (Schülervertretung), Eltern (Schulpflegschaft)*
Zweck des Textes: *über das Projekt informieren*
angemessener Schreibstil: *sachlich*

Seite 23

4 *Beispiel:*
1. *Motivierender Einstieg*
2. *Von der Idee zur Durchführung*
   - 2.1 *Ursprung, Bedeutung der Abkürzung*
   - 2.2 *Kursangebot*
   - 2.3 *Teilnahme*
   - 2.4 *Projektziele*
   - 2.5 *Erfahrungen mit dem Projekt – ein Beispiel*
3. *Öffentlichkeitsarbeit*
4. *Ist-/Soll-Zustand*
5. *Ausblick*

5 *a) Mögliche Fortsetzungen:*
... macht es ihnen schmackhaft, noch einmal „die Schulbank zu drücken" und sich am Friedrich-Ebert-Gymnasium in Bonn von Schülern unterrichten zu lassen.
... Teil eines Projektes am Friedrich-Ebert-Gymnasium in Bonn. Dort unterrichten Schüler interessierte Senioren und Seniorinnen in einer Vielzahl von Kursen.
b) Beispiel:
„Beim Unterrichten lerne ich, Dinge zu erklären, die für mich total selbstverständlich sind." Diese Aussage stammt nicht etwa von einem Lehrer, sondern von einem Schüler des Friedrich-Ebert-Gymnasiums in Bonn. Dort läuft seit dem Jahr 2006 mit großem Erfolg das Projekt „EULE – Schüler unterrichten Senioren".

6 *Richtig sind:*
Das Angebot ist breit gefächert, es reicht von ... bis ...
So ist für jeden etwas dabei.
Die Erfahrungen zeigten, dass sich der Kreis der interessierten Senioren erweiterte. Zunächst waren es nur Großeltern, dann kamen auch andere Senioren dazu.

7 *Beispiel:*
Von der Idee zur Durchführung
Den Anstoß für das Projekt lieferte die „Bürgerstiftung Bonn", eine ähnliche Initiative existiert jedoch schon seit 1998 im ostwestfälischen Rietberg. Die Abkürzung EULE steht für „Erleben, Unterrichten, Lernen und Experimentieren". Einmal in der Woche finden Kurse statt, in denen Schülerinnen und Schüler interessierten Seniorinnen und Senioren Unterricht in den verschiedensten „Fächern" erteilen. Das Kursangebot ist breit gefächert und reicht von moderner Technik über Fremdsprachen bis hin zu Kunst, Sport und Schauspiel. So lernen die Teilnehmer z.B., mit Handy und Computer umzugehen, auf Englisch oder Französisch Konversation zu treiben oder sich künstlerisch auszudrücken. Auch Spanisch für den Urlaub wird angeboten. Die Teilnahme an den Kursen ist kostenlos und steht grundsätzlich jedem offen – es gibt für Interessenten keinerlei Verpflichtung und weder ein Mindest- noch ein Höchstalter. Darüber hinaus können die Teilnehmer jederzeit in jeden Kurs einsteigen und ihre ganz persönlichen Fragen und Probleme mitbringen.
Am Friedrich-Ebert-Gymnasium begann das Projekt mit 16 Schülerinnen und Schülern aus der Jahrgangsstufe 12 und 20 Seniorinnen und Senioren, die sich hauptsächlich aus den Reihen der Großeltern der Schüler rekrutierten. Mittlerweile haben sich diese Zahlen verdoppelt, was beweist, dass das Angebot gut angenommen wird und über die Schulgemeinde hinaus Kreise zieht.
Projektziele
Das Hauptziel des Projektes ist ein lebendiger Austausch der Generationen. Jung und Alt lernen einander kennen, kommen ins Gespräch, entwickeln Verständnis füreinander und können auf diese Weise Vorurteile abbauen. Die Seniorinnen und Senioren werden aktiv, frischen ihre Kenntnisse auf oder entdecken neue Interessen. Die Schülerinnen und Schüler gestalten eigenverantwortlich den Unterricht und lernen dabei, zu planen, zu organisieren und im Team zu arbeiten. Durch die Erprobung ihrer Fähigkeiten gewinnen sie an Selbstbewusstsein und Kompetenz. Da beide Seiten hochmotiviert und mit Begeisterung bei der Sache sind, kommt natürlich auch der Spaß nicht zu kurz.
Erfahrungen mit dem Projekt – ein Beispiel
„Anfangs war ich mir etwas unsicher, ob ich an dem Projekt teilnehmen sollte, da ich nicht wusste, was mich erwartete und welche Vorbereitungen ich treffen müsste." Das sagt Linda Julkunen (Jahrgangsstufe 12), die sich nach einiger Überlegung doch dazu entschloss, einen Englischkurs zu geben – obwohl sich nur eine Seniorin dafür angemeldet hatte. Linda und ihre Schülerin verstanden sich auf Anhieb und planten gemeinsam, wie sie die Kurszeit nutzen wollten. Die konkrete Gestaltung der Unterrichtsstunden machte Linda viel Spaß und verbesserte ihre Kompetenz in Englisch, sodass im Endeffekt beide Seiten lernten. Zudem stellte Linda fest, dass ihr Selbstbewusstsein, ihr Mut und ihre Experimentierfreude im Laufe der Zeit immer weiter zunahmen. „Mir persönlich hat der Kurs sehr viel gebracht", resümiert sie, was gewiss auch für die anderen Teilnehmer des Projektes gilt.
Öffentlichkeitsarbeit
Linda Julkunens vollständigen Bericht über ihre Erfahrungen kann man auf der Homepage des Friedrich-Ebert-Gymnasiums nachlesen. Die Schule hat eine eigene Unterseite für das EULE-Projekt eingerichtet, auf der weiterführende Informationen sowie das aktuelle Kursangebot zu finden sind.
Über das Projekt wurde auch bereits in der Presse und im

Radio berichtet. Dies kann dazu beitragen, dass EULE einem größeren Kreis potenzieller Interessenten bekannt wird und die Teilnehmerzahl weiter wächst.
Ist-/Soll-Zustand
Das Projekt, das im Jahr 2006 mit 16 „Schülerlehrern“ und 20 „Seniorenschülern“ begann, ist noch lange nicht am Ende seiner Entwicklungsfähigkeit angekommen. Die Beteiligten hoffen, dass sich die Kursanmeldungen auch im Schuljahr 2009 verdoppeln werden und dass sich möglichst viele Schülerinnen und Schüler als Kursleiter zur Verfügung stellen. Wünschenswert wären auch gemeinsame Aktivitäten von Jung und Alt über den Unterricht hinaus, z.B. Ausflüge oder Feste.

8 *a) Beispiel für einen Schluss:*
Zusammenfassend lässt sich festhalten, dass von einem Projekt wie EULE alle Beteiligten profitieren. Wenn die Herausforderung, die Bedürfnisse von Jung und Alt unter einen Hut zu bringen, angenommen wird, bietet sie die Chance zu generationenübergreifendem Lernen und persönlichem Wachstum. Das Projekt sollte „Schule machen“, indem möglichst viele andere Schulen das Konzept übernehmen und für sich nutzen.
b) Mögliche Überschrift:
Lernen einmal anders – das EULE-Projekt

Seite 24 – Teste dich!

1 *1: Hauptteil (Projektziel); 2: Einleitung (Projektbenennung und kurze -vorstellung); 3: Hauptteil (Aspekt: Leseliste); 4: Hauptteil (Ziele); 5: Hauptteil (Aspekt: Handreichung); 6: Schluss (Resümee/ Ausblick)* 6

2 *A: 4; B: 3 oder 5; C: 6 (oder auch 2)* 3

Seite 25

1 *einfach unterstrichen = reales Bedingungsgefüge*
gepunktet unterstrichen = irreales Bedingungsgefüge
grau unterlegt = Wunsch, Aufforderung oder Zweifel

Vater zur Mutter: „Wenn du halbtags arbeitetest und mittags den Haushalt besorgtest, könnten wir uns endlich ein neues Auto kaufen. Wenn man mich mit dieser alten Schrottkiste sieht, ist mir das peinlich! Verdiente ich kein besseres Auto? (4)“
Mutter zum Vater: „Bei den Spritpreisen solltest du lieber mit deinem neuen Fahrrad fahren. Würdest du dich endlich mal durchsetzen, hättest du längst deine Beförderung und ich brauchte nicht ewig im Supermarkt Sonderangebote einzukaufen.“
Tochter zu den Eltern: „Fändet ihr es nicht auch besser, wenn ich ein bisschen schicker angezogen in die Schule gehen könnte, statt in den Klamotten vom letzten Jahr herumzulaufen? Ich wollte, ihr würdet mir mein Taschengeld erhöhen. (1)“
Sohn zu allen: „Die hat doch gerade mehr bekommen, jetzt wäre es an der Zeit, mir meinen Führerschein zu bezahlen.“
Vater und Mutter zu den Kindern: „Unzufrieden seid ihr? Wir haben alles, was wir brauchen. Ihr solltet mal einen Monat lang bittere Armut erleben, damit ihr wieder sähet, was ihr jetzt habt, und es zu schätzen wüsstet. Würdet ihr jetzt bitte schweigen und endlich essen? (3)“

2 *Mögliche Fortsetzung:*
Tochter zu Sohn: „Du und dein Führerschein! Wenn du ordentlich gespart hättest, könntest du den jetzt selbst bezahlen!“
Sohn zu Tochter: „Ja, und wenn du nicht so viel Geld für Schminke und Friseurbesuche zum Fenster rauswerfen würdest, könntest du dir auch ein paar neue Klamotten kaufen …“
Mutter zu den Kindern: „Wäre es euch möglich, mal nicht zu streiten? Ihr solltet euch jeweils an die eigene Nase fassen.“
Vater: „Könntet ihr euch bitte alle beruhigen? Wenn ihr, liebe Kinder, weniger Geld für nutzlosen Kram ausgäbet, hättet ihr am Ende des Monats mehr übrig. Ich glaube, selbst wenn ich ein Millionär wäre, würdet ihr nicht zufrieden sein und immer noch jammern, ihr hättet nicht genug Geld.“

Seite 26

3 *a) Sätze im Konjunktiv II:*
Ja, wenn es einen Beobachter gegeben hätte, der die ganze Zeit dabei gewesen wäre, dann könnte der Beobachter, falls er noch lebt und falls er will und kann, die Sache mit B. vollständig erzählen.
Hätte ich ihn gefragt und hätte er „Ja“ gesagt, […], so wüsste ich nicht, ob er sich wirklich selber beobachtet hat. Wüsste ich es, so wüsste ich nicht, ob er die Sache mit B., das heißt die Sache mit sich, erzählen will.
b) Der Konjunktiv II drückt in diesem Textauszug irreale Bedingungsgefüge aus. Die Situation liegt in der Vergangenheit, die Bedingung kann nicht mehr erfüllt werden – es hat keinen Beobachter gegeben, der die ganze Zeit dabei war. Der Ich-Erzähler hat B. nicht gefragt, dieser hat folglich nicht geantwortet.

4 *Könnten, Hätten, Dürfte, Täten, Dürfte, Wäre*

Seite 27

5 *Bei schlechtem Wetter würden sie ihre Bergwanderung ausfallen lassen. Sie würden in der nächsten Hütte schlafen, wenn es richtig dunkel ist. Alle würden beruhigt scheinen, falls das Gewitter nachlassen würde. Ein erfahrener Bergführer würde nicht an die Fortsetzung der Wanderung glauben, würde es weiterregnen. In höheren Lagen würde es dann schneien.*

6 *a) betrögen – Er glaubte, dass wir ihn betrügen würden.*
gewännest/gewönnest – Denk einmal darüber nach, was du gewinnen würdest.
böte – Ich würde dir mein Handy für deinen iPod bieten.
b) Mögliche Begründung:
Die Umschreibungen mit „würde“ gefallen mir besser, weil ich die Formen des Konjunktivs II als unschön empfinde.

Seite 28

1 *Der Name aber, den ich bei den Asriels am häufigsten hörte, war der von Karl Kraus. Das sei der strengste und größte Mann, der heute in Wien lebe. Vor seinen Augen finde niemand Gnade. In seinen Vorlesungen greife er alles an, was schlecht und verdorben sei. Er gebe eine Zeit-*

schrift heraus, die er ganz allein schreibe. Alle Zusendungen seien unerwünscht, von niemandem nehme er einen Beitrag an, auf Briefe gebe er keine Antwort. Jedes Wort, jede Silbe in der „Fackel" sei von ihm selbst. Darin gehe es zu wie vor Gericht. Er selber klage an und er selber richte. Verteidiger gäbe es keinen, das sei überflüssig, er sei so gerecht, dass niemand angeklagt werde, der es nicht verdiene. Er irre sich nie, er könne sich gar nicht irren. Alles, was er vorbringe, stimme haargenau, eine solche Genauigkeit habe es in der Literatur noch nie gegeben. Um jedes Komma kümmere er sich persönlich, und wer einen Druckfehler in der „Fackel" finden wolle, der könne sich wochenlang plagen. Das Klügste sei, man suche gar nicht danach. Er hasse den Krieg, und während des Weltkriegs sei es ihm gelungen, trotz der Zensur vieles in der „Fackel" zu drucken, das gegen den Krieg war. Er habe Übelstände aufgedeckt, Korruption bekämpft, über die alle anderen den Mund gehalten hätten. Dass er nicht im Gefängnis gelandet sei, sei ein Wunder. Es gebe ein 800 Seiten langes Drama von ihm, „Die letzten Tage der Menschheit", worin alles vorkomme, was im Krieg passiert sei. Wenn er daraus vorlese, sei man wie erschlagen. Da rühre sich nichts im Saal, man getraue sich kaum zu atmen. Alle Rollen lese er selbst, Schieber und Generale, die Schalek wie die armen Teufel, die die Opfer des Krieges seien, alle höre man von ihm so echt, als stünden die Leute vor einem. Wer ihn gehört habe, der wolle nie mehr ins Theater gehen, das Theater sei langweilig, verglichen mit ihm, er allein sei ein ganzes Theater, aber besser.

Seite 29

2 *Er sei so gerecht, dass niemand angeklagt wird, der es nicht verdient.*
Dass er nicht im Gefängnis gelandet ist, sei ein Wunder.

3 *Die Häufung von Konjunktivformen verstärkt die Behauptungen über Karl Kraus. Sie unterstreicht, dass Kraus den Ruf eines erstaunlichen Mannes mit Prinzipien hatte, ohne dass sich Canetti diese Behauptung zu eigen macht.*

4 *Beispiele:*
Elias Canettis Darstellung von Karl Kraus thematisiert dessen Eigenarten und Genauigkeit beim Schreiben und Herausgeben seiner Zeitschrift „Die Fackel".
In Bekanntenkreisen galt Kraus als „der strengste und größte Mann" (Z. 2 f.), der zur damaligen Zeit in Wien lebte.

5 *Beispiele:*
Karl Kraus „irre sich nie, er könne sich gar nicht irren" (Z. 13 f.), behaupteten die Asriels.
Jeder, der einmal eine Lesung von Karl Kraus erlebte, war zutiefst beeindruckt von dessen Fähigkeit, in die verschiedensten Rollen zu schlüpfen und jeder Figur ihre ganz eigene Stimme zu geben.

Seite 30

6 *sei, habe, gehabt haben könne, gedacht habe, begehe, gebe, sei, gehabt habe, verurteile, müsse, gehabt habe, erschienen sei, sei, leide, habe*

Seite 31

7 *Richtig sind:*
[...], die angaben, sie hätten beim Lesen geweint.
[...], die Kritiker hätten kein Herz.
[...], sie hätten ihn während des Lesens umarmen mögen.

8 a) *Borge mir die Pistolen, sagte ich, zu meiner Reise. – Meinetwegen, sagte er, wenn du dir die Mühe nehmen willst, sie zu laden; bei mir hängen sie nur pro forma. – Ich nahm eine herunter, und er fuhr fort: Seit mir meine Vorsicht einen so unartigen Streich gespielt hat, mag ich mit dem Zeug nichts mehr zu tun haben. – Ich war neugierig, die Geschichte zu wissen. – Ich hielt mich, erzählte er, [...].*
b) *Es handelt sich um direkte Rede, aber die Satzzeichen für die wörtliche Rede fehlen.*

9 *Beispiel: Ich sagte, er solle mir die Pistolen zu meiner Reise borgen. Seinetwegen, sagte er, wenn ich mir die Mühe nehmen wolle, sie zu laden; bei ihm hingen sie nur pro forma. – Ich nahm eine herunter, und er fuhr fort: Seit ihm seine Vorsicht einen so unartigen Streich gespielt habe, möge er mit dem Zeug nichts mehr zu tun haben. – Ich war neugierig, die Geschichte zu wissen. – Er hielte sich, erzählte er, wohl ein Vierteljahr auf dem Lande bei einem Freunde auf, hätte ein paar Terzerolen, ungeladen, und schliefe ruhig. Einmal an einem regnerischen Nachmittage, da er müßig gesessen habe, wisse er nicht, wie ihm eingefallen sei: Sie könnten überfallen werden, sie könnten die Terzerolen nötig haben und könnten – ich wisse ja, wie das sei. Er habe sie dem Bedienten gegeben, sie zu putzen, und zu laden; und der habe mit den Mädchen geprahlt, habe sie erschrecken wollen, und Gott wisse wie, das Gewehr sei losgegangen, da der Ladestock noch drinsteckte; und habe den Ladestock einem Mädchen zur Maus herein an der rechten Hand geschossen und ihr den Daumen zerschlagen. Da habe er das Lamentieren gehabt und die Kur zu bezahlen obendrein, und so seit der Zeit lasse er alles Gewehr ungeladen.*

Seite 32 – Teste dich!

1 *Der Konjunktiv ist eine Aussageweise des Verbs.* 1

2 *Richtig sind:* 9
sei; entschlössen/entschließen würden; sei; sehe; liege; könnten; fühle sich allein; habe; habe sterben müssen

3 *Konjunktivformen:* 17
Verwendungszusammenhang: 5

Wehe dem, der zusehen und sagen könnte (B): Die Törin! Hätte sie gewartet, hätte sie die Zeit wirken lassen, die Verzweiflung würde sich schon gelegt, es würde sich schon ein anderer, sie zu trösten, vorgefunden haben. (B) – Das ist eben, als wenn einer sagte (B): Der Tor, stirbt am Fieber! Hätte er gewartet, bis seine Kräfte sich erholt, seine Säfte sich verbessert, der Tumult seines Blutes sich gelegt hätten: alles wäre gut gegangen, und er lebte bis auf den heutigen Tag! (B)

Albert, dem die Vergleichung noch nicht anschaulich war, wandte noch einiges ein und unter andern: ich hätte nur von einem einfältigen Mädchen gesprochen; wie aber ein Mensch von Verstande, der nicht so eingeschränkt sei, der mehr Verhältnisse übersehe, zu entschuldigen sein möchte, könne er nicht begreifen. (C)

4 *Mein Freund, rief er aus, der Mensch sei Mensch, und das bisschen Verstand, das einer haben möge, komme wenig oder nicht in Anschlag, wenn Leidenschaft wüte und die Grenzen der Menschheit einen drängten. Vielmehr – Ein andermal davon, sagte er, und griff nach seinem Hute.*

Seite 33

1 a) *Alle Sätze bis auf einen beginnen mit „Die Kurzgeschichte". Der eintönige Satzbau und die ständigen Wiederholungen lassen den Text langweilig wirken.*

b) *Die Kurzgeschichte von Elisabeth Langgässer mit dem Titel „Saisonbeginn" | ist | interessant.*
Die Kurzgeschichte | greift | als Thema | Antisemitismus | auf.
Die Kurzgeschichte | beschäftigt sich | mit der Frage |, (an welcher Stelle) | ein Schild mit der Aufschrift „In diesem Kurort | sind | Juden | unerwünscht" | platziert werden soll. Letztlich | wird | es | am Ortseingang | zur Rechten eines Wegekreuzes | aufgestellt.
Die Kurzgeschichte „Saisonbeginn" | verdeutlicht |, (wie) „Massenvorstellungen", also Ideologien |, das Handeln und Denken einer Gesellschaft | beeinflussen.
Die Kurzgeschichte | wurde | in der Nachkriegszeit | verfasst |, (sodass) man vermuten kann |, (dass) die erzählte Zeit | in den 1930er-Jahren | angesiedelt ist |, also während der Zeit des Nationalsozialismus | in Deutschland.

c) *Die Kurzgeschichte mit dem Titel „Saisonbeginn" von Elisabeth Langgässer ist interessant. Als Thema greift ~~die Kurzgeschichte~~ sie Antisemitismus auf. Sie beschäftigt sich mit der Frage, an welcher Stelle ein Schild mit der Aufschrift „In diesem Kurort sind Juden unerwünscht" platziert werden soll. Es wird letztlich zur Rechten eines Wegekreuzes am Ortseingang aufgestellt.*
Wie „Massenvorstellungen", also Ideologien, das Handeln und Denken einer Gesellschaft beeinflussen, verdeutlicht die Kurzgeschichte gut.
Verfasst wurde ~~die Kurzgeschichte~~ sie in der Nachkriegszeit, sodass man vermuten kann, dass die erzählte Zeit in der Zeit des Nationalsozialismus, also während der 1930er-Jahre, in Deutschland angesiedelt ist.

d) *Siehe Lösung zu 1b).*

Seite 34

2 *Der alltäglich klingende (1) Titel „Saisonbeginn" | nimmt | einen sinnfälligen (1) Bezug | auf den Inhalt des Textes (2) |, indem er | gleich anfangs | einen verständlichen (1) Anlass | für die dargestellte (1) Diskussion | gibt. Er | verweist | jedoch | nicht | auf das eigentliche (1), tiefer liegende (1) Thema des Textes (2): | Falsch verstandene (1) Gläubigkeit | rechtfertigt | keine (7) Diskriminierung. Dies | wird | meine (6) vertiefende (1) Analyse | kleinschrittig | belegen.*

3 *Der Text kann in* ***drei*** *Abschnitte geteilt werden. Der erste beschreibt die Landschaft und die* ***vermeintliche*** *Idylle des Dorfes. Der zweite Abschnitt ist der* ***zentrale*** *Teil der Kurzgeschichte, der über das umständliche Aufstellen des Schildes berichtet.*

4 *Ein Verständnis der Kurzgeschichte ermöglicht erst der letzte Abschnitt. Er führt die zustimmende Reaktion der Dorfbewohner auf das Schild vor Augen und stellt einen ~~sofort verständlichen~~ Bezug zu der Inschrift auf dem ~~benachbarten, christlichen~~ Wegekreuz dar.*

Seite 35

5 a) *Bei dem Text handelt es sich offensichtlich um eine Kurzgeschichte, weil er mit einem szenischen Einstieg beginnt und ein offenes Ende hat. Außerdem weist er weitere Merkmale dieser Textart auf, z.B. in hohem Maße eine bildliche Sprache.*

b) *Beispiel: Bei dem Text handelt es sich zweifellos/vermutlich/sicher/vielleicht um eine Kurzgeschichte, [...] Außerdem weist er weitere Merkmale dieser Textart auf, z.B. in irritierender Weise/in auffallender Weise eine bildliche Sprache.*

c) *Merle hat adverbiale Bestimmungen der Art und Weise verwendet.*

6 *Mögliche Verbesserung:*
Die Männer des Dorfes wollen das diskriminierende Schild neben einem Wegekreuz unter einer Buche errichten. Der Baum wird mit der Muttergottes verglichen, er entfaltet seine Äste „mit riesiger Spanne nach beiden Seiten wie eine Mantelmadonna ihren Umhang" (Z. 34 f.). An dieser Stelle des Textes wird er zugleich personifiziert, er gewährt Schutz. Hier ist der Schutz des Schattens gemeint, der das antisemitische Schild hätte unlesbar werden lassen.

Seite 36

1 *unterstrichen = Satzreihen;*
grau unterlegt = Satzgefüge

1998 erschien der letzte Delphi-Report, ein Forschungsbericht des Fraunhofer-Instituts für System- und Innovationsforschung, mit über 1000 Thesen für die Zukunft, die Experten damals für realistisch hielten. Heute weiß man manches besser, viele Erwartungen waren zu optimistisch. Doch einige Trends kamen überraschend.
Morgens in der S-Bahn: Leise vermischt sich Musik mit dem Rattern des Zuges. Ihre Quelle lässt sich schwer ausmachen, denn in dem überfüllten Zug sitzen etliche Schülerinnen und Schüler sowie Pendler mit Kopfhörern. Sie haben kleine elektronische Geräte in der Hand oder in der Hosentasche, die sie mit den Klängen von Rock, Pop oder Klassik verbinden. Andere Passagieren tippen eifrig Texte in ihr Mobiltelefon (,) oder sie vertreiben sich die Zeit mit Spielchen auf einer tragbaren Konsole. Vor zehn Jahren hätte sich kaum jemand vorstellen können, dass so der morgendliche Alltag im Jahr 2008 aussehen würde. Selbst die meisten Experten ahnten damals nichts vom forschen Siegeszug der digitalen Medien im MP3-Format (,) und sie sahen die enorme Beliebtheit der SMS-Kurznachrichten nicht voraus. Auch der Kultstatus, den mobile Computerspiele einmal erreichen würden, war den Forschern 1998 nicht vorstellbar.

Seite 37

2 *Was zum nativen Wortschatz des Deutschen gehört und also mit der Explizitlautung zu erfassen ist, steht nicht ein für alle Mal fest. Beispielsweise hat das [ʒ] wie in Garage einen festen Platz im System der Konsonanten. Das System hätte ohne diesen Laut eine Lücke, [ʒ] ist aber dennoch eindeutig beschränkt auf den Fremdwortschatz (↑23). Ähnliche Fragen stellen sich für alle Teile des Lautsystems. So passen Lautkombinationen wie [sl] (Slum), [sn] (Snob) oder [pj] (Computer) gut zur Struktur des Silbenanfangs-*

randes (Kombination von Obstruent und Sonorant, ↑ 31), und es ist auch nicht einzusehen, warum [ç] im Silbenanfangsrand (China, chemisch) nicht in das System integriert sein soll.
Die Begriffe nativer Wortschatz (Kernsystem) und Explizitlautung werden durch Abgrenzungsschwierigkeiten selbstverständlich nicht in Frage gestellt. Ihr Nutzen zeigt sich ja auch daran, dass man angeben kann, in welcher Hinsicht ein Fremdwort, ein Laut, eine Lautfolge usw. in das System des Deutschen integriert ist und in welcher nicht.

3 *In Deutschland müsse man Evolutionsbiologen wie Stecknadeln im Heuhaufen suchen, meint ein Insider. Selbst viele Biologen seien beim Thema Evolution auf einem veralteten Wissensstand, klagt ein anderer. Seit 1999 gibt es ein Max-Planck-Institut (MPI) für Evolutionsbiologie in Plön/Schleswig-Holstein.*
Forscher der ersten Stunde am MPI für Evolutionsbiologie ist Manfred Milinski, ein Interessengebiet des umtriebigen Forschers ist die Entwicklung kooperativen Verhaltens unter Egoisten. Hier macht er gern den Sprung vom Versuchstier zum Menschen und arbeitet dabei eng mit Wirtschaftswissenschaftlern zusammen: „Bei den Ökonomen sind evolutionsbiologische Sichtweisen voll akzeptiert, wir publizieren sogar zu den gleichen Fragen."
Wer rettet das Klima?
Zurzeit interessiert die Forscher vor allem, inwieweit Menschen bereit sind, sich finanziell für den Klimaschutz einzusetzen, ein Investment, das sich für den Einzelnen nicht unmittelbar auszahlt, sondern im allgemeinen Interesse liegt. Milinski entwarf dafür, diesmal in Zusammenarbeit mit dem Hamburger Meteorologen Professor Jochem Marotzke, ein Klimaspiel-Experiment. Dessen Ergebnisse lassen gleichzeitig darauf hoffen und daran zweifeln, dass der Menschheit die Bewältigung der Krise gelingen wird: Von zehn Gruppen zu je sechs Studenten erreichten im Experiment nur fünf das Ziel, einen Gruppenbeitrag in wirksamer Höhe zur Rettung der Welt zusammenzulegen. Fünf verfehlten es, wenn auch zum Teil nur knapp. Immerhin ist dies ein schönes Beispiel dafür, dass die Evolutionsbiologie andere Wissenschaftszweige anregen und befruchten kann, auch über die benachbarten Lebenswissenschaften hinaus, z.B. die Soziologie sowie die Philosophie oder die Psychologie.

Seite 38

1 a) *A Weil/Da; B seitdem (nachdem); C Obwohl; D Damit; E ohne dass; F sodass*
b) *A Kausalsatz; B Temporalsatz; C Temporalsatz oder Konzessivsatz; D Finalsatz; E Modalsatz; F Konsekutivsatz*

Seite 39

1 a) *Mögliche unbekannte Wörter:*
Evolution: Entwicklung; Disziplin: Wissenschaftszweig, Spezialgebiet einer Wissenschaft; Kommunikation: Verständigung untereinander, Umgang; kombinieren: miteinander verknüpfen; neuronal: die Neuronen (Nervenzellen) betreffend; Mechanismus: Ablauf, Zusammenhang, Geschehen; intern: innerlich; neurobiologisch: Neurobiologie: Forschungsrichtung, die sich mit der Struktur und Funktion des Nervensystems befasst; Homo sapiens: lateinisch für „vernunftbegabter Mensch", wissenschaftliche Bezeichnung für den heutigen Menschen; differenziert: vielschichtig, in die Einzelheiten gehend, fein getrennt

Schlüsselwörter:
Evolution, menschlichen Sprache, neue Disziplin, Evolingo, Sprache, Tierreich, verwurzelt, nicht schrittweise, verschiedene Fähigkeiten, kombiniert, nicht zwingend ans Sprechen gebunden, Kommunikation, interne Grundlagen, trennen, Gen, differenziertes Sprachvermögen

b) *Beispiel:*
Der Biologe Marc Hauser sieht voraus, dass eine neue Phase der Erkenntnis heranreift. Für Hauser besteht kein Zweifel, dass unsere Sprache im Tierreich verwurzelt sein muss und entstand, indem der Mensch verschiedene Fähigkeiten der Tiere miteinander kombinierte. Hauser hebt hervor, dass das, was aus unserem Mund herauskommt, nur die offenkundige Seite von Sprache ist. Er ist der Auffassung, dass wir Kommunikation und deren interne Grundlagen strikt trennen müssen. Hauser berichtet, dass Forschungsarbeiten auf ein Gen hindeuten, das es dem menschlichen Gehirn ermöglichte, ein differenziertes Sprachvermögen zu entwickeln.

Seite 40

1 A *Die Stadt Bayonne, die von zwei Flüssen in drei Teile unterteilt wird, liegt im französischen Baskenland.*
B *Die Stadt Bayonne, in der es viele Schokoladengeschäfte gibt, ist ein Paradies für Schokoladenfreunde.*

2 A *Die Stadt, deren Anblick an Venedig erinnert, hat viele Brücken über den Fluss Nive.*
B *Kleine Gassen führen in die Altstadt, in der mittelalterliche Häuser dicht gedrängt stehen.*

3 *Nur wenige wissen, dass die kleine Stadt Bayonne, die im französischen Baskenland liegt, ein Zentrum der Schokoladenproduktion in Frankreich ist. An fast jeder Ecke dieser Stadt, die viele schmale, hohe Fachwerkhäuser hat, gibt es Schokoladengeschäfte, aus denen der schwere, süßliche Duft von heißer Schokolade dringt. Grob gebrochene Schokoladenplatten, die teilweise mit Nüssen und Mandeln durchsetzt sind, liegen neben Pralinen und anderen süßen Leckereien. Die Spanier waren die ersten Europäer, die die Kakaobohne nach Europa brachten. Im Schloss Versailles, das zur Zeit Ludwigs XIV. Vorbildfunktion für Frankreich hatte, soll dreimal wöchentlich heiße Schokolade serviert worden sein. In der Stadt Bayonne, in der im 18. Jahrhundert die erste mechanische Schokoladenproduktion Frankreichs eingerichtet wurde, kann man auch heute noch historische Maschinen sehen: kugelförmige Metallbehälter, in denen Bohnen geröstet wurden, und Mahlsteine, die zur Zerkleinerung der Kakaobohnen dienten.*

Seite 41

1 *Ursprünglich aus Amerika kommend (,) werden heute die Kakaopflanzen in Afrika angebaut. Der Kakaoanbau in den kleinbäuerlichen Betrieben in Afrika unterscheidet sich, die Situation der Menschen auf den Kakaoplantagen betreffend, nicht von dem auf den großen Plantagen in Südamerika. Unwürdige Arbeitsbedingungen und niedrige Hungerlöhne, sonst bezeichnend für Arbeiter beim Anbau von Kaffee, Baumwolle und Tee, bestimmen auch das Leben*

der Kakaobauern. Sozialleistungen sind ein Fremdwort, Kinderarbeit ist an der Tagesordnung. Seit Jahren erheblich fallend (,) trägt der ungünstige Weltmarktpreis für Kakao zusätzlich zur Verschlechterung der Lage bei.
Nicht nur durch die Berichte von UNICEF belegt (,) schätzt man die Zahl der Kinder, die auf Plantagen in West- und Mittelafrika zur Arbeit gezwungen werden, auf weit über 200 000 ein. Daten des International Institute for Tropical Agriculture (IITA) verwendend (,) weist man im Jahr 2002 für rund 284 000 Kinder gefährliche Bedingungen auf Kakaofarmen nach.

2 Beispiele:

A Von einem Beruf als Mechaniker träumend, (,) arbeitet der zwölfjährige Noussou für 20 Cent am Tag auf einer Kakaoplantage.
Noussou arbeitet für 20 Cent am Tag auf einer Kakaoplantage, obwohl er von einem Beruf als Mechaniker träumt.

B Noussou arbeitet, gegen das Arbeitsrecht für Kinder verstoßend, elf Stunden täglich.
Noussou arbeitet elf Stunden täglich, womit er gegen das Arbeitsrecht für Kinder verstößt.

C Völlig vom Willen der Arbeitgeber abhängend (,) wissen viele Kinder nicht, was sie essen und wo sie schlafen können.
Da sie völlig vom Willen der Arbeitgeber abhängig sind, wissen viele Kinder nicht, was sie essen und wo sie schlafen können.

D Die Regierung der Elfenbeinküste unterstützend, (,) weisen internationale Organisationen die Farmer auf die besonderen Gefahren hin, denen die Kinder während der Arbeit ausgesetzt sind.
Weil sie die Regierung der Elfenbeinküste unterstützen, weisen internationale Organisationen die Farmer auf die besonderen Gefahren hin, denen die Kinder während der Arbeit ausgesetzt sind.

Seite 42

1 Ziel des fairen Handels ist es, den Zwischenhandel auszuschalten und den direkten Handel zwischen den Kakaobauern und den Herstellern von Schokolade zu ermöglichen. Um diese Geschäfte abwickeln und kontrollieren zu können, haben sich einige ethisch arbeitende Organisationen gebildet. Die tragende Idee besteht darin, die Beziehungen auf langfristige Zusammenarbeit auszulegen und einen fairen Preis zu erzielen, der über dem Weltmarktniveau liegt. Zudem soll ein Teil der Ernte vorfinanziert werden, um eine Verschuldung der Bauern zu vermeiden. Um die Vorteile dieser Handelsprogramme genießen zu können, müssen sich die Bauern überprüfen lassen.
Um am fairen Handel teilnehmen zu können, schließen sich die Kakaobauern in der Regel zu Kooperativen zusammen. Für einen einzelnen Bauern wäre der Aufwand der Vermarktung zu groß bzw. die Jahresproduktion zu klein. Die Kakaobauern müssen sich verpflichten, Entscheidungen nach demokratischen Regeln zu treffen, die Beschäftigten angemessen zu bezahlen, keine Sklaverei, keine illegale Kinderarbeit und keine Benachteiligung von Frauen und anderen Bevölkerungsgruppen zuzulassen.
Der faire Handel dient dazu, das Existenzminimum von Kleinbauern und Plantagenarbeitern zu sichern und ihre Lebenssituation schrittweise zu verbessern. Anstatt von den Preisen der Zwischenhändler abhängig zu sein, erhalten die Bauern von ihren Kooperativen einen höheren Preis. Der Mehrerlös der Kooperativen ermöglicht es, Gemeinschaftsprojekte wie Schul- und Straßenbau und Trinkwassersicherung zu fördern.
Die verschiedenen Organisationen, die sich am fairen Handel beteiligen, haben unterschiedliche Methoden, den jeweiligen Preis für Kakaobohnen zu berechnen. So gelingt es einerseits, mit Mindestpreisen pro Tonne den fairen Preisen zu entsprechen, anstatt Dumping-Preise zuzulassen, und andererseits, bei ansteigendem Weltmarktpreis bis zu einem maximalen Weltmarktpreis Aufschläge bis zu 15 Prozent festzulegen, ohne die Konkurrenzfähigkeit der Fair-Trade-Produkte zu gefährden.
Wichtige Organisationen für Fair Trade sind FLO (Fairtrade Labelling Organization), TransFair e. V. und Gepa (Gesellschaft zur Förderung der Partnerschaft mit der Dritten Welt mbH).

2 Die Kooperative riet, den Kakaobauern den Brief zu schreiben.
Die Kooperative riet den Kakaobauern, den Brief zu schreiben.
Viele wünschen sich, jeden Tag heiße Schokolade trinken zu können.
Viele wünschen sich jeden Tag, heiße Schokolade trinken zu können.

Seite 43 und 44 – Teste dich!

1 A Akkusativ-Objekt; B Gleichsetzungsnominativ; C Genitiv-Objekt; D adverbiale Bestimmung der Art und Weise — 4

2 Hauptsatz, Nebensatz — 2

3 Satzgefüge, Satzreihen — 2

4 [5] Obwohl, [2] dass, [1] Damit, [3] Während, [4] Wenn — 10

5 1 B, 2 D, 3 H, 4 C, 5 A, 6 E, 7 F, 8 G — 8

6 Ein junger Mann mit schwarzem Totenkopf-Sweatshirt und Jeans, die auf den Oberschenkeln Löcher und Risse aufweisen, betritt den Raum. Die blonde Mähne trägt er zu einem Pferdeschwanz zusammengebunden, der Dreitagebart sprießt. In diesem Outfit, einen Geigenkasten unter dem Arm tragend, entspricht der Typ so gar nicht dem Bild eines Ausnahmemusikers, der an zehn Monaten im Jahr in sämtlichen renommierten Konzertsälen der Welt unterwegs ist. Die Rede ist von David Garrett. Mit 19 Jahren hätte er das Geigespielen fast aufgegeben, aber heute (,) mit 27 (,) hat er es geschafft, das Musizieren ist wieder seine Sache geworden. Das war nicht leicht, denn seine Eltern hatten entschieden, dass er Geige spielen müsse. Bis einschließlich der zehnten Klasse besuchte er keine Schule, sondern wurde von Privatlehrern zu Hause unterrichtet. Dass andere Kinder draußen Fußball spielten, während er drinnen auf seinem Instrument übte, ahnte er nicht einmal. Seine Welt war eben so, soziale Kontakte zu Gleichaltrigen gab es einfach nicht (,) und sie fehlten ihm auch nicht. Wichtiger war ihm, mit 13 Jahren auf den Dirigenten Claudio Abbado zu treffen und mit ihm ein Mozartkonzert aufzuführen. Wann sich seine Einstellung änderte, kann Garrett heute nicht mehr ganz genau sagen, aber so mit 14, 15 oder 16 bemerkte er, dass er in einem goldenen Käfig saß. Seinen Wohnort Aachen wollte er in jedem Fall verlassen, nach New York sollte es gehen. Die Widerstände seiner Eltern außer Acht lassend (,) bewarb sich Garrett — 25 *mit 19 klammheimlich an der berühmten Juilliard School of Music in New York, die ihn sofort annahm. Seitdem wohnt er in New York (,) und er hat die Liebe zu seinem Instrument neu entdecken können.*

Seite 45

1 ***Historisches/Persönlichkeiten:*** *der Zweite Weltkrieg, der Alte Fritz, Walther von der Vogelweide, Ludwig van Beethoven, die Goldenen Zwanziger*
bedeutende Institutionen: *das Deutsche Rote Kreuz, die Brandenburgische Technische Universität Cottbus, die deutschen Parteien, der Deutsche Bundestag in Berlin, der Börsenverein des Deutschen Buchhandels, der Allgemeine Deutsche Automobilclub*
Urlaubs- oder Ausflugsziele: *die Mecklenburgische Seenplatte, das Jüdische Museum in Berlin, die Holsteinische Schweiz, das südliche Deutschland, die Ostfriesischen Inseln*
regionale Souvenirs: *der ostfriesische Tee, die kulinarischen Spezialitäten aus Lübeck, die Solinger Messer*

Seite 46

2 *Richtig sind:*
Nahen Osten, arabischen Ländern, mittelasiatischen und zentralafrikanischen Staaten, Europäischen Union, Grüne Grenze, Ägäische Meer, Große Syrte, eingängige Begriff, Rote Kreuz, Rote Halbmond, Hohe Flüchtlingskommissar der Vereinten Nationen, afrikanische oder asiatische Heimat, Adriatische Meer, Atlantischen Ozean, europäische Kernland, ägyptischen Wüste, irakischen oder afghanischen Krisengebieten, Genfer Flüchtlingskommission, Zweiten Weltkrieg

3 *A Das gelbe/Gelbe Trikot, B Die Aktuelle Stunde, C Das Grüne Gewölbe, D Auf einen blauen/Blauen Brief, E Das Fleißige Lieschen*

Seite 47

4 *Berlin ist jederzeit eine Reise wert.*
Schon in wenigen Tagen kann man einen bleibenden Eindruck von der Stadt gewinnen.
Von Montagmorgen bis Sonntagnacht kann man vieles erleben.
Bis zum frühen Morgen trifft man Nachtwandler, da Berlin keine Sperrstunde hat.
Viele Museen sind jedoch montags ganztägig geschlossen.

5 *am kommenden Montagmorgen, Sonntagabend, bis übermorgen, tagsüber, spätabends, Montagnachmittag, Montag gegen Mittag, um fünfzehn Uhr, vor einiger Zeit, bis heute, abends, Dienstagabend, von Mittwoch bis Samstag, Samstagnacht*

Seite 48 – Teste dich!

1 *Unerwartete Abenteuer im Botanischen Garten, Berlins neue Mitte, Prächtige Botschaften rund um den Pariser Platz, Das preußische Charlottenburg, Der neue Potsdamer Platz, Rund um den Hackeschen Markt* 6

2 1 ***wilhelminischen Zeiten:*** *Ableitungen von Eigennamen auf -isch werden kleingeschrieben, wenn sie nicht Bestandteil fester Eigennamen sind.* 5
2 ***Zweiten Weltkrieg:*** *In mehrteiligen Eigennamen schreibt man das erste Wort und alle Wörter außer Artikeln, Präpositionen und Konjunktionen groß.*
3 ***Internationalen Bauausstellung:*** *In mehrteiligen Eigennamen schreibt man das erste Wort und alle Wörter außer Artikeln, Präpositionen und Konjunktionen groß.*
4 ***achtgeschossige Wohnblock:*** *Adjektive, die nicht Bestandteil fester Eigennamen sind, werden kleingeschrieben.*
5 ***Berliner Akademie der Künste:*** *Ableitungen von geografischen Namen auf -er schreibt man groß.*

3 *A frühmorgens; B Sonntagabend; C Montag* 3

Seite 49

1 *Verbindungen aus Verben und Nomen: unterstrichen; nominalisierte Verbindungen: grau hinterlegt*

Jugendliche wollen am Leben in der Konsumgesellschaft teilhaben; dabei geht es oft ums Klamottenkaufen, Tanzengehen oder Herunterladen der neuesten Handyklingeltöne.

Kein Grund zum Schwarzsehen: Jobs neben der Schule können bei leerem Geldbeutel Abhilfe schaffen.

Eltern und Lehrer mögen da noch so sehr kopfstehen, Schülerinnen und Schüler dürfen sich aus Sicht des Gesetzgebers in einem gewissen Rahmen Arbeit suchen.

Auch Jugendliche sind im Argumentefinden gut: „Es ist doch besser, dass ich Zeitungen austrage oder Eis verkaufe, als dass die Polizei mich beim Herumhängen und Musikhören im Park erwischt."

Einer Studie zufolge geht es beim Jobben den meisten ums Geldverdienen, einigen um den „Fun"-Faktor und noch andere wollen Erfahrungen sammeln.

Seite 50

2 *Beispiele:*
abstellen, anstellen, aufstellen, ausstellen, beistellen, durchstellen, entgegenstellen, entlanglaufen, gegenhalten, gegenüberstellen, hinterfragen, mitlaufen, nachfragen, stattfinden, überlegen, umstellen, unterstellen, vorstellen, widerstehen, zustellen, zwischenfragen
auseinanderhalten, beisammenhalten, davonlaufen, dazukommen, dazwischenkommen, fortlaufen, herkommen, herauskommen, hereinkommen, hinterherlaufen, niederdrücken, rückwärtsgehen, vorangehen, vorbeigehen, weggehen, weitergehen, wiederkommen, zurückkommen, zusammenkommen
abhandenkommen, anheimfallen, bevorstehen, darstellen, entzweibrechen, hintanstellen, innehalten, übereinstimmen, überhandnehmen, umhinkönnen, vorliebnehmen, zurechtkommen

3 *zusammenspielen, gegenübersehen, gegenüber sehen, da bleiben, davongekommen, dableiben, davon gekommen, zusammen spielen*

Seite 51

4 *falschspielen: betrügen; kaltlassen: keine Gemütsregung verspüren; klarmachen: verdeutlichen; lahmlegen: zum Stillstand bringen; offenlegen: Einblick gewähren; richtigstellen: korrigieren; satthaben: einer Sache überdrüssig sein; schiefgehen: misslingen; schwerfallen: Mühe verursachen*

5 *klarmachen, bereitfinden, wichtigmachen, krummlegen, fertig|bringen, starkmachen, großschreiben, leer|räumen, hoch stapeln, nahebringen, fertigbringen, schwerfallen*

Seite 52

6 *liegen bleiben, sitzengelassen, stehen zu bleiben, gehen lassen*

7 *(f) = falsche Schreibung*
***jobbengehen** (f): jobben gehen, Verb und Verb in der Regel getrennt*
***groß geschrieben** (f): großgeschrieben, Zusammenschreibung bei neuer Bedeutung*
***zurechtkommen:** Verb u. Partikel werden zusammengeschrieben, wenn Betonung auf der Partikel liegt*
***zusammen klappen** (f): zusammenklappen, Verb u. Partikel (hier: Adverb) werden zusammengeschrieben, wenn Betonung auf der Partikel liegt*
***Zeitungaustragen:** nominalisierte Verbindungen aus Nomen und Verb werden zusammengeschrieben*
***Baby sitten** (f): Babysitten, nominalisierte Verbindung wird zusammengeschrieben*
***Brötchen verkaufen** (f): Brötchenverkaufen, nominalisierte Verbindung*
***kennen lernen:** auch kennenlernen möglich*
***lesen üben:** Verb u. Verb i.d.R. getrennt*
***spazierengehen** (f): spazieren gehen, Verb u. Verb i.d.R. getrennt*
***Jobben gehen** (f): Jobbengehen, nominal. Verbindung wird zusammengeschrieben*
***statt finden** (f): stattfinden, Verb u. Partikel (hier: Präposition) werden zusammengeschrieben, wenn Betonung auf der Partikel liegt*
***arbeiten dürfen:** Verb u. Verb i.d.R. getrennt (hier: Modalverb)*
***blickenlassen:** auch „blicken lassen" möglich*
***glattgeht:** bei neuer Bedeutung werden Adjektiv u. Verb zusammengeschrieben*
***malochenlassen** (f): malochen lassen, keine neue Bedeutung, daher Verb u. Verb i.d.R. getrennt*
***langearbeiten** (f): lange Arbeiten, nominalisierte Verbindung wird großgeschrieben*
***geben können:** Verb u. Verb (hier: Modalverb)*
***mitwirken:** Verb u. Partikel (hier: Präposition) werden zusammengeschrieben, wenn Betonung auf der Partikel liegt*
***modellstehen** (f): Modell stehen, Nomen u. Verb i.d.R. getrennt*
***glattgeht:** siehe oben*
***überein stimmen** (f): übereinstimmen, Verb u. Partikel werden zusammengeschrieben, wenn Betonung auf der Partikel liegt*
***sehen lassen:** auch „sehenlassen" möglich*
***stärken können:** Verb u. Verb i.d.R. getrennt*

Seite 53 – Teste dich!

1 *Richtig sind:* 8
breitzumachen, zusammenkommen, zufriedenstellen, richtig liegt, voranbringen, schlauzumachen, schwarzärgert, dabei sitzen

2 *Das Arbeitengehen in den Schulferien ist ab 15 Jahren gesetzlich erlaubt, so können Jugendliche z.B. in manchen Regionen Obst ernten oder in Ferienseminaren Nachhilfe geben; auf gut|bezahlte Schichtarbeit in Fabriken werden sie bis zu ihrem 18. Lebensjahr warten müssen.* 3
Nicht länger als acht Stunden am Tag und fünf Tage die Woche dürfen sich Jugendliche an ihrer Arbeitsstelle sehen|lassen, um den Bestimmungen des Jugendarbeitsschutzgesetzes standzuhalten.
Pro Jahr dürfen schulpflichtige Jungen und Mädchen maximal 20 Tage arbeiten gehen, wobei sie dafür auch keine Sozialabgaben zahlen müssen.

3 *Richtige Schreibweisen:* 24
Schlange stehen, Kaffeetrinken, entspannen zu wollen, sauberpolieren (auch: sauber polieren), leerräumen (auch: leer räumen), genau rechnen, jonglieren üben, Autofahren, achten müssen, Rad fährt, freundliche Lächeln, Tischabwischen, mürbe machen (auch: mürbemachen), zusammenfinden, breitmacht, dazustößt

Falsche Schreibweisen:
Kuchen essen (richtig: Kuchenessen), gutarbeiten (richtig: gut arbeiten), Dazukommen (richtig: Dazu kommen), vorbei schlängelst (richtig: vorbeischlängelst), schief geht (richtig: schiefgeht), verrückt spielen (richtig: verrücktspielen), Heim gehen (richtig: heimgehen), wiedersehen (richtig: wieder sehen)

Seite 54

1

								A	N	T	I	Z	I	P	A	T	I	O	N						
									K	O	N	N	O	T	A	T	I	O	N						
									D	E	T	O	N	A	T	I	O	N							
				C	O	L	L	A	G	E															
									P	A	R	O	D	I	E										
							M	O	N	O	P	H	T	H	O	N	G								
							R	E	P	O	R	T	A	G	E										
			C	H	A	R	A	K	T	E	R	I	S	I	E	R	E	N							
			R	E	K	L	A	M	A	T	I	O	N												
					E	X	P	O	S	I	T	I	O	N											
										P	E	R	S	O	N	I	F	I	K	A	T	I	O	N	
									P	A	R	A	P	H	R	A	S	I	E	R	E	N			
							P	O	S	S	E	S	S	I	V										
A	L	L	I	T	E	R	A	T	I	O	N														

2 *interpretieren: etwas (einen Text) erklären, deuten*

Seite 55

3 a)

H	E	E	N	E	R	E	I	Z	I	J	N	I	Q
K	K	S	I	X	V	I	T	I	U	T	N	I	Q
F	E	P	C	P	B	A	N	D	A	G	E	L	X
G	U	J	H	L	E	T	H	A	R	G	I	E	X
Q	A	S	S	O	Z	I	I	E	R	E	N	Q	L
C	O	S	X	D	V	I	S	U	L	K	X	E	V
N	E	R	E	I	S	I	H	T	A	P	M	Y	S
A	N	E	R	E	I	N	N	O	B	A	O	X	L
I	N	T	E	R	V	E	N	I	E	R	E	N	R
A	G	G	R	E	S	S	I	O	N	N	N	M	J
K	H	K	O	N	T	R	O	L	L	E	U	R	B

b) *intuitiv (auf Intuition beruhend, die Intuition: Eingebung, nicht auf Denken beruhendes Erkennen eines Sachverhalts); die Bandage (Stütz- oder Schutzverband); die Lethargie (Trägheit, Gleichgültigkeit); assoziieren (gedanklich verknüpfen); exklusiv (höchsten Ansprüchen genügend, vorzüglich, ausschließlich einem bestimmten Personenkreis oder bestimmten Zwecken vorbehalten); sympathisieren (eine Anschauung mit anderen teilen); abonnieren (bestellen auf bestimmte oder unbestimmte Zeit); intervenieren (sich einmischen); die Aggression (Angriff, feindselige Haltung); der Kontrolleur (Aufpasser); explodieren (platzen, bersten)*

4 a) 2

I	O	N
X	E	L
R	E	F

3

R	U	G
F	E	H
F	U	A

4

			N
A	T	I	O
N	D	E	T
I	M	R	E

5

D	O	M
A	Z	T
L	S	A

6

O	T	H	E
N	O	M	I
S	U	M	S

b) *2 Reflexion: das Zurückwerfen von Licht, das Nachdenken; 3 Chauffeur: Fahrer; 4 Determination: (nähere) Bestimmung (z. B. eines Begriffs), Zuordnung; 5 Modalsatz: Adverbialsatz der Art und Weise; 6 Monotheismus: Glaube an einen einzigen Gott*

5 *Richtige Schreibweisen und Bedeutung:*
Reparatur: Wiederherstellung, Instandsetzung; Konjugation: Beugung des Verbs; parallel: gleichlaufend, in gleichem Abstand verlaufend; Apparat: Anlage, Einrichtung; Enjambement: Zeilensprung in der Lyrik; Karikatur: komisch übertreibende Zeichnung, Spottbild

Seite 56

1 *Vor unserem Universum, dem einzig bekannten, (Apposition) könnte bereits ein anderes mit umgekehrter Zeitrichtung existiert haben. Der Urknall wäre dann nur eine Art Übergang gewesen, (Aufzählung) eine Brücke zwischen den Zeiten. So einfach lässt sich die neue, (einschränkende Aufzählung im Attribut) aber hochkomplizierte Erklärung des Urknalls zusammenfassen, (Satzgefüge) mit der der Astrophysiker Stephen Hawking die Fachwelt provoziert. Stephen Hawking ist gelähmt, (Satzreihe) er sitzt im Rollstuhl und kann sich seiner Umwelt nur mit Hilfe eines Sprachcomputers verständlich machen. Doch er ist hochintelligent (,) und in seinen Gedanken erforscht er nichts Geringeres als das Universum, (Aufzählung) den Beginn der uns bekannten Zeit im Urknall bis zu deren Ende in Schwarzen Löchern. Mit Unterstützung vieler Mitarbeiterinnen und Mitarbeiter und mit eigenen mathematischen Techniken vollbringt Hawking unbestritten Spitzenforschung. Weil sich aber seine Theorien kaum durch Messungen überprüfen lassen, (Satzgefüge) wird er vermutlich niemals den Nobelpreis für Physik erhalten.*
Seine Berühmtheit, eine unwidersprochene Tatsache, (Apposition) geht weniger auf Hawkings Forschung als auf seine schwere Behinderung zurück. Eine weit fortgeschrittene Muskellähmung fesselt sein Genie in einen inzwischen fast bewegungsunfähigen Körper. Nach Jahrzehnten im Rollstuhl wurde Hawking 2007 ein Traum erfüllt. Er konnte an einem Parabelflug teilnehmen, (Satzreihe) das ist ein Flugmanöver, (Satzgefüge) bei dem ein Flugzeug eine zur Erdoberfläche geöffnete Parabel beschreibt. Dabei entsteht für ganz kurze Zeit im freien Fall Schwerelosigkeit. Stephen Hawking genoss dieses Gefühl offenbar sehr, (Satzreihe) denn nun möchte er gern ins All fliegen.

Seite 57

1 *Kafka sagt über seinen Vater, dieser habe sein „ganzes Leben lang schwer gearbeitet" (Z. 1).*
„Du hast dein ganzes Leben lang schwer gearbeitet, alles für deine Kinder, vor allem für mich geopfert" (Z. 1–2), so schreibt Kafka an seinen Vater.
Kafka gibt an, „ich habe infolgedessen ‚in Saus und Braus' gelebt" (Z. 2–3), was meiner Meinung nach zwischen Selbstanklage und Ironie schwankt.
Vermutlich meint Kafka mit „vollständige[r] Freiheit" (Z. 4) ein Leben ohne existenzielle Sorgen.
Kafka versteht den Vater. Er nimmt dessen Sicht der Dinge ein, wenn er sich selbst beurteilt: „verrückte[...] Freunde[...], [...] überspannte[...] Ideen" (Z. 11–12).

Seite 59

2

10. 02. 2009	
Altdorfer Buchhandlung *Personalabteilung* *Koblenzer Straße 10* *53179 Bonn*	
V. Buch *Siebengebirgsweg 4* *53179 Bonn*	
Bewerbung um ein Ausbildungsplazt als Buchhändler	Gr R W
hiermit bewerbe ich mich um ein Ausbildungsplatz bei ihnen in der Buchhandlung, weil ich werde im	Gr R Sb
Sommer die Schule abschliessen. Seit vielen Jahren bin ich ihr Kunde und empfinde die Athmospäre als sehr	R R W R
angenehm. Die große Auswahl der Bücher verschiedener Spaten, z. B. die große Kinder- und Jugendbuch-	Wdh R
buchabteilung und ihr Schwerpunkt im Bereich Belletristick sind beeindruckend. Ich bin freundlich offen	R Z R R Z
und schäze den Umgang mit anderen Leuten. Ich besize schulische Grundkenntnisse im Bereich ITG. Ich	R W R Wdh
kann mich auf Englisch und Französisch verständigen. Auch Präsentazionen im Bereich freier und spontaner	R Gr
Rede sind für mich kein Hinderniss. Die Liebe zu Büchern begleitet mich schon von kleinauf. Weil ich war	R R Sb
Schulsiegerin beim Vorlesewettbewerb im Jg. 6 und in späteren Jahren Jurimitglied bei diesen veranstal-	Gr R R
tungen. Ausserdem habe ich mitgeholfen eine Lesenacht für Jg. 5–7 zu organisiren und durchzuführen. Ich	R Z Gr R
habe mich ausserdem beim Aufbau der Schul-Bibliotek engagiert. Im vergangenen Schuljahr habe ich In	R + Wdh R
den Osterferien ein Praktikum in der Buchhandlung am Markt absolwiert und in den Sommerferien dort	R
ausgeholfen In den Herbstferien habe ich in der Statbibliothek ein weiteres Praktikum absolvirt. Beide	Z R R + Wdh
Praktiken fand ich sehr spannend und ich bin mir sicher das dieses Berufsfeld meinen Fähigkeiten und Inte-	Gr W Z Z R
ressen entspricht. Ich würde mich freuen wenn sie mich zu einem Vorstellungsgespräch einläden. Mein Le-	Z R M Gr
benslauf und einen Fotocopie des letzten Zeugnisses lege ich diesem Schreiben bei.	Gr R
Mit freundlichen Grüssen. *Verona Buch*	R Z
Anlagen *Lebenslauf*	
Zeugniss	R
Bescheinigungen über Praktiken	Gr
Schulische Referentzen	R R

b) + c)

	Zahl der Fehler	Fehlerschwerpunkt
1. Rechtschreibung R		
Großschreibung	6	X
das/dass	1	
getrennt/zusammen	1	
s/ß/ss	5	X
Fremdwörter	12	X
Sonstiges	7	X
2. Zeichensetzung Z		
Kommas	6	X
Zeichen bei Zitaten	–	
Sonstiges	2	
3. Grammatik Gr		
z.B.: Kongruenz (grammatische Übereinstimmung zwischen Satzgliedern/in Wortgruppen)	9	X
z.B.: Kasus (v.a. + Präpositionen)		
Tempus T		
Modus (v.a. Konjunktiv) M	1	
falscher Satzbau Sb	2	
4. Ausdruck A		
falsche Wortwahl W	4	
Füllwörter, abwechslungsreiche Wortwahl/Wiederholung Wdh	4	

3 *Briefkopf: Die eigene Anschrift (mit ausgeschriebenem Vornamen) kommt zuerst, darunter die Anschrift des Empfängers.*
Vor dem Datum steht der Ort, beides steht rechtsbündig neben der eigenen Anschrift.
Bezugszeile/Informationszeile: ist vorhanden
Anrede: fehlt
Text mit Begründung: ist vorhanden
Übersichtliche Gliederung in Absätze: Verona hat ihr Anschreiben nicht in Absätze gegliedert.
Bitte um Vorstellungsgespräch: ist vorhanden
Grußformel: ist vorhanden
Vollständige Unterschrift: ist vorhanden
Anlagen: vorhanden

4 a) *Verona Buch* — *Bonn, 10. 02. 2009*
Siebengebirgsweg 4
53179 Bonn

Altdorfer Buchhandlung
Personalabteilung
Koblenzer Str. 10
53179 Bonn

Bewerbung um einen Ausbildungsplatz als Buchhändlerin

Sehr geehrte Damen und Herren,

hiermit bewerbe ich mich um einen Ausbildungsplatz bei Ihnen in der Buchhandlung, denn ich werde im Sommer die Schule abschließen.
Seit vielen Jahren bin ich Ihre Kundin und empfinde die Atmosphäre in Ihrem Geschäft als sehr angenehm. Die große Auswahl der Bücher verschiedener Sparten, z.B. die umfangreiche Kinder- und Jugendbuchabteilung, und Ihr Schwerpunkt im Bereich Belletristik sind beeindruckend.Ich bin freundlich, offen und schätze den Umgang mit anderen Menschen. Im Bereich ITG besitze ich schulische Grundkenntnisse, und ich kann mich auf Englisch und Französisch verständigen. Auch Präsentationen im Bereich der freien und spontanen Rede sind für mich kein Hindernis.
Die Liebe zu Büchern begleitet mich schon von klein auf, so war ich Schulsiegerin beim Vorlesewettbewerb in der Jahrgangsstufe 6 und in späteren Jahren Jurymitglied bei diesen Veranstaltungen. Außerdem habe ich mitgeholfen, eine Lesenacht für die Jahrgangsstufen 5–7 zu organisieren und durchzuführen. Darüber hinaus habe ich mich beim Aufbau der Schulbibliothek engagiert.
Im vergangenen Schuljahr habe ich in den Osterferien ein Praktikum in der Buchhandlung am Markt absolviert und in den Sommerferien dort ausgeholfen. In den Herbstferien habe ich als Praktikantin in der Stadtbibliothek gearbeitet. Beide Praktika haben mir sehr gut gefallen, und ich bin mir sicher, dass das Berufsfeld der Buchhändlerin meinen Fähigkeiten und Interessen entspricht.
Ich würde mich freuen, wenn Sie mich zu einem Vorstellungsgespräch einladen würden. (Oder: Über eine Einladung zu einem Vorstellungsgespräch würde ich mich sehr freuen.)

Mit freundlichen Grüßen

Verona Buch

Anlagen
Lebenslauf
Zeugnis
Bescheinigungen über Praktika
schulische Referenzen

Seite 60

1 b) *Mögliche erste Eindrücke:*
zum Thema: Die Weiße Rose, Jugend und Demokratie
zu Redezielen: gegen Rechtsextremismus, für Demokratie, Ausstellung positiv herausstellen
zu sprachlichen Auffälligkeiten: wenige rhetorische Mittel (z. B. Wiederholungen), Wechsel zwischen kurzen, betonten Sätzen und komplexeren Satzgefügen

Seite 62

2 a) ***Anlass der Rede:*** *Z. 35–48, Informationen zur Ausstellung, erst in Z. 121 f. wird die Ausstellungseröffnung als Anlass genannt*
Redesituation: *Z. 1–6, Anrede des Publikums: Man erfährt, welche politischen und sonstigen „offiziellen" Gäste anwesend sind, die Größe des Gesamtpublikums geht allerdings aus der Anrede nicht hervor*

b) *Beispiel für ergänzende Informationen:*
Ausstellungseröffnung im Bundestag; *Begrüßung durch Bundestagspräsident Wolfgang Thierse und Grußworte des Ehrenvorsitzenden Franz Josef Müller vor dem Einführungsvortrag der Ministerin Schmidt*
Ausstellung: *umfassender Überblick zu den Themen „Jugend während des Nationalsozialismus", zur Bedeutung der Stadt München als „Hauptstadt der Bewegung" und über den Widerstand von Studenten; ausführliche Porträts einzelner Gruppen und Gruppenmitglieder, Schilderung der Prozesse gegen die Mitglieder*
Weiße Rose Stiftung: *ein 1987 von Überlebenden der Widerstandsgruppe „Die Weiße Rose" und ihrem wei-*

teren Kreis Zugehörigen gegründeter Zusammenschluss mit folgenden Zielen: Erinnerung an diese Widerstandsgruppe bewahren, Zeichen für die Zukunft setzen
***Franz Josef Müller:** geb. 1924, gehörte der Abiturientengruppe an, die das fünfte Flugblatt der Weißen Rose im Raum Ulm verteilte; Gefängnisstrafe im zweiten Prozess gegen die Weiße Rose am 19. April 1943*

c) *Beispiel: Ministerin Renate Schmidt hielt die Rede am 30. 03. 2004 im feierlichen Rahmen einer Ausstellungseröffnung im Bundestag in Berlin. Bei der Ausstellung handelte es sich um eine von der „Weiße Rose Stiftung" erarbeitete und präsentierte Wanderausstellung über den studentischen Widerstand gegen Hitler und den Nationalsozialismus in München 1942/43. Zum Publikum gehörten neben dem Bundestagspräsidenten Wolfgang Thierse, der die Veranstaltung auch eröffnete, und Abgeordneten des Deutschen Bundestages Mitglieder der „Weiße Rose Stiftung", darunter deren Ehrenvorsitzender und Zeitzeuge Franz Josef Müller. Müller nahm aktiv an den Widerstandsaktionen teil und wurde dafür zu einer Gefängnisstrafe verurteilt. Das Publikum ist also relativ homogen, man kann bei den Zuhörern eine demokratische Gesinnung und eine verurteilende Haltung gegenüber dem Nationalsozialismus und dem Rechtsextremismus voraussetzen. Der Anlass der Rede ist nicht partei- oder tagespolitisch, sondern ein aktuelles, feierliches Ereignis, das eine auf Konsens zielende Rede erwarten lässt.*

3 *Z. 1–6: Anrede und Begrüßung*
Z. 7–17: Gegenüberstellung von damals und heute
Z. 18–34: Gegenüberstellung von demokratischer Mehrheit und rechtsextremer Minderheit
Z. 35–58: Informationen zur Ausstellung und zu deren Wertschätzung
Z. 59–86: Exkurs: Büste der Sophie Scholl in der Walhalla
Z. 87–120: Aktionen für Demokratie und gegen Rechtsextremismus für Jugendliche und deren Unterstützung durch die Bundesregierung
Z. 121–126: Appell, Verantwortung zu übernehmen

4 *Mögliche Lösungen: Die von der Rednerin eröffnete Wanderausstellung ist ein wichtiger Beitrag für die Sicherung des demokratischen Gemeinwesens, weil sie dazu anregt, über den Nationalsozialismus nachzudenken und über heutige Möglichkeiten und Notwendigkeiten vergleichbar verantwortlich zu handeln (Z. 49–53).*
Die Aufnahme Sophie Scholls in das bedeutende deutsche Nationaldenkmal „Walhalla" ist berechtigt, denn Sophie Scholl ist ein Vorbild für demokratische Gesinnung und Zivilcourage. Außerdem wird so verhindert, dass dieses Nationaldenkmal zu einer Kultstätte für Rechte wird (Z. 78–85).
Jugendliche selbst sollen Projekte für Jugendliche gegen Antisemitismus und Fremdenfeindlichkeit entwickeln und durchführen, da sie so alters- und gruppengerechte Wege zur Vermittlung von Toleranz und Demokratie finden (Z. 109–116).

Seite 63

5 a) + b) *Von den kämpferischen Strategien verwendet Schmidt lediglich die der Polarisierung durch Freund- und Feindbilder: Z. 18–21 (Feindbild: Rechtsextreme u. Ä.); evtl. kann man diese Zeilen auch als Kampfansage (gegen die in Z. 28 genannten Gewalttaten) verstehen*
Von den offenen Strategien werden eingesetzt:
Information: Z. 35–44, Z. 59–68;
Offenlegung der Ziele: Z. 93–95, 99–106;
rationale Argumentation: Z. 71–74, Z. 79–83, Z. 112–116, Z. 117 f.;
Lob, Ermutigung: Z. 44–48, Z. 107–108, Z. 121 f.;
Mahnung: Z. 30–34, Z. 123–126

c) *Beispiel: Es entspricht der Situation einer Ausstellungseröffnung, dass Renate Schmidt an verschiedenen Stellen auf Information und rationale Argumentation einerseits und auf Lob andererseits setzt, denn es gilt, die Ausstellung mit einigen Bemerkungen nicht nur vorzustellen, sondern auch ihre Bedeutung und Besonderheit hervorzuheben. Schmidt nutzt darüber hinaus die Gelegenheit, die Regierung, die sie vertritt, gut dastehen zu lassen – Lob erscheint auch in der Form von Eigenlob. Eher überraschend für eine derartige Festrede ist die deutliche Polarisierung zwischen Demokraten und Rechtsextremen zu Beginn. Diese kann jedoch auf einen allgemeinen Konsens bauen und hat deshalb in der Redesituation keine verstörende Wirkung. Aus dieser Polarisierung leitet Renate Schmidt Mahnung und Ermutigung ab.*

6 a) ***Aufzählung, Akkumulation:** „Zu viele Menschen sind von rassistisch eingestellten Tätern und Täterinnen erschlagen, erstochen, aus fahrenden Zügen geworfen, zu Tode gehetzt oder verbrannt worden." (Z. 24–27)*
***Anapher (Aufzählung, Parallelismus):** „Sie begaben sich in Lebensgefahr, weil sie widersprachen, weil sie aktiv Verantwortung übernahmen, weil sie nicht geschehen ließen." (Z. 55–57)*
***Parallelismus:** „Er galt damals und er gilt heute." (Z. 119 f.)*
***Kontrast:** „Wer damals dem Nationalsozialismus widersprach, begab sich in Lebensgefahr. […] Heute besteht für niemanden Lebensgefahr." (Z. 10–17)*
***Parallelismus (Aufzählung, Alliteration):** „Wir alle sind aufgefordert, hinzuschauen, was läuft falsch, was können und müssen wir tun, wo müssen wir protestieren?" (Z. 32–34)*

b) + c) ***Weitere Aufzählungen:***
„Gewalt, Beleidigung oder Diskriminierung (Z. 31 f.): Nachdruck, Betonung, Eindringlichkeit, Differenzierung, Vollständigkeit;
„Ursachen, Zusammenhänge und Folgen" (Z. 50 f.): Verdeutlichung, Differenzierung, Vollständigkeit;
„neben Goethe und Schiller, Beethoven und Bach, Bismarck und Barbarossa" (Z. 66–68): Anschaulichkeit;
„Feldherren, Kaisern und Künstlern" (Z. 72): Anschaulichkeit, Verdeutlichung; „‚demokratischer Gesinnung, Mut und Zivilcourage'" (Z. 78 f.): Nachdruck, Betonung, Vollständigkeit;
„Rechtsextremismus, Fremdenfeindlichkeit und Antisemitismus" (Z. 96 f.): Differenzierung, Vollständigkeit
***Weitere Anaphern:** „Heute leben wir … Heute bedarf es … Heute besteht für …" (Z. 14–17): Nachdruck, Eindringlichkeit, Adressateneinbezug;*
„… zum Nachdenken … Zum Nachdenken über … Zum Nachdenken darüber, …" (Z. 49–52): Betonung, Aufmerksamkeit erregen, Nachdruck, Nachdenklichkeit;
„… eine Ausstellung …, … eine Ausstellung, die …" (Z. 121–123): Betonung, Aufmerksamkeit erregen
***Kontrast:** „Wir … sind die Mehrheit … und die … in der Minderheit" (Z. 18–21): Adressateneinbezug, Emotionalisierung*

Alliteration: *„Beethoven und Bach, Bismarck und Barbarossa" (Z. 67 f.): Anschaulichkeit, Betonung, Aufmerksamkeit;*
„das ungeheure Geschehen und die Gräuel" (Z. 88): Betonung, Eindringlichkeit

Seite 64

7 a) *demokratisches Gemeinwesen (Z. 18), Verantwortung (Z. 56, 124 f.), Freiheitswillen (Z. 58), demokratische Gesinnung (Z. 78 f.), Mut (Z. 79), demokratische Kultur (Z. 93 f.), ziviles Engagement (Z. 94, 102 f.), Toleranz (Z. 100, 103, 115), Demokratie (Z. 100, 107, 115 f.), demokratisches Verhalten (Z. 102), Weltoffenheit (Z. 103), Eigenverantwortung (Z. 112)*
b) *rechtsextrem/Rechtsextremismus (Z. 19, 96, 100, 113), fremdenfeindlich/Fremdenfeindlichkeit (Z. 20, 96, 101, 114), gewalttätig (Z. 20), rassistisch/Rassismus (Z. 25), Diskriminierung (Z. 31 f.), nationalsozialistische Gewaltherrschaft (Z. 51), rechtsradikale Gewalt (Z. 80), Antisemitismus (Z. 96 f., 101)*

8 a) *Der Satzbau ist elliptisch: Ein zugrunde liegender komplexer Satz (Hypotaxe) wird durch das mehrfache Setzen des Satzschlusszeichens (Punkt) in eine Reihe von unvollständigen, aber übersichtlichen Sätzen zerlegt. Um einen vollständigen Satz zu erhalten, müsste man sogar noch auf den vorausgehenden Satz (Z. 44–48) zurückgreifen, an den mit „Eine Präsentation, die …" angeschlossen wird.*
b) *Dieser Satzbau hat die Wirkung einer deutlichen Verzögerung, Verlangsamung, die genau das möglich macht, was auch inhaltlich herausgestellt wird: nachdenklich zu werden. Dies wird durch die dreimalige Wiederholung von „zum Nachdenken" (Anapher) noch verstärkt.*

9 ***Das übergeordnete Ziel der Rede:*** *den Wert der zu eröffnenden Ausstellung herausstellen, die Ausstellung in einen geschichtlichen und aktuellen Kontext einbetten und ihre Bedeutung und Funktion hervorheben*
Weitere Redeziele, die mit dem Anlass verbunden werden:
Appelle: *Aufruf zu Zivilcourage und Engagement „gegen rechts"*
Selbstdarstellung der Rednerin: *persönlicher Sieg im Kampf um die Aufnahme Sophie Scholls in die Walhalla*
Selbstdarstellung der Bundesregierung: *(finanzielle) Förderung von Jugendprojekten für Toleranz und Demokratie; hohe Priorität der Bekämpfung von Rechtsextremismus*

10 *Beispiel: Der eigentliche Anlass für die Rede – die Ausstellung über „Die Weiße Rose" – spielt in der Rede von Renate Schmidt (zumindest in den abgedruckten Teilen) eine eher untergeordnete und beiläufige Rolle. Zu fragen wäre, ob die Organisatoren der Ausstellung sich nicht vielleicht etwas mehr Aufmerksamkeit für ihr Projekt gewünscht hätten. Andererseits ergibt sich das Engagement der Rednerin für Zivilcourage und demokratisches Engagement gegen rechtsradikale, antisemitische und fremdenfeindliche Tendenzen schlüssig aus dem Gegenstand der Ausstellung und aus dem Anliegen der „Weiße Rose Stiftung". Mit dem Blick auf die Aufnahme Sophie Scholls in die Walhalla verlässt die Rednerin den eigentlichen Ort ihrer Rede für einen Exkurs, der zwar sachlich nicht deplatziert ist, durch das Herausstellen der eigenen erfolgreichen Position aber einen selbstdarstellerischen Beigeschmack bekommt. Auch das (Eigen-)Lob für die Aktionen der Bundesregierung zeigt, dass die Rednerin in dieser Situation nicht ganz von parteipolitischen Interessen absehen kann. Sie bedient sich dazu allerdings eher unauffälliger Redestrategien und bleibt auch beim Einsatz rhetorischer Mittel zurückhaltend, was der Situation angemessen erscheint. Dennoch versteht sie es, ihren gut verständlichen und argumentativ schlüssigen Gedankengang vor allem durch die syntaktischen Strukturen zu stützen.*

Seite 65 – Teste dich!

1 *trifft zu: A, C, D, F; trifft nicht zu: B, E* 6

2 *Beschwichtigung, rationale Argumentation, Polarisierung, Abwertung, Drohung* 5

3 *A Anapher; B Kontrast; C Parallelismus; D Akkumulation (Aufzählung); E Alliteration* 5

4 *positive Leitbegriffe: Gerechtigkeit, Solidarität, Aufklärung, Gleichberechtigung* 7
negativ besetzte Begriffe: Terror, Rassismus, Diskriminierung

Seite 66

1 b) *Möglicher erster Leseeindruck:*
sachlicher Bericht eines emotionsarmen, kontrollierten, verschlossenen Mannes, der allein sein will

Seite 67

2 a) *B, C*
b) *zu B: „Ich habe damals nicht einen Augenblick daran gedacht, daß wir zusammen nach Rom fahren würden, Sabeth und ich, der ich in Rom nichts verloren hatte." (Z. 21–23)*
Zu C: auktorial: „Sabeth fand es toll, […]" (Z. 1–3)
personal: „Ihre Vermutung, ich sei traurig, weil allein, verstimmte mich […]" (Z. 31–32 erlebte Rede, Z. 32–46 innerer Monolog)

Seite 68

3 a) *kann „Stimmung" nicht leiden (Z. 7 f.); hat am 29. 04. Geburtstag (Z. 14); ist mit Sabeth zusammen nach Rom gefahren (Z. 22); ist es gewohnt, allein zu reisen (Z. 32); lebt in seiner Arbeit (Z. 32 f.); wohnt allein (Z. 34 f.); genießt das Alleinsein (Z. 36); denkt voraus, nicht rückwärts (Z. 40); findet Zärtlichkeiten am Morgen unerträglich (Z. 42); hält es nicht länger als drei oder vier Tage mit einer Frau aus (Z. 43–45); erträgt Frühstück mit Frauen nur kurz (Z. 48–50); will allein sein (Z. 59); Sabeth findet ihn zynisch (Z. 63)*
b) *A, C*
c) *Fabers Verhalten gegenüber Sabeth widerspricht seiner Selbstdarstellung. Er stellt sich als kalt und gefühlsarm dar, zeigt sich jedoch besorgt, weil Sabeth per Autostopp nach Rom fahren möchte, und will ihr sogar ein Bahn- oder Flugticket bezahlen (Z. 18–20). Als er bemerkt, dass Sabeth friert, obwohl er ihr bereits seine Jacke gegeben hat, führt er sie unter einem Vorwand unter Deck (Z. 27–29). Als Sabeth ihm unterstellt, er sei traurig, weil er allein sei, reagiert er mit Verstimmung – es ist ihm nicht egal, was sie über ihn denkt (Z. 31 f.).*

Fabers Behauptung, er lebe „wie jeder wirkliche Mann" in seiner Arbeit (Z. 32 f.), klingt unglaubwürdig, wenn man als Leser erfährt, dass er sich spontan dazu entschließt, Sabeth nach Rom zu begleiten (Z. 22).

4 a) *Mögliche Deutung:*
Der Efeu ist eine Pflanze, die auf etwas Festes angewiesen ist, an dem sie emporranken kann. Faber hält offensichtlich alle Frauen für unselbstständig, für Schlingpflanzen, die den Mann in seiner Freiheit einengen.

b) *Vorschlag: Faber will keine Frau als Partnerin, er will allein wohnen, sich seiner Arbeit widmen und tun und lassen, was er will, ohne auf eine Frau Rücksicht nehmen zu müssen. Er unterstellt Frauen, dass sie ihn ohnehin nicht verstehen (Z. 37 f.). Er zählt Dinge auf, die er an Frauen nicht ertragen kann, und behauptet, dass jeder Mann so empfindet wie er: „Zärtlichkeiten am Morgen" (Z. 42), „Gefühle am Morgen" (Z. 45), „Blumen" arrangieren (Z. 55 f.), ein „Gespräch über Liebe und Ehe" (Z. 56 f.). Beim Gedanken daran, sein Leben mit einer Frau zu teilen („Doppelzimmer[...] als Dauer-Einrichtung", Z. 60 f.), fühlt er sich sofort eingeengt und hat Fluchtgedanken („Fremdenlegion", Z. 61). Frauen scheinen für Faber eine Art Zeitvertreib zu sein, wenn er sich langweilt und nichts Besseres zu tun hat (Z. 50–53), doch sie dürfen ihm nicht zu nahe kommen, sonst empfindet er sie offensichtlich als Bedrohung: Er betrachtet sie als Efeu, als wild wuchernde Pflanzen, die ihn einengen und ihm die Luft abdrücken wollen.*

5 *Fabers Grundeinstellung ist eher sachlich als emotional.*

Seite 69

2 *Möglicher erster Eindruck: Der Ich-Erzähler bezeichnet sich als Brücke, die darauf wartet, dass jemand sie betritt. Er ist einsam und sehnt sich nach der Begegnung mit einem Menschen. Als diese erfolgt, endet sie für ihn jedoch mit dem Tod. In der Parabel geht es womöglich darum, dass es jemandem nicht gelingt, eine Verbindung zu einem anderen Menschen herzustellen.*

3 *Vorschlag:*
1. Abschnitt: Z. 1–10: Die sinnlose Existenz der Brücke
2. Abschnitt: Z. 10–19: Hoffnung auf menschliche Begegnung
3. Abschnitt: Z. 19–33: Absturz der Brücke

4 *Beispiele:*
Zum Inhalt: *In der einsamen Gegend hat sie ihre Bestimmung noch nicht gefunden, ihre Existenz erscheint sinnlos; sie hofft darauf, durch die Begegnung mit einem Menschen ihre Funktionstüchtigkeit unter Beweis stellen zu können; es bleibt jedoch bei der bloßen Hoffnung, da es nicht zu einer erfolgreichen Begegnung kommt; stattdessen tritt am Ende die Katastrophe ein, denn die Brücke stürzt ab und erlebt ihren eigenen Untergang*
Zum Aufbau: *Auf den ersten Blick ist der Text ein Block, doch es lassen sich Sinnabschnitte finden: im ersten Abschnitt beschreibt die Brücke ihre allgemeine Situation, im zweiten Abschnitt beginnt die eigentliche Handlung an einem bestimmten Abend, im dritten folgen der Höhepunkt und das Ende der Brücke*
Zur sprachlichen Gestaltung: *Ausdrucksstarke Adjektive und Verben, die der Beschreibung dienen (Z. 1–8); Parataxe (Z. 1–8); Parenthese (Z. 10–13); Selbstappelle (Z. 15–19); Vergleich (Z. 18); Fragekette (Z. 26–28); Wortwiederholung „drehen" und „stürzen" (Z. 28–30); Personifikation der „Kiesel" (Z. 32 f.)*

Seite 70

5 *B*

6 *Die Brücke ist ein Symbol für die Verbindung zwischen Menschen, für die verbale und nonverbale Kommunikation.*

7 *Beispiel:*

erzählter Fall (das Gesagte)	***Botschaft (das Gemeinte)***
Eines Abends hört die Brücke menschliche Schritte auf sich zukommen.	*Der Wartende erhofft sich eine menschliche Begegnung.*
Sie bereitet sich durch Selbstappelle auf die Prüfung ihrer Funktionstüchtigkeit vor.	*Er bereitet sich auf die Interaktion mit dem Fremden vor und möchte selbstbewusst seine Identität zeigen.*
Der Fremde testet mit einem Stock die Standfestigkeit der Brücke und springt schließlich mit voller Wucht auf sie.	*Der Kommunikationspartner nimmt misstrauisch und angriffslustig Kontakt auf.*
Die Brücke will sich dem Fremden zuwenden, um herauszufinden, um wen es sich handelt.	*Der Wartende versucht, sich dem Fremden zu nähern, um seine Identität zu erkennen.*
Beim Umdrehen stürzt die Brücke ab und wird von spitzen Kieselsteinen aufgespießt.	*Er kann seiner menschlichen Bestimmung nicht gerecht werden, da er keine Beziehung zu dem unbekannten Fremden aufbauen kann. Er scheitert.*

9 ***Einleitung:*** *In der 1916 entstandenen Parabel „Die Brücke" von Franz Kafka will der Autor vielleicht verdeutlichen, dass menschliche Kommunikation in einer paradoxen und orientierungslosen Wirklichkeit nicht gelingt.*
Hauptteil: *Eine Brücke wartet über einem Abgrund darauf, von einem Menschen betreten zu werden. Als sich ihr eines Tages ein Fremder nähert, hofft sie darauf, ihre Bestimmung erfüllen zu können. Der Unbekannte testet sie jedoch in aggressiver Weise und fügt ihr Schmerzen zu. Als sie sich umdreht, um den Fremden anzusehen, stürzt sie ab und wird von den spitzen Felsen im Flussbett aufgespießt. Das vorwiegend im Präteritum erzählte Geschehen ist voller Paradoxien. Es wird aus der eingeschränkten Sicht des Ich-Erzählers wiedergegeben, der jedoch am Ende seinen eigenen Tod mitteilt. Die Brücke weist zudem einen Doppelcharakter auf, sie ist Ding und Mensch zugleich.*
Der Text ist in drei Abschnitte unterteilt. Im ersten Abschnitt (Z. 1–10) wird die Ausgangssituation beschrieben, im zweiten Abschnitt (Z. 10–19) kommt die eigentliche Handlung in Gang und Spannung wird aufgebaut, der dritte Teil (Z. 19–33) endet in der Katastrophe.
Im ersten Teil wird die paradox anmutende Situation der Brücke vorwiegend im parataktischen Stil beschrieben. Die Brücke trägt menschliche Züge, hat z. B. „Fußspitzen" und „Hände" (Z. 2 f.) und ist sich ihrer Bestimmung bewusst (vgl. Z. 8), befindet sich jedoch in einer abgelegenen, unbekannten und menschenleeren Gegend. Die beschreibenden Adjektive „steif" und „kalt" (Z. 1) sowie die Wortwiederholung „warten" weisen auf den statischen Zustand hin, in

dem sich die Brücke befindet. Ihre zunächst auf sich selbst konzentrierte Sicht wird durch die Häufung des Pronomens „ich" untermauert (vgl. Z. 1–4).
Im zweiten Abschnitt verdeutlichen ebenfalls beschreibende Elemente die zeitliche und gedankliche Desorientierung des Ich-Erzählers („meine Gedanken gingen immer in einem Wirrwarr und immer in der Runde", Z. 11–13). Dieses sinnlose Kreisen wird sprachlich untermauert durch einen unübersichtlichen Satzbau (vgl. Z. 10–14). Die eigentliche Handlung setzt ein, als die Brücke „einen Mannesschritt" (Z. 14) hört. Adverbiale Bestimmungen wie „einmal gegen Abend" (Z. 10) und „gegen Abend im Sommer" (Z. 13) geben dem Geschehen eine zeitliche Strukturierung und tragen zum Spannungsaufbau im zweiten Teil der Parabel bei. Selbstappelle („Strecke Dich, Brücke, setze Dich in Stand, [...] halte den Dir Anvertrauten", Z. 15 f.) verdeutlichen die Hoffnung der Brücke auf menschlichen Kontakt und spiegeln ihre Verantwortungsbereitschaft wider. Das im ersten Abschnitt der Parabel vermittelte statische Warten wird am Ende des zweiten Teils durch die selbstbewusst bekundete Handlungsbereitschaft der Brücke („dann gib Dich zu erkennen und wie ein Berggott schleudere ihn ins Land", Z. 18 f.) abgelöst.
Im dritten Teil der Parabel steht die Begegnung mit dem erwarteten Menschen im Mittelpunkt, dessen Identität jedoch bis zum Schluss verborgen bleibt. Der Mensch nähert sich misstrauisch der Brücke (vgl. Z. 19–23) und attackiert sie schließlich (Z. 23–25). Die Brücke reagiert auf die unvermutete Aggression mit Verständnislosigkeit, die durch eine Anhäufung von elliptischen Fragen („Wer war es? Ein Kind? Ein Turner? Ein Waghalsiger? Ein Selbstmörder? Ein Versucher? Ein Vernichter?", Z. 26–28) ausgedrückt wird. Die Brücke will wissen, wer der Fremde ist, will ihn erkennen und dreht sich um. Erst diese Handlung führt zur Katastrophe, zum Absturz der Brücke, dessen Schnelligkeit und Gewaltigkeit sprachlich durch die Verknüpfung der parataktischen Satzkette (Z. 29–33) und die Wortwiederholung „stürzte" (Z. 30) hervorgehoben werden. Die Enttäuschung der Brücke erscheint am Ende als eine doppelte, da sich nicht nur der „Anvertraute [...]" (Z. 16) erwartungswidrig verhält, sondern auch die Kiesel, die sie „immer so friedlich angestarrt hatten aus dem rasenden Wasser" (Z. 32 f.).
Die vorliegende Parabel zeigt Parallelen zu anderen Prosastücken Kafkas auf, in denen ebenfalls Wesen mit Doppelcharakter eine Rolle spielen (vgl. „Die Verwandlung"). Das Brückenmotiv verdeutlicht Kafkas Vorstellung von der Bestimmung des Menschen, gelungene Beziehungen zu anderen herzustellen. Diese setzen Einfühlungsvermögen, Identitätsdarstellung und die wechselseitige Bereitschaft zur Übernahme von Verantwortung voraus. Nur so scheint gewaltfreie Kommunikation möglich zu sein. Dass diese in einer paradoxen Wirklichkeit nicht gelingen kann, zeigt Kafka in „Die Brücke" auf.
Ein Blick auf Kafkas biografischen Hintergrund kann Aufschluss darüber geben, wie er zu seiner pessimistischen Wirklichkeitssicht gelangt sein könnte. Sein offenbar problematisches Verhältnis zu seinem Vater könnte die Ursache für sein negatives Selbst- und Fremdbild sein. In seinem „Brief an den Vater" von 1919 beschuldigt Franz Kafka diesen, ihm Misstrauen gegenüber sich selbst und Angst vor allen anderen Menschen eingeimpft zu haben. Da ihm auf Grund seiner Erziehung das Vertrauen in seine eigenen Fähigkeiten fehlt, fällt es ihm schwer, Beziehungen zu anderen aufzubauen.

***Schluss:** Kafkas Parabel „Die Brücke" verdeutlicht ein durchaus aktuelles Phänomen. Kommunikation – das Herstellen einer Verbindung – gelingt im Alltag häufig nicht, weil die Verständigungsbereitschaft nur einseitig vorhanden ist oder weil das Einfühlungsvermögen und die Identitätsdarstellung auf Seiten der Kommunikationspartner nicht ausreichen.*
Schwer nachvollziehbar und daher für mich weniger überzeugend sind jedoch die in der Parabel aufgezeigten Paradoxien, die scheinbar keine positiven kommunikativen Auswege zulassen.

Seite 71 – Teste dich!

2 *Bei dem Text „Der Aufbruch" von Franz Kafka handelt es sich um eine Parabel, d. h. eine Gleichniserzählung, die den Leser **direkt** belehrt. (richtig ist: indirekt)* 6
*Die Parabel „Der Aufbruch" ist eine **Er**-Erzählung, die durch ein **auktoriales** Erzählerverhalten gekennzeichnet ist. (richtig sind: Ich-Erzählung, personales Erzählerverhalten)*

3 *C* 1

4 *Folgende Merkmale treffen nicht zu:* 7
einsilbig, gelungen, störungsfrei, logisch, stockend, nicht widersprüchlich, einfühlsam

5 *B, C* 2

Seite 72

1 *Die Heilsarmeesoldatin Johanna wird vom Makler Sullivan Slift auf das Gelände einer Fleischfabrik geführt, damit sie dort die Schlechtigkeit der Armen beobachten kann. In der Fleischfabrik ist der Arbeiter Luckerniddle in einer Maschine tödlich verunglückt. Um das Unglück zu vertuschen, schweigt die Firmenleitung über den Unfall und lässt Rock und Mütze des Mannes durch einen arbeitslosen Burschen verschwinden. Seit vier Tagen belagert Frau Luckerniddle die Fabrik, um etwas über den Verbleib ihres Mannes zu erfahren. Slift bietet ihr Essen in der Werkskantine für drei Wochen an, wenn sie ihre Nachfragen aufgibt. Johanna ist überzeugt, dass Frau Luckerniddle darauf nicht eingehen wird, aber schon kurze Zeit später trifft sie sie in der Kantine. Obwohl Frau Luckerniddle durch das Erscheinen des Burschen indirekt vom Tod ihres Mannes erfährt, nimmt sie Slifts Angebot ohne weitere Fragen an. Dennoch verurteilt Johanna Frau Luckerniddle und den Burschen nicht – wie von Slift beabsichtigt – als prinzipiell schlecht, sondern führt ihr Verhalten auf ihre Armut zurück.*

Seite 74

2 a) *Mögliche Beschreibung: Slift verachtet die Armen und verhält sich kalt, skrupellos, zynisch und abgebrüht. Johanna ist zurückhaltend, steht dem Verhalten der Armen hilflos gegenüber, erkennt durch ihre Klugheit jedoch die wahren Gründe für deren „Schlechtigkeit".*
b) *Frau Luckerniddle scheint anfangs ihrem Mann gegenüber loyal zu sein, denkt dann in ihrer Verzweiflung aber doch nur an ihr eigenes Überleben und erweist sich als bestechlich und berechnend.*

3 a) *B: Z. 56, FL; C: Z. 57–64, S; D: Z. 65 f., FL; E: Z. 67, S; F: Z. 68–70, FL; G: Z. 71–74, S*
b) *Z. 14–18: Nach Herrn Luckerniddles tödlichem Unfall verkauft die Fabrik ohne Skrupel Menschenfleisch als*

Blattspeck, die Verantwortlichen sind nur an Profit interessiert; Z. 58–60: Slift will nicht, dass Frau Luckerniddle weiterhin Aufsehen erregt und die Fabrik ins Gerede kommt; Z. 71–74: Slift will verhindern, dass Frau Luckerniddle einen Prozess gegen die Fabrik anstrengt, deshalb tritt er die Flucht nach vorn an und versucht, Frau Luckerniddle durch eine Mischung aus Bestechung und Erpressung einzuschüchtern; Z. 129–131: Die Fleischfabrik steckt offensichtlich in Schwierigkeiten, ihre Produkte verkaufen sich nicht mehr.

4 *„Ich habe nämlich seit zwei Tagen nichts gegessen." (Z. 104f.), im Prinzip schlüssige Begründung („nämlich"), die aber inhaltlich ergänzt werden muss*
„Sie wußten doch nicht, daß wir heute schon kommen?" (Z. 106f.), macht auf widersprüchliches (voreiliges) Verhalten von Frau L. aufmerksam
„Das ist richtig." (Z. 108), demonstrative Bestätigung, aber keine Erklärung
„Auf dem Weg hierher habe ich sagen hören, Ihrem Mann sei in der Fabrik etwas zugestoßen, woran die Fabrik schuld ist." (Z. 109–111), Johanna will Frau L. dazu veranlassen, sich wieder um das Schicksal ihres Mannes zu kümmern.
„Ah so, Sie haben sich Ihr Angebot wieder überlegt? Ich kann also die zwanzig Essen nicht bekommen?" (Z. 112–114), Missverständnis: Frau L. glaubt, dass Johanna einen Rückzieher machen will, sie sieht in Johanna eine Vertreterin des Fabrikbesitzers; Widerspruch zu Z. 65f. – Frau L. scheint gar nicht mehr wissen zu wollen, was mit ihrem Mann ist, sondern nur noch an das Essen zu denken.
„Sie haben sich aber doch mit Ihrem Mann gut verstanden, wie ich höre? Mir sagten Leute: Sie haben niemand außer ihm." (Z. 115–117), nachdrücklicherer Versuch Johannas, an eheliche Treue und Verbundenheit zu appellieren.
„Ja, ich habe seit zwei Tagen nichts gegessen." (Z. 118f.), Bruch im Gespräch trotz Bestätigung, Frau L. ist auf das Essen fixiert, geht überhaupt nicht auf Johannas Drängen ein.
„Wollen Sie nicht bis morgen warten? Wenn Sie Ihren Mann aufgeben, wird niemand mehr nach ihm fragen." (Z. 120–122), Widerspruch: Johanna kennt das Schicksal des Mannes, setzt sich aber nicht selbst für ihn bzw. für Frau L. ein.
„Nimm's nicht." (Z. 124), Widerspruch: Johanna hat Frau L. selbst das Essen gebracht.
„Frau Luckerniddle reißt ihr das Essen aus der Hand und fängt an, gierig zu essen. […] Er ist nach Frisco gefahren." (Z. 125–127), Widerspruch zu einer früheren Aussage von Frau L.: „Der ist nicht nach Frisco gefahren" (Z. 68).

Seite 75

5 a) *In gebundener Sprache stehen die einführenden Worte von Slift (Z. 6–9), die erste Klage von Frau Luckerniddle (Z. 42–53), Johannas kurze Zwischenkommentare (Z. 80–83, 95–99, 129–131) und Johannas Abschlusskommentar (Z. 154–179).*

b) *Der Wechsel zwischen ungebundener und gebundener Sprache unterbricht die Handlung und wirkt befremdlich. Wenn die Figuren in gebundener Sprache sprechen, treten sie aus ihrer Rolle heraus, sodass sich der Zuschauer/Leser nicht mehr mit ihnen identifizieren kann.*

c) *Mit der Versrede zu Beginn der Szene macht Slift klar, dass eine Art Demonstration folgt. Johanna – und mit ihr das Publikum – werden darauf hingewiesen, was das Folgende zeigen und bewirken soll. Damit wird eine Distanz zum Geschehen aufgebaut. Entsprechend demonstrativ und betont sollte Slift diese Passage auch sprechen, und zwar so, dass sich das Publikum mit angesprochen fühlt.*
Frau Luckerniddles erste Rede hat die Form einer Klage, eines Klageliedes, wozu die gebundene Form besonders gut passt, weil sie das dargestellte Leid stilisiert und sowohl bedrückender als auch bedrohlicher erscheinen lässt. Diese Wirkung kann durch eine entsprechend theatralische Sprechweise, die sich von der übrigen, umgangssprachlichen Sprechweise der Frau Luckerniddle abhebt, noch verstärkt werden.
Den größten Anteil an gebundener Rede hat Johanna, die damit in dieser Szene vor allem die Funktion einer Beobachterin und Kommentatorin übernimmt, auch wenn sie in geringer Weise an der Handlung teilhat. Johanna spricht an diesen Stellen aus, was sich auch der Zuschauer bei der Betrachtung der Szene denkt (oder Brecht zufolge denken sollte), deshalb sollte sich die Schauspielerin bei diesen Redepassagen eindeutig an das Publikum wenden.
Die in Versform verfassten Stellen der Szene gehören überwiegend nicht zur Handlung, sondern kommentieren diese und stellen somit Distanz zum Geschehen auf der Bühne her.

6 a) *Slift/Mauler: die Armen = Schlechtigkeit; diese Menschen sind aus sich heraus, von Natur aus schlecht, möglicherweise verschulden sie sogar ihre Armut durch ihre Schlechtigkeit selbst*
Johanna: die Armen ≠ Schlechtigkeit oder (führt zu) Schlechtigkeit; „die Armen" sollte durch „Armut" ersetzt werden, denn es ist nicht der Mensch selbst, der schlecht ist; die Verhältnisse, das Elend führen ihn zur Schlechtigkeit

b) *Slift spricht eingangs unmissverständlich aus, welche Wirkung er und Mauler sich von Johannas Besuch in der Fleischfabrik erhoffen (Z. 6–9): Johanna soll sehen, wie schlecht (im Sinne von unmoralisch, skrupellos, egoistisch) die Armen sind, damit sie nicht länger Mitleid mit ihnen hat und dem Fleischfabrikanten keine Vorwürfe mehr macht, keinen moralischen Druck auf ihn ausübt. Welche Wirkung der Besuch tatsächlich auf Johanna hat, wird durch ihren abschließenden Kommentar (Z. 154–179) deutlich: Sie hat erkannt, dass die scheinbare Schlechtigkeit der Armen in deren existenzieller Armut begründet liegt, dass die elenden Verhältnisse, in denen die Armen leben, es ihnen unmöglich machen, gut zu sein.*

7 *Brecht demonstriert mit dieser Szene die eingeschränkte Handlungsfähigkeit von Menschen, die in existenziell bedrohlichen Armutsverhältnissen leben. Diese Menschen denken nur noch kurzfristig und treffen lebenssichernde Entscheidungen für den Moment, können aber nicht weitsichtig handeln, um ihre Lebensbedingungen auf Dauer zu verbessern. Zugleich zeigt Brecht, wie in einem kapitalistischen System die existenzielle Not der Armen ausgenutzt wird, wie sie ausgebeutet werden, damit die Nutznießer ungehindert immer größere Gewinne erzielen können.*

8 a) *Wahrscheinlich hast du bei den ersten drei Aussagen das Kreuzchen in der rechten Spalte gesetzt, weil die dargestellten Ereignisse tatsächlich ungeheuerlich sind und wohl kaum jemand das Verhalten der beteiligten Personen gut und richtig finden kann. Bei den letzten beiden Aussagen ist es jedoch eine Frage der persönli-*

chen Einschätzung, ob du die Situation eher pessimistisch einschätzt (linke Seite) oder kämpferisch und optimistisch bist und einen Ausweg siehst (rechte Seite).

b) *Beispiel: In dieser Szene aus „Die heilige Johanna der Schlachthöfe" arbeitet Brecht sehr wirkungsvoll mit dem Mittel des Schocks: Der Zuschauer ist schockiert von der Kälte und Skrupellosigkeit, mit denen über den grausamen Tod eines Menschen hinweggegangen wird. Idealisierende oder romantische Vorstellungen von Liebe und Treue, von Mitmenschlichkeit und Mitleid werden schonungslos desillusioniert. Keine der auftretenden Figuren bietet sich für den Zuschauer zur Identifikation an, sodass er auf Distanz bleibt und – ähnlich wie Johanna – die Szene wie ein menschliches Experiment vorgeführt bekommt. Fraglich bleibt allerdings, ob das Vorgeführte tatsächlich auch Möglichkeiten der Veränderung nahelegt oder der Zuschauer nicht vielmehr – wie Frau Luckerniddle – resigniert und der Macht der Verhältnisse erliegt („Man kann sowieso nichts ändern."). Für den heutigen Zuschauer ergeben sich außerdem Rückzugsmöglichkeiten, indem er auf die bereits veränderten Bedingungen in der „sozialen Marktwirtschaft" hinweisen kann. In Zeiten der Globalisierung sind diese Gesetze allerdings wieder von begrenzter Reichweite, sodass Brechts Analyse bzw. Demonstration von gesellschaftlich-ökonomischen Prozessen durchaus auch heute noch zum Nachdenken anregen kann.*

Seite 76 – Teste dich!

1 a) *B* 2

b) *Es gibt Beziehungen und direkte Kontakte zwischen allen drei Figuren: Slift will einerseits Johanna etwas zeigen, andererseits muss er für die Fabrik tatsächlich den „Fall Luckerniddle" lösen. Frau Luckerniddle sieht in Slift und Johanna gleichermaßen Vertreter der Firmenseite. Johanna versucht, das Geschehen durch ihr Gespräch mit Frau Luckerniddle zu beeinflussen, und reagiert am Ende Slift gegenüber auf dessen Einstellung hinsichtlich der Armen.*

2 a) *Die zweite und dritte Aussage sind richtig.* 3

b) *Nur die erste Aussage ist richtig.*

3 *A … wirkt desillusionierend, weil über den grausamen Tod eines Mannes aus Geschäftsinteressen kalt und gefühllos hinweggegangen wird und selbst der Ehefrau des Mannes ihr eigenes Überleben wichtiger ist als das Schicksal ihres Mannes.* 2

B … hat eine demonstrative Funktion, weil einerseits Slift Johanna zeigen will, dass die Armen schlechte Menschen sind, andererseits Brecht den Zuschauern deutlich machen will, dass die Schlechtigkeit erst durch die Armut entsteht. Die Handlung selbst ist weniger wichtig als das, was mit ihr gezeigt werden soll.

4 *Richtig sind A, D und E; falsch sind B und C.* 5

Seite 77

2 *Beispiel: Beim Lesen entsteht bei mir der Eindruck von Trostlosigkeit, Ausweglosigkeit und Resignation.*

3 *Beispiel: Das Gedicht sagt aus, dass die bedrückende Fabrikarchitektur den Menschen einengt und sein Denken behindert.*

Seite 78

4 *Vorschlag: 2. Strophe: Anonyme und feindselige menschliche Kontakte*
3. Strophe: Eingeschränktes Denken in räumlicher Enge
4. Strophe: Unausweichliche Lebens- und Arbeitssituation

5 *C*

6 b) *C (x́ x x́ x x́ x …)*

c) *Zeilensprünge befinden sich in Vers 1, 2, 5, 6, 9, 10, 13*

d) *B*

e) *Das Gedicht entspricht in seinem äußeren Aufbau einem Sonett, denn es besteht aus zwei Quartetten und zwei Terzetten. Das Reimschema lautet: abba, cddc, eff, egg; die beiden Quartette sind jeweils durch den umarmenden Reim gekennzeichnet, die beiden Terzette sind durch einen umarmenden Reim (V. 9 und 12) miteinander verbunden.*

Seite 79

7 *Die traditionelle Form des Sonetts in ihrer Geordnetheit und Harmonie steht im Kontrast zu dem eintönigen, trostlosen und zugleich bedrohlichen Leben der Fabrikarbeiter.*

8

bildhafte Sprache	*Wirkung auf den Leser/die Leserin*
„Streift ein Mensch dich, trifft sein Blick dich kalt / bis ins Mark;" (V. 5–6)	*Die Sprachbilder wirken befremdlich und verdeutlichen die Vorstellung von der Flüchtigkeit und Feindseligkeit menschlicher Kontakte in der Fabrikumgebung.*
„Keine Zuchthauszelle klemmt / so in Eis das Denken" (V. 9–10)	*Die metaphorische Wendung wirkt erschreckend und veranschaulicht das eingeschränkte, unflexible Denken in räumlicher Enge.*

9

rhetorisches Mittel	*Beispiel*
Alliteration	*„Gras und Glas", V. 1; „harten Schritte haun", V. 6*
direkte Ansprache	*„Trägst du Purpur oder Büßerhemd", V. 12*
Onomatopoesie	*„Keine Bahnspur **surrt**", V. 3*
Parallelismus	*„Streift ein Mensch dich, trifft sein Blick dich kalt", V. 5*
Ellipse	*„Nichts als Mauern", V. 1*
Personifikation	*„Keine Zuchthauszelle klemmt", V. 9; „Mauern, die nur sich besehn", V. 11*

Seite 80

10 *Beispiel: Das Gedicht von Paul Zech aus dem Jahre 1911 ist dem Expressionismus zuzuordnen, denn es beschreibt eine moderne Fabriklandschaft und deren negative Auswirkungen auf den Menschen. Dieser bewegt sich nicht mehr in einer natürlichen Umgebung, sondern muss in einer Steinwüste ohne Grün („Gras") arbeiten, die ihn niederdrückt. In dieser Situation verändert sich auch das menschliche Miteinander, die Menschen begegnen einander gleichgültig oder sogar als Feinde (vgl. V. 5–8), ihr Denken erstarrt und ihr Leben wird zu einer endlosen Monotonie (V. 14).*

12 b) *Beispiel für eine zusammenhängende Gedichtanalyse: In dem Gedicht „Fabrikstraße tags" von Paul Zech aus dem Jahre 1911 wird eine trostlose und anonyme Fa-*

brikumgebung in ihrer Wirkung auf den Menschen bilderreich beschrieben und kritisiert.
In der ersten Strophe wird die Fabrikstraße zunächst vorgestellt, sie erscheint als eng und unlebendig. In der zweiten Strophe werden die Menschen beschrieben, deren Blicke sich nur kalt begegnen. Die dritte Strophe zeigt die Auswirkung der Lebenssituation auf das Denken der Menschen. In der vierten Strophe ist davon die Rede, dass man Gottes Bannfluch nicht entkommen kann.
Das Gedicht entspricht in seinem äußeren Aufbau einem Sonett, denn es besteht aus zwei Quartetten und zwei Terzetten. Das Reimschema lautet abba, cddc, eff, egg. Die beiden Quartette haben jeweils einen umarmenden Reim und die beiden Terzette sind durch einen umarmenden Reim miteinander verbunden. Die letzten beiden Verse der Terzette haben jeweils einen Paarreim. Das Versmaß ist gekennzeichnet durch einen Wechsel zwischen 3-hebigem, 4-hebigem und 5-hebigem Trochäus.
In der ersten Strophe wird die Fabrikstraße von außen betrachtet. Sie erscheint trostlos („Nichts als Mauern", V. 1), leblos und dunkel („Ohne Gras und Glas", V. 1; „Keine Bahnspur surrt", V. 3), und dieser Eindruck wird durch die Ellipse des ersten Satzes und die folgende Alliteration sowie Onomatopoesie noch verstärkt. Die metaphorische Wendung „zieht die Straße den gescheckten Gurt der Fassaden" (V. 2–3) vermittelt dem Leser zudem das Gefühl der Enge und Unausweichlichkeit. Dieses wird durch das Enjambement (V. 1–3) rhythmisch untermauert. Gleichzeitig erhält die Straße durch eine Personifikation – sie „zieht" (V. 2) –, eine aktive und bedrohliche Rolle. Lediglich das „wassernass[e]" Pflaster (V. 4) verbreitet etwas Glanz in der Fabrikstraße.
Im zweiten Quartett wird der Blick des Lesers durch die direkte Ansprache (V. 5) sehr eindringlich auf die Menschen in dieser Umgebung gelenkt. Ihre Beziehungen sind durch Anonymität und Fremdheit gekennzeichnet. Durch die Verwendung der Metaphern „Streift ein Mensch dich" und „trifft sein Blick dich kalt" (V. 5) werden die Flüchtigkeit des menschlichen Kontaktes und die fehlende Wärme verdeutlicht. Die Adjektive „kalt" und „hart", die Verben „trifft", „haun" und „wolkt" sowie die Alliteration „die harten Schritte haun" (V. 5–8) kennzeichnen nicht nur die Kälte, sondern auch die Feindseligkeit der Menschen in der beengenden Fabrikumgebung. Enjambements (V. 5–6 u. 6–7) tragen zur Atmosphäre der Anspannung bei.
Im ersten Terzett wird in nur einem Satz die Ausweglosigkeit der geschilderten Lebenssituation durch den Vergleich mit einer Zuchthauszelle herausgestellt. Hierbei wird in erster Linie das Denken der Menschen fokussiert, das auf Grund der Bewegung „Zwischen Mauern, die nur sich besehn" (V. 11) erstarrt ist. Aus dieser räumlich und geistig erstickenden Situation gibt es kein Entkommen, was auch die Enjambements in Vers 9 und 10 verdeutlichen.
Das zweite Terzett bildet – wieder in Form eines Satzes – den Abschluss des Gedichtes und beinhaltet gleichzeitig eine weitere Steigerung. Hier ist von „Gottes Bannfluch" (V. 14) die Rede, der sich offensichtlich in seinem Absolutheitscharakter nicht nur auf die Arbeiter bezieht. Eine erneute Ansprache des Lesers zu Beginn der letzten Strophe („Trägst du Purpur oder Büßerhemd", Z. 12) soll seine Aufmerksamkeit auf die entscheidende Aussage lenken: Gleichgültig, ob man eine hochgestellte Persönlichkeit in edlem Gewand ist oder ein armer Mensch im „Büßerhemd", man kann „Gottes Bannfluch", dem endlosen Kreislauf („uhrenlose Schicht", V. 14) der Monotonie und der menschlichen Anonymität nicht entkommen.
In Zechs Gedicht wird die Lebens- und Arbeitssituation in der Fabrikstraße als sehr negativ beschrieben, denn sie bietet den Menschen weder Wärme noch Geborgenheit, sondern ist durch Enge, Bedrohlichkeit und Entfremdung gekennzeichnet. Zech zeigt am Beispiel der Fabriklandschaft wesentliche Aspekte des veränderten Großstadtlebens zu Beginn des 20. Jahrhunderts auf und kritisiert diese. Er macht in drastischer Form auf die Auswirkungen der sozialen und ökonomischen Umwälzungen in den Städten aufmerksam. Die harmonische, geordnete Form des Gedichts – es handelt sich um ein Sonett – steht dabei in Kontrast zu der von Zech aufgezeigten Problematik.
Meiner Meinung nach hat Zech vor allem die soziale Seite des Großstadtlebens überzeugend verdeutlicht. Die räumliche Enge in der Stadt erscheint vielen Menschen als unangenehm. Einerseits reagieren sie hierauf mit dem Bedürfnis nach Abgrenzung, andererseits beklagen sie den Mangel an sozialer Eingebundenheit und menschlicher Wärme.

Seite 81 – Teste dich!

2 B 1

3 Sonett: 2 Quartette und 2 Terzette; Reimschema: 3
1. Strophe abba, 2. Strophe cddc = umarmender Reim,
3. Strophe eef, 4. Strophe ggf
Versmaß: Wechsel von 3-hebigem, 4-hebigem und 5-hebigem Trochäus

4 a) B 2
b) A

5 A, B und D treffen zu, C trifft nicht zu. 4

Lernstandstest

Seite 84

1 A

2 C

3

	richtig	falsch
Die erste Frau kennt das echte Wesen ihres Mannes.		x
Die zweite Frau weiß genau, woher ihr Mann stammt.		x
Die zweite Frau kennt ihren Mann, unabhängig von äußeren Fakten.	x	
Die zweite Frau liebt ihren Mann nicht.		x
Die Länge einer Beziehung sagt nichts über die wechselseitige Kenntnis der Partner aus.	x	
Wenn man möglichst viele Fakten weiß und den Partner jederzeit einschätzen kann, so heißt das nicht, dass man ihn auch genau kennt.	x	

4 D

5 *A ist keine sinnvolle Ergänzung. Die konventionelle Erwartung von Blumengeschenken als Liebesbeweis passt nicht zu den unkonventionellen Antworten der Frau.*
B ist eine sinnvolle Ergänzung. Die Erklärung der Frau betont das Geheimnisvolle des Mannes (minutenlanges Ansehen) und passt formal durch die Wiederholungen von „Ich weiß nicht" und „Manchmal".

Seite 85

6 *In Bezug auf die erste Frau passt die Aussage insofern, als diese überzeugt ist, von ihrem Mann ein „fertiges" Bild zu haben. Genau dieses Bild aber wirkt oberflächlich. Es ist unwahrscheinlich, dass diese Frau ihren Mann wirklich kennt.*
Der zweiten Frau bleibt ihr Mann unbegreifbar. Ihr Bild von ihm weist Widersprüche auf, es wirkt „unfertig". Dieses Bild entspricht auch dem Wesen des Mannes. Sie kennt ihn also.

7 *C*

8 *C*

9

	richtig	*falsch*
Die Anapher „Einmal" (Z. 26–28) soll … ins Märchenhafte rücken.		*X*
Die Anapher „Einmal" (Z. 26–28) soll das Episodische … hervorheben.	*X*	
Die Anapher „Ich weiß nicht" (Z. 17 f.) betont, dass es … nicht um Wissen geht.	*X*	
Die Anapher „Ich weiß nicht" (Z. 17 f.) betont, wie wenig … weiß.		*X*
„Ich weiß, …?" (Z. 22 f.) ist ein Chiasmus, der den Zweifel … unterstreicht.	*X*	
„Ich weiß, …?" (Z. 22 f.) ist ein Chiasmus, der die Verwirrung … unterstreicht.		*X*

Seite 87

10

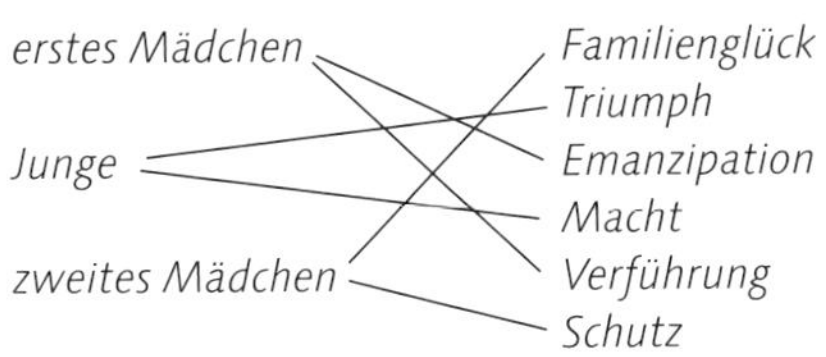

11 *D*

12 *B*

13 *a) Es gibt viele Beispiele, in denen der Blick auf das Meer Fantasien auslöst: Z. 8, Z. 13 f., Z. 26 f., Z. 36, Z. 41, Z. 43, Z. 49 f., Z. 67 f., Z. 76 f.*
b) „weil das nie wird" (Z. 16); „ein Zusammenkommen gäbe es nicht" (Z. 31 f.); „Aber keiner da" (Z. 63)

14 *Überschrift Teil 1: Sterben oder Die Nixe*
Überschrift Teil 2: Der König oder Ferne Länder
Überschrift Teil 3: Trügerisches Glück oder Der Retter
Es kommt auf die Begründung an, z. B.:
Sterben: *Das erste Mädchen deutet in ihrem Unglück an, nicht mehr leben zu wollen (Z. 7). Ihre unerfüllte Liebe gleicht dem Sterben (Z. 21–23).*
Die Nixe: *In ihrer Fantasie verwandelt sich das erste Mädchen in eine Nixe (Schuppen, Z. 29 f.), die den Jungen zu sich in die Tiefe holt.*
Der König: *In seiner Fantasie sieht sich der Junge als König (Z. 56 f.).*
Ferne Länder: *Nach wochenlanger Reise (Z. 55) käme der Junge in einem fernen Land (Z. 45 f., Z. 51 f., Z. 55 f., Z. 62 f.) an, das er beherrschen würde.*
Trügerisches Glück: *Das zweite Mädchen wähnt sich der Liebe des Jungen sicher und empfindet darüber großes Glück (Z. 68 f., Z. 75 f., Z. 78 f.). Dass dieses Glück trügerisch ist, kann man der Fantasie des Jungen entnehmen (Z. 43 f., Z. 48, Z. 61).*
Der Retter: *Für das zweite Mädchen ist der Junge der Retter vor allem ihr Unverständlichen/Unbekannten (Z. 64–66).*

Seite 88

15 *D*

16 *B*

17 *„Weil doch das Gefühl so schön ist und in diesem Land nie aufhören würde."*

18 *Der Junge hat sie doch seit zwei Wochen nicht angesehen. Seit zwei Wochen denkt das Mädchen, der Junge würde ihr das geben, was sie zum Leben braucht.*

Seite 91

19 *4 Der Mythos vom konstruierten Geschlecht (Z. 74–131)*
2 Ein neues Buch beleuchtet die weibliche Natur (Z. 21–49)
~~Risiko Geschlechterunterschied~~
1 Zu weich für den Konkurrenzkampf? (Z. 6–20)
6 Leben mit dem Unterschied (Z. 149–158)
5 Die Biologie dominiert den Denkstil (Z. 132–148)
3 Der kleine Unterschied mit großen Folgen? (Z. 50–73)

20 *a) Stirnrinde (Z. 128 f.), Schläfenlappen (Z. 131), Hippocampus (Z. 134 f.), Schläfenrinde (Z. 137 f.), Hypothalamus (Z. 139 f.)*
b) Hormone (Z. 109–113)

Seite 92

21

	richtig	*falsch*
Frauen sind genauso risikobereit wie Männer.		*X*
Männer sind ehrgeiziger als Frauen.	*X*	
Frauen sind weniger einsichtig als Männer.		*X*
Männer sind weniger diszipliniert als Frauen.	*X*	
Frauen erfassen die Welt stärker über Gefühle als Männer.	*X*	
Männern und Frauen ist die berufliche Position gleich wichtig.		*X*

22 *Es kommt auf die Begründung an, z. B.:*
geeignet: *Im Schaubild werden das weibliche und das männliche Hirn unterschieden. Gleichzeitig überlappen sie sich. Die Differenz in den Hirnfunktionen führt zu einer unterschiedlichen Orientierung im Verhalten der Geschlechter. Dies entspricht den Aussagen des Textes.*
teilweise geeignet: *Das Schaubild stellt die Aussage des Textes grundsätzlich richtig dar. Allerdings treffen die verwendeten Symbole nur zum Teil auf eine Entsprechung im Text (z. B. Geld, Auseinandersetzung und Sex sowie Kommunikation und Gefühl).*
ungeeignet: *Das Schaubild lässt sich so verstehen, als hätten das weibliche und das männliche Gehirn nur sehr ge-*

ringe Überschneidungen. Diese Aussage gibt der Text nicht her. Die Symbole suggerieren ein wesentlich größeres Auseinanderklaffen der geschlechtsspezifischen Interessen, als der Text angibt (z.B. Auto, Küche, Kinder).

23 *A*

24

	richtig	*falsch*
Das Gefühlszentrum ist bei Frauen größer als bei Männern.		*x*
Weibliche Gehirne sind kleiner als männliche.	*x*	
Frauen und Männer haben die gleiche Anzahl an Nervenzellen im Gehirn.	*x*	
Der Hippocampus steuert die sexuelle Aktivität.		*x*
Frauen sind ängstlicher als Männer, weil die Amygdala bei ihnen größer ist.		*x*
Männer haben ein größeres Sprachzentrum als Frauen.	*x*	

Seite 93

25 *C*

26 *B*

27 *Es kommt auf die Begründung an, z.B.:*

A Der Text stellt dar, dass nach neuesten wissenschaftlichen Erkenntnissen ein biologischer Unterschied zwischen den Hirnfunktionen der beiden Geschlechter besteht. Verhalten und Motivation der Geschlechter gleichen sich nicht. Deshalb stellen unterschiedliche Berufsentscheidungen kein Problem dar, solange sie gerecht bezahlt werden.

B Hier kann man weniger inhaltliche als vielmehr formale Gründe angeben: Eine rhetorische Frage kann formal kein Fazit sein.

C Einerseits senkt dieses Fazit das bisherige Niveau des Textes, weil es nicht auf die weiterhin bestehende gesellschaftliche Problematik der Geschlechterrollen eingeht. Andererseits zieht es eine Verbindung zwischen wissenschaftlichen Resultaten und gesellschaftlichen Folgen.

28 *C*

29 *A*

30 *D*

Seite 94

31 *a) nicht tragfähige Argumente: ~~durchgestrichen~~; wenig/bedingt tragfähige Argumente: normal; tragfähige Argumente: grau unterlegt*

größere Muskelkraft der Jungen
geschlechtsunabhängige individuelle Unterschiede in den körperlich-sportlichen Möglichkeiten
~~mangelndes Abstraktionsvermögen von Mädchen vor allem in Mathematik~~
ungleiche Chancen von Jungen und Mädchen durch unterschiedlich starke Beachtung seitens der Lehrer und Lehrerinnen
reflektierter Umgang mit den Geschlechtsstereotypen
Differenzierung auch in gute und schlechte Schülerinnen und Schüler
geringeres Selbstbewusstsein bei Mädchen, Aggression und Dominanz bei Jungen
~~fehlende Möglichkeit, einen Partner zu finden~~
Vergrößerung der Unterschiede zwischen den Geschlechtern
Toleranz lernen im Umgang mit andersartigen, geschlechtsbedingten Einstellungen und Wahrnehmungen
geschlechtsspezifische Unterschiede in der Berufswahl

b) Mögliche Formulierung von Argumenten:

Weil Jungen muskulöser und kräftiger sind, sollten sie im Fach Sport getrennt von den Mädchen unterrichtet werden.
Individuelle Unterschiede in den körperlich-sportlichen Möglichkeiten sollten im Sportunterricht unabhängig vom Geschlecht gefördert werden.
Da Mädchen schlechter abstrahieren können, sollten sie vor allem in Mathematik einfacheren Unterricht bekommen.
Weil Jungen und Mädchen von Lehrern und Lehrerinnen unterschiedlich stark beachtet werden, sollten sie in getrenntem Unterricht gleiche Chancen erhalten.
Wichtiger als die Trennung der Geschlechter wäre ein reflektierter Umgang mit den Geschlechtsstereotypen.
Wenn man Mädchen und Jungen in unterschiedlichen Klassen unterrichtet, müsste man auch gute und schlechte Schülerinnen und Schüler in verschiedene Klassen einteilen.
In gemischten Klassen entwickeln Mädchen ein geringeres Selbstbewusstsein, weil sie von den aggressiven und dominanten Jungen unterdrückt werden.
Ohne gemeinsamen Unterricht finden Jugendliche keinen Partner.
Getrennter Unterricht würde dazu führen, dass sich die Unterschiede zwischen den Geschlechtern noch weiter vergrößern.
Die Schülerinnen und Schüler lernen im gemeinsamen Unterricht Toleranz im Umgang mit andersartigen, geschlechtsbedingten Einstellungen und Wahrnehmungen.
Da bei der Berufswahl geschlechtsspezifische Unterschiede feststellbar sind, sollten Jungen und Mädchen auch ihren Neigungen entsprechend getrennt unterrichtet werden.

Bearbeite deine Stellungnahme nach folgendem Auswertungsraster: Notiere dir zu jedem Aspekt, den du erfüllt hast bzw. den du als gelungen bewertest, Punkte in der Spalte „erfüllt". Je nach Lösungsqualität kannst du die volle Punktzahl, nur Teilpunkte oder keine Punkte anrechnen. Vielleicht kann dir eine Mitschülerin oder ein Mitschüler, die/der mehr Abstand zu deinem Text hat, bei der Beurteilung helfen.

	Wesentlicher Aspekt der Aufgabe *Du …*	*erfüllt*	*Punkte insgesamt*
Argumentation/Aufbau	*entscheidest dich für eine Position und formulierst eine These.*		2
	nutzt die tragfähigen Stichworte und formulierst sie zu Argumenten aus.		3
	ergänzt die vorgegebenen Stichworte um eigene Argumente.		2
	berücksichtigst auch Gegenargumente und wägst Gründe, die für die These sprechen, und diejenigen, die dagegen sprechen, sinnvoll ab.		3
	gliederst deine Erörterung: Einleitung mit Bezug zur Diskussion in der Schule, auch Bezug zu eigenen Erfahrungen, zur Bedeutung des Themas für Jugendliche möglich; Hauptteil mit der Argumentation und mit Beispielen; Schluss, z. B. Zusammenfassung, Gewichtung, Schlussbemerkung.		4
	strukturierst den Argumentationsgang im Hauptteil adressatengerecht nach einem erkennbaren Prinzip (z. B. linear steigernd, dialektisch).		4
	gewichtest deine Argumente sinnvoll (z. B. dein stärkstes Argument zuletzt).		2
	stützt deine Argumente durch anschauliche Beispiele und/oder Belege.		4
Schreibstil	*verwendest eher Satzgefüge (Haupt- und Nebensatz) als einfache Hauptsätze.*		2
	verknüpfst deine Sätze logisch sinnvoll durch verschiedene Konjunktionen bzw. Adverbien (z. B. weil, deswegen, obwohl, außerdem, allerdings, demnach, während, einerseits – andererseits, zwar – aber).		4
	schreibst sachlich, vermeidest umgangssprachliche Formulierungen und unnötige Füllwörter (z. B.: ja, wirklich …).		2
Schreibregeln	*wählst einen übersichtlichen und verständlichen Satzbau.*		2
	machst keine grammatischen Fehler.		2
	machst keine Rechtschreib- und Zeichensetzungsfehler.		3
	setzt Absätze, wenn ein neuer Sinnabschnitt beginnt.		1
	Gesamtpunktzahl		40

Seite 95

32

fehlerhafte Sätze	*verbesserte Formulierung*
1. Es scheinen große Unterschiede zwischen den Geschlechtern zu bestehen, zumal die meisten Befragten es ausdrücklich verneinen.	*Es scheinen große Unterschiede zwischen den Geschlechtern zu bestehen, obwohl die meisten Befragten es ausdrücklich verneinen.*
2. 40 % der 18-jährigen Mädchen wünschen sich, dass ihr Freund sich vor Gefahren beschützen kann.	*40 % der 18-jährigen Mädchen wünschen sich, dass ihr Freund sie vor Gefahren beschützen kann.*
3. Jedes zweite Mädchen aus der Oberstufe glaubt, dass ein Mann nicht unbedingt die Beschützerrolle einnehmen muss, derweil es selbst auf sich aufpassen kann.	*Jedes zweite Mädchen aus der Oberstufe glaubt, dass ein Mann nicht unbedingt die Beschützerrolle einnehmen muss, weil es selbst auf sich aufpassen kann.*
4. Zwei Dritteln aller Jungen sind Abenteuer und Herausforderung wichtiger als wie Sicherheit und Sorglosigkeit.	*Zwei Dritteln aller Jungen sind Abenteuer und Herausforderung wichtiger als Sicherheit und Sorglosigkeit.*
5. Es gehört zu den herausragenden Ergebnissen der Umfrage, weil die Geschlechterrollen erstaunlich früh festgelegt sind.	*Es gehört zu den herausragenden Ergebnissen der Umfrage, dass die Geschlechterrollen erstaunlich früh festgelegt sind.*
6. Zwar fühlen sich die meisten Schüler und Schülerinnen durch ihre Lehrer in Bezug auf das Geschlecht gleich behandelt, obwohl immerhin sind es 10 %, die es anders sehen.	*Zwar fühlen sich die meisten Schüler und Schülerinnen durch ihre Lehrer in Bezug auf das Geschlecht gleich behandelt, aber immerhin sind es 10 %, die es anders sehen.*

Punkteverteilung

Nr.	Aufgabenstellung	Punkte	Erreichte Punkte
A1	**Literarische Texte verstehen**	**17**	
1	Multiple-Choice	2 Punkte für das richtig gesetzte Kreuz	
2	Multiple-Choice	2 Punkte für das richtig gesetzte Kreuz	
3	Richtig – Falsch	3 (je ½ Punkt für das richtig gesetzte Kreuz)	
4	Multiple-Choice	2 Punkte für das richtig gesetzte Kreuz	
5	Begründung	4 Punkte für die Begründung	
6	Begründung	4 Punkte für die Begründung	
B1	**Nachdenken über Sprache**	**7**	
7	Multiple-Choice	2 Punkte für das richtig gesetzte Kreuz	
8	Multiple-Choice	2 Punkte für das richtig gesetzte Kreuz	
9	Richtig – Falsch	3 (je ½ Punkt für das richtig gesetzte Kreuz)	
A2	**Literarische Texte verstehen**	**15**	
10	Zuordnung Träume	3 (je ½ Punkt für die richtige Zuordnung)	
11	Multiple-Choice	2 Punkte für das richtig gesetzte Kreuz	
12	Multiple-Choice	2 Punkte für das richtig gesetzte Kreuz	
13	Textbeispiele	2 (je 1 Punkt für ein richtiges Beispiel)	
14	Begründung Überschriften	6 (je 2 Punkte für die Begründung)	
B2	**Nachdenken über Sprache**	**7**	
15	Multiple-Choice	2 Punkte für das richtig gesetzte Kreuz	
16	Multiple-Choice	2 Punkte für das richtig gesetzte Kreuz	
17	Formulierung	1 Punkt für die richtige Formulierung	
18	Satzergänzung	2 (je 1 Punkt für den richtig formulierten Satz)	
A3	**Sachtexte verstehen**	**32**	
19	Zuordnung Überschriften	6 (je 1 Punkt für die richtige Zuordnung)	
20	Textbeispiele	2 (je 1 Punkt für ein richtiges Beispiel)	
21	Richtig – Falsch	3 (je ½ Punkt für das richtig gesetzte Kreuz)	
22	Schaubilder, Begründung	6 Punkte für die Begründung	
23	Multiple-Choice	2 Punkte für das richtig gesetzte Kreuz	
24	Richtig – Falsch	3 (je ½ Punkt für das richtig gesetzte Kreuz)	
25	Multiple-Choice	2 Punkte für das richtig gesetzte Kreuz	
26	Multiple-Choice	2 Punkte für das richtig gesetzte Kreuz	
27	Begründung	6 Punkte für die Begründung	
B3	**Nachdenken über Sprache**	**6**	
28	Multiple-Choice	2 Punkte für das richtig gesetzte Kreuz	
29	Multiple-Choice	2 Punkte für das richtig gesetzte Kreuz	
30	Multiple-Choice	2 Punkte für das richtig gesetzte Kreuz	
C	**Schreiben; Erörtern**	**40**	
31	Stellungnahme	40 Punkte (Verteilung: s. Hinweise Lösungen S. 27f.)	
D	**Textüberarbeitung**	**12**	
32	Fehler erkennen und überarbeiten	12 (je 1 Punkt/Fehler, 1 Punkt/neue Formulierung)	
	Summe	136	

Punkteverteilung insgesamt auf die Bereiche

A	Texte verstehen	64
B	Nachdenken über Sprache, Rechtschreibung	20
C	Schreiben: Erörtern	40
D	Textüberarbeitung	12

Bewertungsschlüssel

Textverstehen	64–49 Punkte	48–33 Punkte	32–0 Punkte
Nachdenken über Sprache	20–15 Punkte	14–10 Punkte	9–0 Punkte
Schreiben: Erörtern	40–30 Punkte	29–20 Punkte	19–0 Punkte
Textüberarbeitung	12–10 Punkte	9–6 Punkte	5–0 Punkte
	Du löst die Aufgaben hervorragend.	**Einiges gelingt dir recht gut, manches musst du aber noch einmal üben.**	**Du musst vieles wiederholen und noch einmal gründlich üben.**
	Vielleicht siehst du dir aber trotzdem noch einmal die Stellen an, an denen du dich noch verbessern kannst.	Versuche, anhand des Testes Fehlerschwerpunkte zu entdecken, damit du gezielt wiederholen kannst.	Vielleicht überlegst du auch gemeinsam mit deinen Eltern oder deinem Lehrer/deiner Lehrerin, wo besondere Fehlerschwerpunkte liegen und wie du vorgehen kannst, um dich zu verbessern.
Gesamt	136–101 Punkte	100–66 Punkte	65–0 Punkte